中公新書 2818

刑部芳則著

昭和歌謡史

古賀政男、東海林太郎から、美空ひばり、中森明菜まで

中央公論新社刊

はじめに

昭和歌謡に関する書籍は数多く出版されてきた。その端緒は昭和四〇年代に「懐メロ」ブームが起きてからである。音楽評論家の上山敬三《かみやまけいぞう》、南葉二、園部三郎《そのべさぶろう》、池田憲一《いけだけんいち》、長田暁二《おさだぎょうじ》などは、音楽業界と接点があったことから、業界の裏話を交えながら昭和歌謡を紹介した。

しかし、これらの書籍は同時代を過ごした歌謡曲を懐かしむ要素が強く、その楽曲が生まれた意味はもとより、歴史のなかに意義づけることができていない。また発売枚数をはじめ、発売禁止ではない曲を発禁扱いにしていたり、不正確な情報が少なくない。それはまるでSP盤（昭和初期から三六年頃まで製造されたシェラックを原料とする一分間七八回転のレコード）の音源を復刻したLP盤（塩化ビニール製で一分間三三回転のアルバムレコード）や、CD全集の解説のような雰囲気だ。

こうしたSP盤を中心とする昭和歌謡史本は一九九〇年までに終息し、九〇年代以降は代わってEP盤（昭和三四年〔一九五九〕以降に主流となる塩化ビニール製で一分間に四五回転のシングルレコード）の歌謡曲を振り返る書籍が増加するようになる。昭和歌謡史は、楽曲の生まれた背景や歴史的意義はもちろん、昭和初期に登場した「流行歌」の存在を考えない限り見えてこない。つまり歌謡曲とは、「流行歌」のことであり、今、ジャンル分けされるような演歌でもポップスでもない。そうした細かいジャンルはかなり後年になってレコード会社によって分けられたものである。筆者は、それらはもともと歌謡曲という親から生まれたもので、歌謡曲の要素を色濃く残した子供たちであると考えている。そうした流れを理解するには、戦前・戦中・戦後と時代を切りわけることなく、歌謡曲の歴史を検討する必要がある。

そこで本書では、筆者の思い出としての同時代史を描くのではなく、日本史研究の専門的な手法を用いながら、日本近現代史として昭和歌謡史を描いてみたいと思う。したがって、従来の昭和歌謡に関する書籍のように、この曲が流行していた頃に、こんな事件があったとか、こんな物が流行《はや》っていたなどという年表を文章化するようなことはしない。これまで昭和歌謡史は日本近現代史の研究対象にされてこなかった。本書は日本史の歴史研究者が書く初の昭和歌謡史本である。

歌謡曲に関する新聞、雑誌はもとより、作詞家、作曲家、歌手たちが書き残した一次史料を駆使して、各曲が生まれた背景を描く。そうした曲の変化から、各時代における歌謡曲の特徴や役割について検討する。そして全体を通して歌謡曲は昭和という時代によって生み出された文化であり、日本人の多くが好む旋律であることを指摘したい。

目次

〔凡例〕

一、本文では元号を主として使用し、初出元号に限り西暦を注記した。
一、登場人物の年齢は満年齢である。
一、引用史料や歌詞の表記は、原則として旧漢字は新字、旧カナ遣いは現代カナ遣いに改めた。
一、歌の題名は原則として初出のカナ遣いを使用した。
一、現在では差別用語に含まれるものも、本書では当時の歴史用語として使用している。

序章　昭和歌謡の夜明け前

「時代は常に歌とともに流れています。振り向けば常に人の生きるところに歌があります。人は歌によって思い出を作り、歌はその人の生き様を甦らせます。『昭和歌謡大全集』間もなく開幕です。」（『昭和歌謡大全集』テレビ東京、一九九二年四月一日放送、玉置宏のオープニングナレーション）

佐藤千夜子（左）と中山晋平（国立国会図書館蔵）

「流行歌」と「歌謡曲」

昭和初年にレコード産業が勃興《ぼっこう》する前から、「はやり唄《うた》」は存在した。それは、文部省唱歌のように時代に左右されない歌ではなく、時代の流れによってはやり、すたれてしまう歌のことである。当時はジャンルとしては里謡や俗曲などと呼ばれていた。それがレコード産業によって「流行小唄《りゅうこう》」「流行唄」という用語が作られ、レコードレーベルに表記されるようになる。昭和九年（一九三四）からは、「流行歌」と称するのが主流となる。

大正時代までの「はやり唄」は、演歌師《えんかし》と呼ばれる奏者が街角に立って路上で歌って広めた。演歌師がその場で歌詞を書いた紙を販売した。昭和時代の「流行歌」は、全国のレコード店で歌詞とともに販売され、蓄音器や拡声器を通して普及した。演歌師の歌唱がストリートライブの聴取者に限定されたのに対し、レコードの歌唱はいつでも、どこでも、何度でも聴くことができるという大きな差があった。

レコード会社の「流行歌」に対して、ラジオ放送局（日本放送協会）が使った用語が「歌謡曲」である。昭和初年のラジオ放送局はレコード会社が作る「流行小唄」「流行歌」を低俗なものと見なしていたため、積極的に放送しようとしなかった。しかし、聴取者が増えるにつれ、大衆が求める「流行歌」を無視することはできなくなる。そこで放送局は番組名を「流行歌」

ではなく『歌謡曲』とした。

こうして「歌謡曲」という用語が生まれた。これを受けてレコード会社でも「歌謡曲」と表記したレコードを発売する。しかし、当時のレコード会社が「歌謡曲」という用語を使う場合は、クラシックの歌曲（リート）や外国の芸術性の高い曲、または日本人でも山田耕筰《やまだこうさく》などの芸術作品に限られていた。歌手の名前も、芸名ではなく本名を、例えば藤山一郎《ふじやまいちろう》ではなく増永《ますなが》丈夫《たけお》を使用することが少なくない。

つまり、「歌謡曲」は「流行歌」が起源であるものの、この二つには微妙な違いがあり、大衆の好みに合わせた流れ行く歌である「流行歌」と、それとは一線を画して芸術性を求める「歌謡曲」という違いがあった。ところが昭和一六年（一九四一）に音楽の新体制運動により、レコードレーベルから「流行歌」が消え、「歌謡曲」に統一表記されるようになる。アジア・太平洋戦争下において「流行歌」を楽しんでいるのは、時局的に不謹慎であるという言葉の捉《とら》え方による。これが原因となって、終戦後にもそのまま「歌謡曲」が残ることとなる。しかし、「流行歌」という表記も終戦後に復活し、昭和六〇年代まで使用例が確認できる。

したがって、歴史を辿《たど》っていくと「昭和流行歌史」といった方が厳密には正しいのだが、本書では現在でもよく使われる「歌謡曲」を用いることとする。

「昭和歌謡」とは何か

「昭和歌謡」という言葉は、平成へと元号が変わって昭和を懐古する意味で生まれた言葉ではない。すでに昭和時代にNHKラジオでは『昭和歌謡大全集』という番組が放送されたり、レコード全集にも「昭和歌謡史」や「昭和歌謡」と表題につけるものが多数発売されている。つまり、昭和初年にレコード産業が勃興し、レコード会社によって作り出された歌謡曲という意味から、昭和時代の歌謡曲＝昭和歌謡という認識に変化してきたわけである。

それでは、もともと「流行歌」と呼ばれていた歌謡曲とは何か。『広辞苑』では「歌謡曲」について「日本に伝わるさまざまな音楽と欧米の音楽の混合から生まれた流行歌の総称」と説明する。「流行歌」については「ある時期に多くの人に好まれて歌われる歌。マスメディアにより流布される大衆歌曲」と説明している。また歌謡曲のなかから昭和四〇年代に派生する「演歌《えんか》」については「現代歌謡曲の一種。哀調を帯びた日本的なメロディーとこぶしのきいた唱法が特徴」とある。

これらをもって筆者なりの歌謡曲の定義をまとめると、日本の邦楽と、各時代の外国の音楽が混合されたもので、レコード産業やメディアによって流布された結果、ある時期に多くの人に好まれて歌われた歌であり、その特徴は「演歌」とは違って「こぶし」をきかせない唱法が特徴といえる。

もちろん、戦前の流行歌にも「ユリ」と呼ばれる「こぶし」がなかったわけではない。しかし、音楽学校出身者はクラシック音楽の西洋式の歌唱方法を修得しており、音楽学校を出ていない東海林太郎《しょうじたろう》もクラシックの歌手を目指していた。西洋の声楽のヴィブラート、トリル、トレモロなどの装飾的な表現と、「演歌」のこぶしとは違う。また芸者歌手が使う「ユリ」の唱法も、小唄や端唄《はうた》などを基礎とした口を小さく開けて歌うものであり、力んだり、唸《うな》ったりするような「演歌」の「こぶし」とは似て非なるものである。

昭和三〇年代までは、次項で後述する四七（ヨナ）抜き音階による、四分の四拍子や四分の二拍子によるダンス音楽であるフォックス・トロットの短調の旋律が多数を占める。昭和四〇年代を迎えると8《エイト》ビートのリズムとともに、自然短音階（エオリア短調）が増えてくる。こうしたテンポの速いリズムと短調の旋律が歌謡曲の主流であると言っても過言ではない。昭和時代を生きた人たちの多くが、短調の旋律を好んだことがわかる（明るい長調の曲でヒットした曲は少ない）。

歌に描かれた歌詞を分析すると、終戦後の物資が欠乏していた頃に食べ物を題材にした歌が多かったり、昭和三〇年代に都会派歌謡と望郷歌謡が作られたり、同四〇年代後半に耐え忍ぶ女性の姿が描かれたり、同五〇年代に不倫をテーマにした作品が生まれたり、いずれも人々がそうしたものへの憧れ、幻影、タブーを歌に求めていたといえる。

昭和時代は初期の昭和恐慌、太平洋戦争期の耐乏生活、戦後の好景気の反動による「なべ底不況」といった小さな不況など、決して明るいだけの時代ではなかった。満たされないものが歌謡曲に求められたとすれば、そうした状況下では明るい歌を求めたと考えるのが自然である。しかし、意外にも大衆が求めたのは暗い短調の曲だった。歌謡曲の売れ筋である哀調を帯びた暗く感傷的なメロディーは、昭和歌謡史を考える上で重要な要素といえる。本書では、この点に注目しながら、歌謡曲の変化を考えてみたい。

そこで次に、昭和歌謡のパッケージといってもよい、礎《いしずえ》を築いた作曲家中山晋平《なかやましんぺい》と作詞家西條八十《さいじょうやそ》、昭和歌謡の三大作曲家といわれる古賀政男《こがまさお》、古関裕而《こせきゆうじ》、服部良一《はっとりりょういち》たちが、いかにして歌謡曲を作ることになったのか、彼らの簡単な音楽の生い立ちについても触れながら確認してみたい。

中山晋平が築いた基本形態

日本人と外国人とでは学んできた音楽の音階が大きく異なる。西洋音楽ではドからシまでの七音の音階を使うが、日本は明治一〇年代の学校教育で音階の四番目のファと七番目のシを抜いた四七（ヨナ）抜きを採用した。しかし、幕末から民謡や俗曲などに使われてきた、都節《みやこぶし》（ミ、ファ、ラ、シ、ドの五音からなる。陰旋法と同義）と、田舎節《いなかぶし》（半音程を含まない陽音階で上行と下行とで導音の位置が違う。上行はレミソラドレ、下行はレミラソミレとなる）に慣れ親しんできたため、四七抜き音階を大衆が受け入れるには時間がかかった。四七抜き音階は明治三〇年代から小学唱歌に加えて、軍歌や寮歌など徐々に普及するようになった。

そうしたなかで大正時代に人気となったのが作曲家中山晋平である。大正三年（一九一四）の「カチューシャの唄」（作詞：島村抱月《しまむらほうげつ》・相馬御風《そうまぎょふう》）は、トルストイの舞台劇『復活』の劇中歌として女優の松井須磨子《まついすまこ》が歌唱したところ評判となり、東京をはじめ全国各地で上演された。これに続き、大正四年（一九一五）にツルゲーネフの『その前夜』の劇中歌「ゴンドラの唄」（作詞：吉井勇《よしいいさむ》）も好評を得た。

しかし、これらは四七抜きでも長音階によって作られている。他の作品でもファやシの音が混在するものや、短音階を用いるものの、途中で転調して長音階になったり、一定していない。四七抜き短調の技法で作ったのは、大正一〇年（一九二一）の「船頭小唄《せんどうこうた》」である。「船頭小唄」は、野口雨情《のぐちうじょう》が作詞した民謡「枯れすすき」に中山が曲をつけた。暗く哀調を帯びた旋律を大衆が支持した。この曲では「ユリ」が使われているのも特徴で、後述の古賀メロディーへと発展していく要素がある。また「てるてる坊主」（作詞：浅原鏡村《あさはらきょうそん》）、「砂山《すなやま》」（作詞：北原《きたはら》白秋《はくしゅう》）、「シャボン玉」（作詞：野口雨情）、「證城寺《しょうじょうじ》の狸囃子《たぬきばやし》」（同）など、数多くの童謡を残した。

中山は東京音楽学校（現在の東京藝術大学）で高度な音楽教育を修得したエリートである。しかし、彼の生み出す楽曲には、山田耕筰のような難易度の高い楽曲は少ない。中山の作曲は、一小節に同じ音が続かないよう、音階の変化をつけているところが特徴的である。まだ大衆が西洋音楽に慣れていないため、歌い易さと、飽きさせない工夫であったと思われる。

昭和歌謡の夜明け前を考えたとき、中山が流行作曲家としてのレールを敷いた功績は少なくない。大衆が好む里謡、全国各地の新民謡、それらとは違う子供向けの童謡。中山はそうした楽曲を模範的とも、実験的とも取れる試みで作り出した。後を追う作曲家たちは、少年期および青年期に中山の作品に接し、音楽のセンスを磨いた。

西條八十の改心

昭和歌謡の作詞家の王座に座り続けたのが西條八十である。西條は文芸作品では散文詩、歌謡曲には五、七、または七、五で、四行や五行という定型詩を用いる。これは古来の短歌、俳句、川柳、里謡といった大衆に親しみやすい言葉数を意識したと思われる。西條の詩の魅力は、美しくて、わかりやすく、誰にでも書けそうだが、決して書くことのできないところだろう。そうした作風には青年時代に憧《あこが》れた詩人野口雨情の影響があるかもしれない。

西條は早稲田中学から大学へと進学するが、エリート街道を順風満帆《じゅんぷうまんぱん》に歩んだだけではなかった。早稲田卒業後、詩人として活躍する場に恵まれず、生活のため天ぷら屋を開業している。色々な階層の客と接することは、後の大衆作品を描く上でよい体験になったと考えられる。

西條の知名度を上げげたのは、大正七年（一九一八）の「かなりあ」である。これは鈴木三重吉《すずきみえきち》が主宰する『赤い鳥』に発表したものであった。西條はやがて早稲田の英文科の教授として教壇に立つことになる（フランス留学後に仏文科教授）。作家の直木三十五《なおきさんじゅうご》は同級生であり、友人には芥川龍《あくたがわりゅう》之介《のすけ》がいた。西條は多くの童謡を書き、中山晋平とは大正一二年（一九二三）に「肩たたき」などの名作を残した。しかし、当時の西條は、芸術性を求め、大衆的な流行歌を書くつもりはなかった。

　その考え方を一変させたのが、大正一二年九月一日に発生した関東大震災である。西條は避難場所である上野公園に向かうと、そこは多くの罹災者で溢《あふ》れていた。上野山の高台から燃えさかる東京の火の海を、複雑な思いで眺《なが》める人も少なくなかった。そのようななか、一人の少年がハーモニカで「里謡」の「船頭小唄」を吹き始めた。西條は、こんな時に不謹慎だと感じた。しかし、しばらくすると、疲れ切った大人たちの顔に笑みが見られるようになった。

西條八十（『コロムビアニュース』1935年11月）

　西條は、その光景を見たとき、大衆に支持された歌の持つ力の凄《すご》さを感じたという。それと同時に、一体自分は今まで誰のために詩を書いてきたのか。一部の芸術家や評論家からしか認知されていない詩に、どれだけの価値があるのか。むしろ、評論家らがけなしても、多くの大衆から支持を得られる詩にこそ、本当の価値があるのではないかと考えるようになる。

　関東大震災の一夜の体験は、西條の胸中に、芸術路線から大衆路線へと舵《かじ》を切るきっかけとなった。その後、西條の流行歌の歌詞にお洒落《しゃれ》でモダンな西洋詩壇の香りがするのは、大正一三年（一九二四）から一年間フランスに留学したことが大きい。西條が描き出す昭和歌謡の作品には、こうした彼の感覚と体験とが練り込まれている。

昭和二年（一九二七）に日本ビクターが創設されて国内でレコードが量産され始めると、西條は中山とのコンビで数多くの歌謡曲を世に出すこととなる。西條の弟子には歌謡曲のヒットメーカーとなる作詞家の佐伯孝夫《さえきたかお》、サトウハチロー、門田《かどた》ゆたか、島田磬也《しまだきんや》、丘灯至夫《おかとしお》がいる。手塚治虫《てづかおさむ》が「マンガの神様」なら、西條は「作詞の神様」といえる。

「流行歌作りの天才」古賀政男

「昭和歌謡の三大作曲家」に古賀政男、古関裕而、服部良一がいる。この三人は東京音楽学校で専門的な音楽を学んだ中山晋平とは対照的に、いずれも商業学校を卒業していた。

古賀は明治三七年（一九〇四）一一月一八日に福岡県三潴《みづま》郡田口《たぐち》村（現・大川《おおかわ》市）に生まれる。四人の兄、姉、弟の七人兄弟の六番目にあたる。実家は瀬戸物を販売していたが、古賀が五歳のときに父親が死去し、極貧生活を強いられる。一番上の兄をはじめ、次兄から四兄は朝鮮仁川《インチョン》の鉄問屋で働いていたため、そこを頼みに母と古賀と弟は朝鮮半島へと渡る。しかし、長兄は母や古賀に冷たくあたり、決して幸せな生活ではなかった。そのような古賀少年の心を癒《いや》したのが音楽であった。サーカスのジンタ（少人数の楽団）が客寄せのために演奏した「美しき天然」、門付け芸人の月琴《げっきん》の音色、半島に渡ってからは「アリラン」などの朝鮮音楽が、古賀の音楽熱を燃え上がらせた。

　親戚の草刈《くさかり》家を訪れたとき、古賀は大正琴《たいしょうごと》に接するや、いとも簡単に弾いて聴かせた。長兄の義姉たちが習っていた琴の音色に接するうちに、その音を耳で覚え、義姉の留守中に琴を弾いて、帰ってきた義姉を驚かせた。同じく店員の妻が筑前琵琶《ちくぜんびわ》を習っていることを知り、その家に使いで行ったときにそれを弾きこなし、啞然《あぜん》とさせたこともあった。また母が近所から借りた三味線を簡単に弾いたため、その才能に母親も驚きを隠さなかった。

　進学した京城善隣《けいじょうぜんりん》商業学校では友人たちと音楽サークルを作り音楽を楽しんだ。四兄久次郎から貰《もら》ったマンドリンは古賀の音楽世界を広げた。長兄が大阪に鉄問屋の支店を出すと、古賀はその店を手伝うために帰国した。しかし古賀は大正一二年に店を飛び出して上京する。明治大学予科へ入学し、明治大学マンドリン倶楽部の創設に参加する。ギターを入手し、独創的な作曲に磨きをかけた。明治大学商学部を卒業した昭和四年（一九二九）には、スペインのギタリストであるアンドレス・セゴビアの演奏に感動している。古賀の作品には、スペインやアルゼンチンといった外国音楽から影響を受けた部分もある。

古賀政男（日本コロムビア提供）

　古賀は誰に教わることもなく、簡単に楽器を弾きこなし、独自の感性だけで作曲を行った。過酷な生活環境のなかで、音楽に対する思いだけは捨てることがなかった。これは不幸な古賀少年に神様が与えた才能であったとしか思えない。

後に古賀は人生を振り返りながら「正統な西欧音楽から隔離されて育ったのだ」と述べている。(1) そして「音楽をはじめとする芸術教育が効果をあげるためには、家庭環境にものすごく刺激が満ち満ちているか、それとも全くないかのどちらかがよいように思う。中途半端なのがなんでもいちばん悪い」と書き残している。(2)

古賀が作り出す哀感溢《あふ》れる独特の旋律は、まさに日本的なものといえるだろう。古賀が生まれもって備えた音楽感性そのものだといえる。日本人であれば、古賀メロディーを嫌いな人はいないだろう。「流行歌作りの天才」の誕生である。

国民的作曲家・古関裕而

福島県が生んだ偉大な作曲家が古関裕而である。古関は明治四二年(一九〇九)八月一一日に福島市の呉服店の長男として生まれた。兄弟は弟一人である。裕福な家で蓄音機から流れる浪曲や軽音楽を聴いて育ち、小学校に入学すると玩具ピアノやハーモニカを使って作曲を行うようになる。竹久夢二《たけひさゆめじ》の絵が書かれた表紙のセノオ楽譜も沢山買ってもらった。それらをハーモニカ合奏の楽譜に変えたり、山田耕筰の音楽理論を勉強して作曲方法を身につけていった。独学とはいえ、和声学と対位法を心得ていた。そのため、古関メロディーは、格調が高く、美しい。古賀とは正反対の音楽環境で育ったといえる。

福島商業学校時代には交響曲の作曲にも挑戦している。卒業後に川俣《かわまた》銀行に入社するが、余暇には作曲を続けた。その頃、福島で開かれていたクラシック音楽を鑑賞する「火の鳥の会」に参加し、本格的にクラシック音楽に接するようになる。とりわけ、ロシアのストラヴィンスキーと、リムスキー・コルサコフを敬愛した。昭和四年（一九二九）にはイギリスの音楽雑誌に歌謡組曲「竹取物語」を応募したこともあった。翌五年（一九三〇）の新聞紙面で「竹取物語」が入賞と報じられ、古関はイギリス留学を希望していたが、それは実現しなかった。

古関の新聞での入賞報道が縁となり、愛知県豊橋《とよはし》市に住む声楽家志望の内山金子《うちやまきんこ》と文通が始まった。古関が作曲した曲を、金子が歌うというのが二人の目標となる。クラシックの作曲家と声楽家を目指す二人は互いに惹《ひ》かれるようになり結婚する。そして同年一〇月に古関はコロ

古関裕而（古関正裕氏所蔵）

服部良一（日本コロムビア提供）

ムビアの専属作曲家となる。しかし、古関が望むクラシックではなく、流行歌の作曲家としての採用であった。

服部良一は日本ポップスの元祖

服部良一は明治四〇年（一九〇七）一〇月一日に大阪府本庄《ほんじょう》（現・大阪市東成区）で生まれた。父は土人形師で、姉が二人、妹が二人という姉妹に囲まれて育った。小学生の頃から音楽が好きで、ハーモニカを愛用した。大阪実践商業学校に進学するが、姉の勧めを受けて、大正一二年九月一日に出雲屋《いずもや》少年音楽隊へ入隊し、サキソフォンを担当する。出雲屋は関西で有名なうなぎ屋で、少年音楽隊は客寄せの宣伝手段であった。

大正一四年（一九二五）、ＪＯＢＫ（大阪放送局）が結成した大阪フィルハーモニック・オーケストラに入団し、交響曲の演奏を経験した。交響楽団の指導者であるウクライナ人のエマヌエル・メッテルに目を掛けられ、服部は個人レッスンを受けるようになる。当時、別の日には、のちに大阪フィルハーモニー交響楽団の音楽総監督となる朝比奈隆《あさひなたかし》もメッテルの元に通っていた。メッテルはロシア国民楽派のリムスキー・コルサコフの影響を受けていた。服部と古関とはロシア国民楽派の影響という点で共通した。二人は民謡をもとに芸術作品を生み出す点でも似ている。

日中はクラシックの勉強をしていたが、生活費を得るため夜になると道頓堀《どうとんぼり》のカフェーでジ

日本コロムビア（筆者所蔵）　日本ビクター（筆者所蔵）　日本ポリドール（筆者所蔵）

テイチク（筆者所蔵）　キング（筆者所蔵）　タイヘイ（筆者所蔵）

ャズの演奏を行った。サキソフォンの演奏だけでなく、歌を歌唱することもあった。こうした生活が続くなか、服部は朝比奈のようなクラシックへの道を中断する。クラシックではすぐに芽を出すことが難しいため、ジャズを生かした流行歌への道を選ぶこととなる。昭和四年に大阪の国歌《こっか》レコードを経て、同六年（一九三一）からタイヘイレコードで作曲や編曲を行う。

レコード産業の勃興―外資系と国産会社―

明治三〇年代に円盤式のレコードが日本に輸入されたとき、まだ日本にはレコードプレスの技術がなかった。そのため出張録音という、海外から来日した録音技師が録音し、その原盤をドイツのハノーヴァやアメリカに輸送し、プレスしたものを輸入するという方法をとっていた。

大正時代には銀座十字屋《じゅうじや》、阿南商会、その他の輸入レコード店で、ビクター（アメリカ、カナダ）、コロムビア（アメリカ、イギリス、フランス）、グラモフォン（ドイツ）、HMV系列（イギリス、フランス、スペイン）などのレコードが日本で販売された。

こうした流れに大きな変化があらわれるのは、大正一三年七月三一日に「奢侈《しゃし》品ノ輸入税ニ関スル法律」が定められてからである。輸入レコードに一〇〇％の関税がかけられ、販売価格が二倍となった。そこで外資系のレコード会社は日本企業との提携を模索する。昭和二年に外資系の日本ポリドール（阿南商会とドイツ・グラモフォンが提携）、日本コロムビア（日本蓄音器商会とコロムビアが提携）、日本ビクター（アメリカセール・フレーザー商会の一〇〇％出資）が設立された。

国産のレコード会社は、昭和六年一月に大日本雄弁会講談社《だいにっぽんゆうべんかいこうだんしゃ》にレコード部が設置されてキングレコードが登場し、二月に帝国蓄音器商会（テイチクレコード）、太平蓄音器株式会社（前身は合資会社内外蓄音器商会〔ナイガイレコード〕）が設立された。太平蓄音器は、昭和一〇年（一九三五）一〇月に日東蓄音器と日本クリスタルと経営統合し、大日本蓄音器株式会社へと改称する。タイヘイレコードを主とし、洋盤のクリスタルレコードとともにニットーレコードのレーベルを残した。その後、大日本蓄音器は、昭和一七年（一九四二）二月にキングレコードに買収される。歌謡曲は、これらのレコード会社が競い合うかたちで量産されていく。

（コラム1）古賀メロディーは「演歌」ではなく歌謡曲

古賀メロディーは「演歌」の源流と言われることが多い。古賀の楽曲を取り上げた書籍や、テレビの関連特番でも「演歌」として取り扱われることがほとんどである。その原因は、昭和四三年（一九六八）に森進一《もりしんいち》が古賀メロディーのLPを出したことと、古賀の門下生である大川栄策《おおかわえいさく》が「演歌」として古賀メロディーを歌唱したことが大きいだろう。その後、「演歌」歌手が歌唱するジャンルとして古賀メロディーが置かれるようになる。

古賀メロディーを分析すると、昭和七年（一九三二）の藤山一郎「影《かげ》を慕《した》ひて」（作詞：古賀政男）、同一二年（一九三七）のディック・ミネ「人生の並木路《なみきみち》」（作詞：佐藤《さとう》惣之助《そうのすけ》）、同二三年（一九四八）の近江俊郎《おうみとしろう》「湯の町エレジー」（作詞：野村俊夫《のむらとしお》）、同四一年（一九六六）の美空《みそら》ひばり「悲しい酒」（作詞：石本美由起《いしもとみゆき》）へと展開する流れがある。確かにこの流れをみると、「演歌」の源流と見て取ることができるかもしれない。

しかし、昭和六年の藤山一郎「丘を越えて」（作詞：島田芳文《しまだよしふみ》）、同八年（一九三三）

の中野忠晴《なかのただはる》「歓喜の歌」（作詞：西岡水朗《にしおかすいろう》）、同一〇年の楠木繁夫《くすのきしげお》「ハイキングの唄」（作詞：島田芳文）、同三二年（一九五七）の小坂一也《こさかかずや》「青春サイクリング」（作詞：田中喜久子）へと発展していく流れはどうだろう。これらを一九五〇年代のロックンロールから派生するポップスであると定義することはできないものの、軽快で明朗なところからポップスに相当するもの、その意味でのポップスの源流と見ることができるのではないか。

昭和一一年（一九三六）の藤山一郎「東京ラプソディ」（作詞：門田ゆたか）は、フォックス・トロットとパソドブレによって作られたとてもテンポが速い曲だ。テンポの速さでは同一五年（一九四〇）の「なつかしの歌声」（作詞：西條八十、作曲：古賀政男、歌：藤山一郎、二葉《ふたば》あき子）も負けていない。これらは、第七章で述べるキャンディーズ「春一番」やピンク・レディー「ペッパー警部」のテンポの速さと共通する。その意味でいうと、当時の感覚からすれば、「演歌」ではなくポップス寄りの歌謡曲といえる。

大川栄策がカバーした昭和一五年の「目ン無い千鳥」（作詞：サトウハチロー）も、霧島昇《きりしまのぼる》とミス・コロムビアのオリジナルだと「演歌」には聴こえない。「目ン無い千鳥」の系統には、昭和一五年の霧島昇、ミス・コロムビア「新妻模様《にいづまもよう》」（作詞：久保田《くぼた》宵二《しょうじ》）、同一九年の楠木繁夫、渡辺はま子「かぼちゃの歌」（作詞：サトウハチロー）、同三三年（一九五八）の島倉千代子《しまくらちよこ》「思い出さん今日は」（作詞：星野哲郎《ほしのてつろう》）などがある。

そして重要なのは、「影を慕ひて」と「丘を越えて」の中間的な路線である。これは昭和一〇年の楠木繁夫「緑の地平線」（作詞：佐藤惣之助）、同一五年の霧島昇「誰か故郷を想はざる」（作詞：西條八十）、同三二年の美空ひばり「青春の恋人たち」（作詞：西沢爽《にしざわそう》）など実に多い。「演歌」のような暗さと、ポップスのリズミカルなテンポとが同居している。昭和一五年一〇月の伊藤久男《いとうひさお》「熱砂の誓ひ」（作詞：西條八十）も例外ではない。

この昭和三〇年代までの四分の四拍子や四分の二拍子によるダンス音楽であるフォックス・トロットは、昭和四〇年代を迎えると8ビートのリズムへと変わるが、これらのテンポとリズムこそ昭和歌謡の主軸であると言っても過言ではない。こうした路線を築いた古賀は「歌謡曲の源流」と位置付けるべきだ。古賀は、昭和一二年六月の奥田英子《おくだえいこ》「緑の月」（作詞：佐藤惣之助）のようなブルースや、同一四年一月の服部富子《はっとりとみこ》「東京の夢」（作詞：倉仲房雄〔サトウハチロー〕）のようなジャズも作曲している。従来の昭和歌謡史における古賀を「演歌の源流」、服部良一を「ポップスの源流」というステレオタイプによる単純な分け方は正しくない。

古賀メロディーが「演歌」ではないのは、「演歌嫌い」で有名な淡谷《あわや》のり子の証言からも裏付けられる。昭和六年に大ヒットした藤山一郎「酒は涙か溜息か」(作詞：高橋掬太郎《たかはしきくたろう》)の裏面は、淡谷のり子「私此頃憂鬱《わたしこのごろゆううつ》よ」である。これはハバネラ・タンゴということもあり、淡谷は「私は、古賀さんの曲が好きだった。「酒は涙か溜息か」でも「幻の影を慕いて」でも、あのギターにからむ哀切な調子が心に沁むものがあった」と評価している。(3) 仮に古賀メロディーが「演歌」であったとしたら、淡谷がこのように絶賛するはずがない。古賀メロディーは「演歌」ではなく、歌謡曲というべきである。

第一章　昭和歌謡の夜明け
昭和三年〜一三年（一九二八〜三八）

「泣かせないで下さい。涙の瞳に心なき笑《えみ》を浮《うか》べて、わたしはじっと堪《こら》えているのです。そう云って別れ去った女の面影が、今宵も又《また》此《こ》の杯《さかずき》の底にうつる。『あゝ忘れよう、忘れよう、所詮《しょせん》忘れねばならぬ二人の運命《さだめ》なんだもの』」…楠木繁夫「緑の地平線」（昭和一一年七月新譜「楠木繁夫傑作集」の静田錦波の曲解説）

「ポリドール専属芸術家」昭和12年頃（筆者所蔵）

流行歌手第一号・佐藤千夜子

昭和五二年（一九七七）に放送されたNHK朝の連続テレビ小説『いちばん星』を知っている読者はどのくらいいるだろうか。主人公のモデルとなったのが、放送よりも約五〇年前に流行歌の大スターであった佐藤千夜子《さとうちやこ》である。明治三〇年（一八九七）三月一三日に山形県東《ひがし》村山郡《むらやま》天童村《てんどう》（現・天童市）で生まれた佐藤は、レコード産業の流行歌手第一号といわれている。佐藤は大正九年（一九二〇）に東京音楽学校に入学し、作曲家の山田耕筰や中山晋平に出会う。

最初のヒット曲は昭和三年（一九二八）九月に発売された「波浮《はぶ》の港」「鶯《うぐいす》の夢」（作詞：野口雨情、作曲：中山晋平）で一〇万四九〇〇枚を記録した。戦前の市場規模では一万枚以上売れればヒット、一〇万枚以上であれば大ヒットといえる。これは昭和四〇年（一九六五）以降と比較すると、戦前の一万枚は一〇万枚、一〇万枚は一〇〇万枚に相当する。「磯の鵜《う》の鳥ゃ、日暮れにゃ帰る」と、佐藤が絶叫するような歌唱で始まり、末尾の「ヤレホンニサ」という一言が印象に残る。伊豆大島《いずおおしま》南東部の波浮港村を舞台にした作品である。

佐藤が西條八十と中山晋平のコンビで出した最初の流行歌は、同年七月の「当世銀座節」である。「銀座、銀座と、通う奴ァ馬鹿よ」「スネーク・ウッドを、掉《ふ》りながら」など、当時の最先端の流行りものと、モダンボーイとモダンガールが銀座の街を行き交う姿を描いている。昭和モダニズムの幕開けを描いた西條の歌詞に、中山は福井県坂井市《さかい》三国町《みくに》の民謡「三国節」を使いながら、軽快で明るい旋律をつけた。

そしてこの曲よりも、佐藤と西條・中山のコンビで二三万九二〇〇枚という爆発的なヒットとなったのが、昭和四年五月に発売された「東京行進曲」（作詞：西條八十、作曲：中山晋平）である。菊池寛《きくちかん》原作『東京行進曲』の映画主題歌として作られた。こちらは哀愁のある短調の旋律が大衆の心を摑《つか》んだ。佐藤が吹き込んだ作品の多くは中山の楽曲である。

一方で、昭和六年一月に発売された古賀政男作詞作曲の「影を慕ひて」は異彩を放っている。これは昭和三年一一月二五日の明治大学マンドリン倶楽部の定期演奏会に古賀から依頼を受けて出演したときに歌ったことによる。「影を慕ひて」を気に入った佐藤が、レコード化を望んだのであった。しかし、これは中山作品のようにヒットはしなかった。

佐藤は「影を慕ひて」「日本橋から」（作詞：浜田広介《はまだひろすけ》、作曲：古賀政男）のカップリングの吹込みを終えると、イタリアのミラノに歌の勉強をするため出発した。そして、昭和九年一一月に帰国するが、後述するようにこの間に録音技術や歌唱方法は大きく変わり、また中山に代わる新しい作曲家が続々と登場し、佐藤が再び活躍することはできなかった。だが、彼女の歌声によって昭和歌謡史の夜は明けたのである。

「東京行進曲」をめぐる論争

西條八十は「東京行進曲」の歌い出しを「昔恋しい銀座の柳、仇な年増《としま》を誰が知ろ」と書いた。これは関東大震災の前に銀座の柳が銀杏《いちょう》に変わり、銀杏が震災で壊滅して、街路から消えてしまったため、銀座に柳があった昔を懐かしむ気持ちが込められていた。昭和モダニズムによって変貌《へんぼう》しつつある東京の景色を、一番では銀座、二番では丸の内、三番では浅草、四番では新宿を取り上げて描く。

三番の「広い東京恋故《ゆえ》せまい、いきな浅草忍び逢い、あなた地下鉄私はバスよ、恋のストップ、まゝならぬ」に出てくる地下鉄とは、昭和二年一二月三〇日に上野《うえの》と浅草《あさくさ》間に開通した銀座線を指している。また人力車ではなく、大正時代から登場した東京市営バスを対比の乗り物として出しているところも新しいところである。

同じように四番の「シネマ見ましょかお茶のみましょか、いっそ小田急《おだきゅう》で逃げましょか、変る新宿あの武蔵野の、月もデパートの屋根に出る」とは、昭和戦前期の新宿をよく表している。まだ歌舞伎町《かぶきちょう》はなく、映画館と喫茶店が乱立する文化サロン的な雰囲気であった。大正一四年にほてい屋百貨店が誕生し、昭和二年に新宿と小田原を結ぶ小田急線が開通した。一番の銀座に比べて発展が遅く、新興繁華街ともいえる新宿で曲を閉めている。

西條によれば、「東京行進曲」は「自分の観た近代東京の単なる戯画《ぎが》化」だという。しかし、この曲が普及するにつれ、ラジオや新聞では西條の「東京行進曲」を批判する声が上がった。

それは昭和四年八月にJOAK（東京放送局）で伊庭《いば》孝《たかし》が「民衆の趣味の堕落」だと痛罵《つうば》したことにはじまる(1)。詩人の室生犀星《むろうさいせい》は「こうも詩を弄《もてあそ》んでいるものもあるかと軽蔑《けいべつ》した」と書き、白鳥省吾《しらとりせいご》は「時代相の俗悪に帰した西條八十の押しの強さに呆《あき》れざるを得ない」という(2)。

しかし、西條の心は揺らがなかった。彼らと西條には、大衆から支持される作品を作るか、有識者から高評価される芸術作品を作るか、という意識の差があらわれていた。

芸者歌手第一号・藤本二三吉

大正時代まで吉原〆治《よしわらしめじ》のようにレコードに吹き込む芸者はいた。しかし、昭和の国産レコード産業時代を迎えてから、流行歌を吹き込んだヒット歌手としては藤本二三吉《ふじもとふみきち》が最初といってよいだろう。明治三〇年一一月二三日に東京市浅草区千束《せんぞく》町（現・台東区）で生まれた藤本は、大正四年から日本橋葭町《よしちょう》で芸者として活躍した。歌手としての名義も最初は葭町二三吉であったが、しばらくすると藤本二三吉へと改称している。

藤本二三吉（日本コロムビア提供）

ビクター創設時から専属歌手となるが、初のヒットは一三万一〇〇〇枚を売上げた昭和四年七月の「浪花《なにわ》小唄（道頓堀夜景）」（作詞：時雨音羽《しぐれおとは》）である。「テナモンヤ、ないか、ないか、道頓堀よ」という囃子《はやし》文句が聞きどころだ。昭和五年一月の「祇園《ぎおん》小唄」（作詞：長田幹彦《ながたみきひこ》）も一七万五三〇〇枚のヒットとなった。「月はおぼろに、東山」という歌い出しのフレーズが印象的な、小唄調の流行歌のため、三味線の音色を生かしている。

両曲とも作曲は佐々紅華《さっさこうか》である。彼は浅草オペラなどの演奏で腕を磨いた。洋楽の知識や技術を身につけているが、それを感じさせないほど邦楽にも長《た》けている。佐々が生み出す流行歌の旋律には、小唄や端唄の匂いが充満している。昭和一〇年代を迎えると、佐々と二三吉は流行歌よりも、むしろ小唄や端唄の新作を生むことに自分たちの役割を見出すこととなる。

洋楽調のご当地ものが佐藤千夜子なら、日本調のそれは二三吉で、この二人が人気を二分した。洋楽調とは、当時の欧米で流行していたジャズやシャンソンなどの洋楽を取り入れ、洋楽器で演奏したものを指し、日本調とは三味線などの和楽器を使った演奏のことである。

ビクターはレコードの表裏の一方が洋楽調なら、一方を日本調で組み合わせた。昭和初期はまだ大正時代の余韻が残り、筑前琵琶、義太夫《ぎだゆう》、浪花節《なにわぶし》、小唄、端唄といった邦楽の人気が強かった。レコードの表裏を分けたのは、洋楽と邦楽のどちらかが好きな顧客にも買ってもらえるように仕向けた。また異なる歌手を組み合わせているのは、どちらか一方のファンであれば高価なレコードを買ってもらえるという戦略である。

実際に昭和五年二月に発売された「唐人お吉の唄（黒船《くろふね》編）」（作詞：西條八十、作曲：中山晋平）は佐藤、「唐人お吉の唄（明烏《あけがらす》編）」（作詞：西條八十、作曲：佐々紅華）は二三吉のカップリングで二一万七〇〇〇枚を売上げた。また「浪花小唄」の片面は、後述する歌手二村定一《ふたむらていいち》の洋楽調でアレンジの違う同曲をカップリングしている。そして、この手法はライバル会社のコロムビアでも用いるようになる。

オペラ華やかな時代の歌手たち

昭和歌謡の黎明《れいめい》期には、佐藤や藤本のほかに、二村定一、天野喜久代《あまのきくよ》、川崎豊《かわさきゆたか》、曽我直子《そがなおこ》、河原喜久恵《かわはらきくえ》、四家文子《よつやふみこ》、羽衣歌子《はごろもうたこ》などが登場した。音楽学校出身の声楽家としての顔を持つ者や、浅草オペラの舞台で活躍する者であった。二村は、昭和四年一月に「君恋し」（作詞：時雨音羽、作曲：佐々紅華）、同年七月に「浪花小唄」（同）をヒットさせ、藤山一郎が憧れるほどの歌唱力を持っていた。天野は二村とのデュエットで昭和三年に「アラビヤの唄」（訳詞：堀内敬三《ほりうちけいぞう》、作曲：F・フィッシャー）や「私の青空」（作詞：訳詞：堀内敬三、作曲：W・ドナルドソン）を世に広めた。

川崎と曽我のデュエットでは昭和四年六月の「沓掛《くつかけ》小唄」（作詞：長谷川伸《はせがわしん》、作曲：奥山貞《おくやまてい》吉《きち》）（四万一一六枚）、同年八月の「蒲田行進曲」（作詞：堀内敬三、作曲：ルドルフ・フリムル）、河原は昭和五年七月の「ザッツ・オーケー」（作詞：多蛾谷素一、作曲：奥山貞吉）が代表曲となった。佐藤千夜子に代わって中山晋平の弟子として頭角をあらわしたのが四家文子である。後述する「銀座の柳」や「天国に結ぶ恋」などをヒットさせた。昭和六年一月には羽衣「女給の唄」（作詞：西條八十、作曲：塩尻精八）が、カフェーで働く女給を描写した。

これらの人たちは、昭和一〇年までに歌謡界で後退し、戦後の懐メロブームでほとんど登場することもなかったため、当時を知る人たちの記憶からも遠ざかった。そのような状況を生んだのには、力強いベルカント唱法から、囁《ささや》くようなクルーナー唱法へと、大衆が支持する歌唱法が変化したことが大きい。

藤山一郎の登場

昭和歌謡の歌唱法を変えたのが、藤山一郎である。藤山はオペラのように大きな声を張り上げて歌うベルカント唱法ではなく、マイクに近づいて歌うクルーナー唱法を取り入れた。藤山は「楷書《かいしょ》の歌手」と呼ばれ、非の打ち所がない完璧な歌唱を行う。天性の歌声を得ていることはもとより、自身も「明るい歌は明るくなりすぎず、暗い歌は暗くなりすぎず」に歌うことを心掛けた。その結果、平成四年（一九九二）五月二八日には国民栄誉賞を受賞している。

藤山は明治四四年（一九一一）四月八日に東京日本橋に生まれる。慶應義塾普通部を経て、東京音楽学校へと進学する。慶應時代には芸術家の岡本太郎《おかもとたろう》と同級で、常に成績のビリを争っていたという。しかし、二人とも文化人としての才能は群を抜いていた。

昭和恐慌の影響を受けて実家が借金で首が回らなくなり、苦学生の藤山はレコード会社の吹込みのアルバイトに手を出す。校則ではそれを禁止しており、学校に知られれば退学処分となってしまう。藤山はアルバイト吹込みの前に「どうか売れませんように」と願掛けをしていたという。

藤山の歌声に魅せられたのが、昭和六年四月にコロムビアに入社した古賀政男である。藤山が吹き込んだ母校の慶應幼稚舎の校歌を聴き、彼に歌ってもらおうと決意した。昭和六年六月に「キャンプ小唄」（作詞：島田芳文、作曲：古賀政男）を発売したところ、売れ行きが良かったため、会社は古賀に出社しないでいいから家で作曲しなさいと言ったという。

そして爆発的なヒットとなったのが、同年九月に発売した「酒は涙か溜息か」である。古賀によれば、北海道の函館日日新聞社の記者であった高橋掬太郎が書いた「酒は涙か、ためいきか、こころのうさの、捨どころ」という短い二行の歌詞に曲をつけるのに苦労したという。哀愁のある小唄調の旋律は、二三万九三七六枚という大記録を樹立した。一時コロムビアでは他のレコードの生産を中止して、「酒は涙か溜息か」のプレスに集中したが、それでも生産が追いつかないほどだった。

藤山一郎（日本コロムビア提供）

高橋と古賀は喜んだが、藤山は生きた心地がしなかった。学校に知られたら大変なことになる。本名の増永丈夫を隠し、「日本一の富士の山」と、親友の藤村の「藤」の字から藤山一郎という芸名を使った。「キャンプ小唄」の歌詞カードの写真には自分の顔を出さず、作詞者の島田芳文、「酒は涙か溜息か」のそれには古賀の写真を載せていた。

ところが、東京音楽学校の教員たちの耳に触れることとなり、藤山は退学処分の対象となる。このとき藤山に同情的な教員が懇願し、それに校長が理解を示したため、一か月の停学処分で済んだ。昭和八年三月に藤山は東京音楽学校を首席で卒業し、ビクターの専属歌手となる。

現実を直視した歌と逃避した歌

この騒動の前に吹き込んだ「丘を越えて」と「影を慕ひて」も大ヒットとなった。昭和七年二月に発売された「影を慕ひて」は一二万枚を売上げた。佐藤千夜子が吹き込んだときにはヒットしなかったが、藤山のリベンジでヒットしたのは、ラッパ吹込み時代の力強い歌い方から、マイクロフォンを使ったクルーナー唱法へと変えたことによるだろう。

古賀政男は明治大学の学生時代に、マンドリンの教え子で、彼に好意を寄せていたある令嬢が死去するという苦い出来事を味わっている。その直後には古賀も将来に不安を感じて自殺未遂を図ったことがあった。そうした体験から詩想を得て書いたのが「影を慕ひて」である。この曲や「酒は涙か溜息か」がヒットした背景には、昭和恐慌という慢性的な不況が影響していた。

一方で昭和六年一二月発売の「丘を越えて」は、古賀が明治大学の学生時代に稲田《いなだ》堤《づつみ》の花見の体験から湧き出た旋律である。明治大学マンドリン倶楽部の練習曲として作られ、その曲に島田芳文が後から歌詞を当てはめた。曲が先に作られたため、前奏や間奏がやたらと長いのが特徴である。「丘を越えて」は一七万枚のヒットとなった。ここには現実から逃避しようとの想いが読み取れる。

時局を色濃くあらわした歌謡曲

経済不況の原因となったのは、昭和五年一月一一日に浜口雄幸《はまぐちおさち》内閣の大蔵大臣井上準之助《いのうえじゅんのすけ》が金輸出の解禁（金解禁）を行ったことによる。各国の貨幣価値は、金を基準に定められる金本位制が世界的な潮流となっていた。しかし、前年一〇月二四日にアメリカの株式市場が大暴落し、世界恐慌と呼ばれる経済恐慌が起きていた。金解禁によって日本も巻き込まれ、昭和恐慌という慢性的な経済不況に陥ることとなる。浜口が金解禁の方針を発表したのは、昭和四年九月であった。ビクターは、これを受けて同月に葭町二三吉「緊縮小唄」（作詞：西條八十、作曲：中山晋平）を発売した。浜口内閣の緊縮財政を題材にしていた。

不況のなか、昭和六年九月一八日には満州事変が起きた。奉天《ほうてん》郊外の柳条湖《りゅうじょうこ》で南満州鉄道の線路が爆破され、関東軍は張学良《ちょうがくりょう》の東北軍によるものと発表した。昭和七年一月にビクターは、こうした時局を受けて朝日新聞社員が作った「満州行進曲」（作詞：大江素天《おおえそてん》、作曲：堀内敬三、歌：徳山璉《とくやまたまき》）を発売した。同年の第一次上海事変で肉弾三勇士が軍国美談として報じられると、新聞社はそれを讃える歌を作るため歌詞の公募を行った。昭和七年三月にコロムビアは朝日新聞社の「肉弾三勇士の歌」（作詞：中野力、作曲：山田耕筰、歌：江文也《こうぶんや》）、四月にポリドールは大阪毎日・東京日日新聞社の「爆弾三勇士の歌」（作詞：与謝野寛《よさのひろし》、作曲：辻順治《つじじゅんじ》）を発売した。

昭和七年三月一日に満州国が建国されるが、国際連盟理事会は柳条湖事件の現地調査を行うため、リットン調査団を派遣した。日本は満州国と九月一五日に日満議定書を結び、満州国を承認した。一〇月のリットン報告書は満州における中国政府の主権を認めつつ、日本の地位を承認するものであった。しかし、満州国の承認を巡っては支持が得られず、日本は昭和八年三月二七日に国際連盟から脱退する道を選んだ。

これらを受けて昭和七年一二月に分山田和香「警世リットン節」（作詞：西條八十、作曲：佐々紅華）、同八年四月には米倉俊英《よねくらとしひで》「連盟よさらば」（作詞：東京朝日新聞「今日の問題」子、作曲：江口夜詩《えぐちよし》）という時局歌が作られた。関東軍が昭和八年一月に山海関《さんかいかん》を占領し、二月に満州南西部の熱河《ねっか》地方に侵攻したことも連盟側を刺激した。熱河作戦が開始されると、昭和八年五月にミス・コロムビア「君は熱河に」（作詞作曲：明本京静《あけもときょうせい》）を発売している。頽廃《たいはい》的なジャズ調で、勇ましさよりも厭戦《えんせん》気分が漂う旋律である。

大きな事件が起こると、それを素材とした歌が作られた。歌謡曲は楽しむためだけではなく、ニュースを伝える役割を持っていたことがわかる。昭和八年五月三一日の塘沽《タンクー》停戦協定により満州事変以来の軍事衝突が停止されると、「時局歌」としての歌謡曲は一旦息を潜める。だが、昭和一二年七月に日中戦争が勃発すると、再び娯楽とニュース性とを兼ね備えた戦時歌謡が量産されることとなる。

柳を愛した西條八十

「東京行進曲」で「昔恋しい銀座の柳」と思ったのは西條八十だけではなかった。銀座商店街の人たちも、柳の木の復活を望んだ。そうした声に応えた朝日新聞社は、昭和七年に柳を植樹した。銀座八丁に柳の木が復活すると、西條と中山晋平のコンビによって「銀座の柳」が作られた。歌い出しは、「植えてうれしい、銀座の柳」であった。中山門下で佐藤千夜子の姉妹弟子にあたる四家文子が吹込んだ。二番と三番の間奏には「東京行進曲」が使われている。

西條が植物で好きだったのが柳である。その理由は「蒲柳《ほりゅう》の質」と言われるように、柳の木は弱そうに見える。しかし実際には、強風が吹いて真っ二つに折れてしまうのは大木で、柳は風を右に左に受け流す。西條は柳のように細く長く、要領よく生きたかったのだろう。ちなみに、彼の親は苦しみを与えないように「九」を抜いて「八十」と名づけた。姓名判断は的中し、西條は作詞家の王様となる。

西條が「東京行進曲」と「銀座の柳」で柳を取り入れたため、昭和歌謡で柳は銀座の代名詞となった。西條作品のどこに柳が出てくるかを探すことは、昭和歌謡の楽しみ方の一つである。

例えば、ヒットはしなかったが、昭和一〇年一二月に「二本の柳」（作曲：江口夜詩、歌：松平《まつだいら》晃《あきら》）という作品がある。昭和一三年（一九三八）九月の「軍国銀座娘」（作曲：服部良一、歌：渡辺《わたなべ》はま子）では「勝ってうれしい、銀座の柳」、同年同月の「旅の夜風」では「男柳が、なに泣くものか」、同一五年六月の「蘇州夜曲《そしゅうやきょく》」では「惜しむか、柳がすすり泣く」といった感じで登場する。他にも沢山あるので、是非探して欲しい。

西條の柳好きは、彼のペンネームである柳水巴にもあらわれている。このペンネームを使うときは、新聞三面記事の心中事件や情死を題材にした悲恋ものが多い。その初出ともいえる代表作が、昭和七年七月の「天国に結ぶ恋（悲恋大磯哀歌）」（作曲：林純平《はやしじゅんぺい》〔松平信博《まつだいらのぶひろ》〕、歌：徳山璉、四家文子）である。慶應義塾大学の学生と愛人とのプラトニックな恋を清算するため、大磯坂《おおいそさか》田山《たやま》で心中したという事件が新聞に掲載された。ビクターからこの題材で作詞を依頼された西條は、「あまり生々しい事件だったので、わたしも少々照れ気味で、柳水巴というペン・ネームを使って作詞した」と証言している。(3)

「銀座の柳」と「天国に結ぶ恋」は、新聞でいえば街の文化面と、事件を扱う社会面と話題が異なる。ただし、ここで共通するのはニュースになった話題を、レコード会社が歌謡曲の題材にしていることである。

天才がライバル視した江口夜詩

古賀政男（右）と江口夜詩（左）（江口直哉氏所蔵）

流行歌づくりの天才古賀政男が終生ライバル視した作曲家が江口夜詩である。古賀は「よき宿敵《ライバル》を得て、私の作曲意欲はますます激しく燃えた」と述べている(4)。

江口が亡き妻を偲《しの》んで作曲した「忘られぬ花」が、昭和七年一一月にポリドールから池上利《いけがみとし》夫《お》（松平晃）の歌唱で発売されると、たちまち人気となった。古賀の「影を慕ひて」に対抗するような悲しい旋律である。このヒットに目をつけたコロムビアは、昭和八年二月に江口を専属作曲家として迎えた。古賀が藤山一郎とのコンビでヒットを生み出したのに対し、江口は松平とのコンビでそれに応えた。

江口は松平を「私の四十年近い作曲生活の中でこの位《くらい》優れた人は他には一寸《ちょっと》見当たらない」と回想した上で、「当時のレコード会社は、作曲が出来上がると、二、三日後には吹き込まなければならない程忙がしい時が非常に多く」「吹込当日スタジオへ飛んで来て、始めて楽譜を見て、文字通り初見で吹込をしてこれがヒットしたような例も度々あった」「だから彼の唄には、これでもかこれでもかと聴く者がいやになってしまう程押しける（ママ）ような技巧は全然なく、自然に引込まれるようなよさが随所にあふれてくる」と分析している。松平も「先生の曲は、ぼく以外の者が歌ったら絶対にヒットしませんよ」と自負していたという(5)。

実際に古賀と江口の成績争いを調べてみると、両者の凄さがわかる。コロムビアレコードには「レーベルコピー」というレコード製造の情報が書かれた貴重な台帳が残されている。筆者は『古関裕而秘曲集』や『松平晃 永遠の歌声』などのCD制作に携わったときに特別に見せてもらい、本書でその一部分を使用する許可を得た。これは正確な製造枚数がわかる。それ以外の数値となると、内務省が一〇万枚以上のヒット曲について調査した極秘史料しかない。この調査データは昭和一三年二月までの枚数であることと、実際の製造枚数に比べて誤差がある。

「レーベルコピー」を見ると、昭和一四年のヒット曲である藤山一郎「懐かしのボレロ」(作詞:藤浦洸《ふじうらこう》、作曲:服部良一)が一万五三一一枚、霧島昇とミス・コロムビア「一杯のコーヒーから」(同)が一万二九三五枚であることがわかる。筆者は、この点から戦前のヒット曲の最低基準は約一万五〇〇〇枚から一万三〇〇〇枚と考えている。

この点を考慮して昭和六年五月から一二年八月までの一万五〇〇〇枚以上製造された作品を抽出すると表1のようになる。古賀は一八枚三六曲で二二三万七四二七枚、江口は二四枚四二曲で一一四万三九四一枚である。古賀が江口の二倍を売り上げていることは驚異的である。古賀と江口の作品でも、そのときは売れても、後には消えてしまったものがかなり多い。

苦労する古関裕而と服部良一

メディアでは、古賀政男と服部良一を対照的なライバルとして取り上げることがある。また最近ではNHK朝ドラ『エール』のモデルとなった古関裕而がライバルとして紹介された。しかし、古賀が生涯にわたってライバル視したのは江口夜詩しかいない。その理由は、江口がコロムビアに入ってきた昭和八年にあった。

この年に江口がコロムビアに入ってきたことで古関は危機に直面する。ヒット曲が出ないため、昭和九年からの契約更新をしないとの宣告を受けた。古賀はコロムビア側に「芸術家にスランプはつきものである」と反対した。古関の妻金子も将来的に必ずヒット曲を出すと懇願したこともあり、首の皮一枚で繋がった。「背水の陣」を敷かれた古関は、クラシックの歌曲のような芸術作品ではなく、大衆が好む民謡や小唄調の歌謡曲を作るようになる。

古関の前後の作品を見ると、例えば昭和六年六月の「福島行進曲」（作詞：野村俊夫、歌：天野喜久代）、「福島小夜曲」（作詞：竹久夢二、歌：阿部秀子）は一五〇〇枚しか製造されなかったし、七月の藤山一郎の「平右ェ門（平ねも）」（作詞：北原白秋）や翌七年三月の「青春歌譜」（作詞：西岡水朗）も今一つであった。

ところが昭和九年一月の荘司史郎《しょうじしろう》「春の哀歌」（作詞：島田磬也）から旋律は一変し、七月の松平晃「利根の舟唄」（作詞：高橋掬太郎）は初のヒットとなった。古賀の「ほんとにそうなら」（作詞：久保田宵二、歌：赤坂小梅《あかさかこうめ》）に似た一二月の「晴れて逢ふ夜は」（作詞：時雨音羽、歌：赤坂小梅）は三万三四九九枚と及第点を取っていく。そして、昭和一〇年六月の音丸《おとまる》「船頭可愛いや」（作詞：高橋掬太郎）で二六万枚という初の大ヒットを獲得した。

表1　古賀政男と江口夜詩のヒット対決

江口夜詩

	A面曲名／B面曲名	発売年月	A面歌手名／B面歌手名	発売枚数
1	浮草の唄／港の雨	昭和８年２月	ミス・コロムビア／松平晃	28941枚
2	十九の春／悲しき夢	昭和８年５月	ミス・コロムビア／松平晃	103498枚
3	紅の帯／丘の夕陽	昭和８年６月	丸山和歌子／長谷川一郎	17755枚
4	波路を越えて／声も姿も	昭和８年７月	松平晃／渡辺光子	47960枚
5	秋の銀座／思ひ出の月	昭和８年10月	ミス・コロムビア／松平晃	18205枚
6	大大阪祭	昭和８年11月	ミス・コロムビア	(170000枚)
7	そんなお方があったなら／春爛漫	昭和９年２月	赤坂小梅／松平晃	57683枚
8	主は国境	昭和９年11月	音丸	22566枚
9	ゆるしてネ	昭和10年２月	赤坂小梅	22871枚
10	筏ながして／さらば戦友	昭和10年４月	音丸／松平晃	15379枚
11	ハイキングの歌	昭和10年５月	青山薫	36544枚
12	村雨小唄／恋慕草紙	昭和10年７月	松平晃／音丸	21113枚
13	夕日は落ちて	昭和10年８月	豆千代、松平晃	(170000枚)
14	銃執りて／思ひ乱れて	昭和10年10月	音丸、伊藤久男／豆千代	35434枚
15	貫一お宮／浪子と武男	昭和10年12月	松平晃、豆千代／伊藤久男、赤坂小梅	33668枚
16	乙女鳥／春の栄冠	昭和10年12月	ミス・コロムビア／松平晃	53247枚
17	初恋日記／花嫁行進曲	昭和11年１月	松平晃、伏見信子／音丸	57039枚
18	露営の夢／君の首途に	昭和11年４月	伊藤久男／音丸	18981枚
19	あの夢この夢／酒に涙を誘われて	昭和11年６月	二葉あき子／松平晃	21924枚
20	曠野の彼方／ふたりの恋	昭和11年８月	松平晃／伊藤久男、豆千代	43900枚
21	だってネ／逢はせて頂戴	昭和12年１月	豆千代、伊藤久男／音丸	40959枚
22	春の大空	昭和12年１月	霧島昇	48848枚
23	愛馬の別れ／それからどうしたネ	昭和12年５月	音丸／豆千代	21144枚
24	涙の三人旅／落葉ざんげ	昭和12年８月	音丸、霧島昇、二葉あき子／霧島昇	36312枚
合計24枚42曲				1143941枚

古賀政男

	A面曲名／B面曲名	発売年月	A面歌手名／B面歌手名	発売枚数
1	乙女心／チャッカリしてるわね	昭和６年５月	関種子／天野喜久代	16689枚
2	私此頃憂鬱よ／酒は涙か溜息か	昭和６年９月	淡谷のり子／藤山一郎	239376枚
3	丘を越えて／窓に凭れて	昭和６年11月	藤山一郎／淡谷のり子	（170000枚）
4	日本橋から／影を慕ひて	昭和７年２月	関種子／藤山一郎	107401枚
5	鳩笛を吹く女の唄／風も吹きよで	昭和７年２月	井上静雄／丸山和歌子	37683枚
6	あけみの歌／佳人よ何処へ	昭和７年３月	関種子／淡谷のり子	23162枚
7	夜霧の港／さらば上海	昭和７年４月	中野忠晴／丸山和歌子	50846枚
8	恋ごころ／去りゆく人影	昭和７年12月	長谷川一郎／関種子	44885枚
9	歓喜の歌／春ぢゃもの	昭和８年１月	中野忠晴／丸山和歌子	43895枚
10	ほんとにそうなら／旅がらす	昭和８年３月	赤坂小梅／中野忠晴	115892枚
11	はてなき旅／気まぐれ涙	昭和８年７月	松平晃／ミス・コロムビア	38486枚
12	のぞかれた花嫁／二人は若い	昭和10年８月	杉狂児／ディック・ミネ、星玲子	（211972枚）
13	東京ラプソディ／東京娘	昭和11年６月	藤山一郎	（161558枚）
14	男の純情／愛の小窓	昭和11年９月	藤山一郎／ディック・ミネ	（101741枚）
15	女の階級／回想譜	昭和11年11月	楠木繁夫／藤山一郎	（120467枚）
16	あゝそれなのに／うちの女房にゃ髭がある	昭和11年12月	美ち奴／杉狂児、美ち奴	（496988枚）
17	青い背広で／青春日記	昭和12年２月	藤山一郎	（134438枚）
18	軍国の母／動員令	昭和12年８月	美ち奴／楠木繁夫	（118948枚）
合計18枚36曲				2237427枚

「レーベルコピー」（日本コロムビア所蔵）、（　）は「売上實数ヨリ見タル流行歌「レコード」ノ變遷」（『SP レコード』35、1999年12月）から作成。

服部良一は昭和四年の国歌レコードを経て、同六年からタイヘイレコードで作曲や編曲を行っていた。古賀の「酒は涙か溜息か」が大ヒットすると、タイヘイは服部にそれによく似た「酒は涙よ溜息よ」（作詞：英はじめ、歌：黒田進）を作曲させた。後に古賀メロディーでブレイクする楠木繁夫が、売れる前に本名の黒田進で吹き込んだ。「酒は涙か溜息か」をジャズ調に少しアレンジしたような旋律であった。

服部は、「古賀良一になっては私が存在する意味がない」「しかし、書いていると出てくるんです、古賀さんのメロディが。いけない、この幻を切り捨てなくてはと、もう大変でした」「古賀メロディや古関メロディにないものを書く、これが私の生命でした」と振り返る。[6]

服部はそうした意識を持ちながら、昭和九年に上京してニットーレコードの作曲家となった。昭和一〇年の志村道夫《しむらみちお》「流線ジャズ」（作詞：藤原山彦）は、当時デザインとして人気となった流線型を歌詞にして、ジャズの要素を歌謡曲に取り入れた。ここに古賀メロディーは消え、服部メロディーの原型が確立した。ニットーでは彼が希望するジャズ調の曲を量産できた。

しかし、服部は二流の国産会社よりも、外資系の大手レコード会社での活躍を望んだ。昭和一〇年に作曲家大村能章《おおむらのうしょう》と歌手中野忠晴から移籍の誘いを受け、同一一年二月にコロムビアの専属作曲家となる。同年四月の淡谷のり子「おしゃれ娘」（作詞：久保田宵二）をはじめ、同一二年四月のナカノ・リズム・ボーイズ「山寺の和尚さん」（同）など、服部にしか書くことのできないジャズを取り入れた作品を世に出していく。

服部のジャズや後述するブルースやブギウギは、一九五〇年代にロックンロールから派生するポップスとまったく同じではないが、「演歌」とは対極的な歌謡曲を生み出し続けたため、ジャパニーズポップスの原点ともいうべき存在である。

古賀が古関や服部に一目置くようになるのは、昭和一二年に日中戦争が始まった頃からである。それまで古賀にとって両者はヒット争いをする相手ではなかった。

松平晃とミス・コロムビア

現代的に言えば「イケメン歌手」「歌謡界のプリンス」という名にふさわしいのが、昭和八年一二月にコロムビアの専属歌手となる松平晃である。松平は佐賀県の佐賀中学校（現・佐賀西高等学校）を卒業後に上京し、昭和五年に武蔵野音楽学校（現・武蔵野音楽大学声楽科）へ入学する。翌六年に東京音楽学校師範科へ転校して声楽家を志す。しかし、在学中に兄が病気で倒れ、実家の家計が苦しくなり、学費などの仕送りが受けられなくなった。

そこで東京音楽学校本科に在学していた藤山一郎に相談し、ニットーレコードのテストを受けた。藤山のピアノ伴奏で「ラ・スパニョラ」などを歌って合格した。このときの芸名は大川静夫であった。この他に、タイヘイでは小川文夫、ポリドールでは池上利夫、キングでは松平不二男、パーロフォンでは柳沢和彦という芸名で、多くの流行歌を吹込んだ。東京音楽学校では流行歌の吹込みを禁止していたが、松平はそれをやめず、学校を退学する道を選んだ。

松平晃（筆者所蔵）

松平晃の魅力は、美しい顔立ちと、鼻にかかった甘い歌声だろう。ユーモアのある人柄で、トランプを使った得意の手品で周囲の関係者を楽しませた。昭和八年三月の「サーカスの唄」は、同月に来日したハーゲンベックサーカス団に合わせて作られた。古賀政男は作曲に際して少年時代に聴いたサーカスのジンタ「美しき天然」を想起したという。同年には古賀の「はてなき旅」「さらば故郷」（作詞：西條八十）といった佳曲も出している。

これらに対抗するかのように、江口夜詩は松平のヒット曲を量産した（表1参照）。なかでも代表曲となったのが、昭和九年一月の「急げ幌馬車《ほろばしゃ》」（作詞：島田芳文）である。江口は行進曲を演奏する海軍軍楽隊で腕を磨いたため、馬車、列車、船など乗り物が前に進んで行くような楽曲を作るのが上手い。こうした楽曲を「馬車もの」と呼ぶが、「急げ幌馬車」は彼が作る「馬車もの」の最初のヒット曲となった。

江口の初期のヒット曲を歌った女性歌手がミス・コロムビアこと松原操《まつばらみさお》である。東京音楽学校を優秀な成績で卒業した松原は、研究科に進んで声楽の勉強を続けた。コロムビアは優等生の松原に注目し、歌手になることを勧めた。松原によれば、研究科は本科とは違って演奏会への出演やレコード吹込みを認めていたという。松原は流行歌の他にクラシックの歌曲のような芸術的な作品を歌うことを条件として、コロムビアでのレコード吹込みを承諾した。

コロムビアでは松原が在学中であったため、ミス・コロムビアという芸名で顔を隠した覆面歌手としてデビューさせた。名前や顔を隠すことで注目を集め、レコード宣伝の効果を上げる狙《ねら》いがあった。松原はこの手法や芸名を事前に知らされていなかったため、最初は不満だったと回想している。

しかし、コロムビアの作戦は功を奏し、デビュー曲である昭和八年二月発売の「浮草の唄」（作詞：久保田宵二）は二万八九四一枚という快調な滑り出しとなり、同年五月の「十九の春」（作詞：西條八十）は一〇万三四九八枚を記録した。さらに同年一一月発売の「大大阪祭」（作詞：岡田千秋）も一七万枚のヒットとなった。いずれも江口の作品であった。また昭和九年九月には「並木の雨」（作詞：高橋掬太郎）という代表曲の一曲も生まれた。「並木の雨」は江口が才能を認めていた作曲家池田不二男《いけだふじお》の作品である。

ミス・コロムビア（日本コロムビア提供）

芸者歌手

昭和初期のレコード会社では、流行歌手でも音楽学校の出身者を原則としていた。例外的なのが芸者歌手たちである。彼女たちは一〇代の頃から小唄、長唄、清元、三味線などの歌舞音曲の修業をしていたため、

美ち奴（筆者所蔵）

その実力が認められれば歌手になれた。しかし、東京だけでも浅草、日本橋、赤坂《あかさか》、新橋《しんばし》、深川《ふかがわ》、神楽坂《かぐらざか》などの花柳界には大勢の芸妓がおり、狭き門で簡単になれるものではなかった。

レコード各社はお座敷で人気のある芸者発掘に乗り出す。ビクターは、藤本二三吉に続いて、市丸《いちまる》と小唄勝太郎《こうたかつたろう》という二人の芸者歌手を迎えた。市丸は明治三九年（一九〇六）七月一六日に長野県松本市で生まれた。浅草の芸者のなかでも美貌と美声とが際立っていた。そこに目をつけたビクターからの誘いに乗って昭和六年に歌手となる。同年七月に発売した「茶切節《ちゃっきりぶし》」（作詞：北原白秋、作曲：町田嘉章《まちだよしあき》）は、静岡鉄道が地元を宣伝するために作った新民謡であった。昭和八年七月発売の「天龍《てんりゅう》下れば」（作詞：長田幹彦、作曲：中山晋平）は、市丸の代表曲となった。ビクターはさらに先斗町《ぽんとちょう》筆香《ふでか》、金廣《かねひろ》つぼみで戦力補強を図るが、彼女たちはヒット曲に恵まれなかった。

勝太郎は次項で触れるとして、次にコロムビアの赤坂小梅を紹介する。彼女は福岡で人気の芸者であり、昭和四年には「航海ランプ」（作詞：渡辺波光《わたなべはこう》、作曲：藤井清水《ふじいきよみ》）など数曲をビクターで録音している。昭和六年に上京して赤坂で活躍するようになる。そこに目をつけたコロムビアは、小梅を市丸や勝太郎の対抗馬としてスカウトした。

表2　芸者歌手一覧

歌手名	代表曲	専属レコード会社
藤本二三吉	「祇園小唄」	ビクター→コロムビア
小唄勝太郎	「島の娘」「東京音頭」	ビクター
市丸	「天龍下れば」	ビクター
先斗町筆香	「鴨川小唄」	ビクター
金廣つぼみ	「想ひのこして」	ビクター
赤坂小梅	「ほんとにそうなら」	コロムビア
豆千代	「夕日は落ちて」	コロムビア
音丸	「船頭可愛いや」	コロムビア
千代丸	「瀬戸の夕焼」	コロムビア
新橋喜代三	「明治一代女の唄」	ポリドール
浅草〆香	「流れ三味線」	ポリドール
日本橋きみ栄	「蛇の目のかげで」	ポリドール
美ち奴	「あゝそれなのに」	ニットー→テイチク
新橋みどり	「若しも月給が上ったら」	キング
豆太	「追分手綱」	キング
新橋喜代丸	「花嫁双六」	タイヘイ

各レコード会社の月報から作成。

小梅の出世作は、昭和八年五月の「ほんとにそうなら」である。これは当時、サビの部分の「ほんとにそうなら、嬉しいね」というのが流行語になるほどの人気となった。昭和九年にはそれに似たような曲調の「晴れて逢ふ夜は」や、「そんなお方があったなら」（作詞：久保田宵二、作曲：江口夜詩）などのヒットを出した。コロムビアには昭和八年に二三吉が移籍し、さらに後述する豆千代《まめちよ》、音丸《おとまる》、千代丸《ちよまる》が加わる。

同じ外資系のポリドールも負けじと芸者歌手を発掘した。新橋喜代三《しんばしきよぞう》、浅草〆香《あさくさしめか》、日本橋きみ栄《え》である。喜代三はのちに作曲家中山晋平の後妻となる。昭和一〇年一一月の「明治一代女の唄」（作詞：藤田まさと、作曲：大村能章）で一世を風靡《ふうび》した。〆香の代表曲は難しいが、東海林太郎と多くのカップリングを出した。きみ栄は、昭和一一年三月の「浮名くづし」（作詞：佐藤惣之助、作曲：阿部武雄《あべたけお》）、同一二年五月の「蛇《じゃ》の目《め》のかげで」（作詞：並木《なみき》せんざ〔サトウハチロー〕、作曲：阿部武雄）が代表曲である。

こうした動きに国産会社のテイチクは美《み》ち奴《やっこ》、キングは新橋みどり、豆太《まめた》、タイヘイは新橋喜代丸《きよまる》を迎えて競い合った（表2参照）。このうち浅草の芸者であった美ち奴は、後述する「あゝそれなのに」や、昭和一四年一二月の「吉良《きら》の仁吉《にきち》」（作詞：萩原四朗《はぎわらしろう》、作曲：山下五郎《やましたごろう》）などの清水次郎長もので人気を得たが、それ以外の四人は単独でのヒット曲はない。この時期には他にも知る人ぞ知る芸者歌手がたくさん生まれた。昭和三〇年代半ば頃に衰退し、現在の芸能界では消滅してしまった芸者歌手が、百花繚乱《りょうらん》と華やいだ時代が到来した。

小唄の女王・小唄勝太郎の人気

芸者歌手のなかでも、小唄勝太郎の人気は高かった。それはレコードの売上げ枚数で一〇万枚以上の曲が複数存在することが証明している。

小唄勝太郎は、明治三七年一一月六日に新潟県中蒲原《なかかんばら》郡沼垂町《ぬったりまち》（現・新潟市中央区）に生まれ、日本橋葭町で芸者として活躍していた。当初は葭町勝太郎と称していたが、すぐに小唄勝太郎と改称した。これは小唄を歌わせたら日本一という意味である。昭和八年一月に発売された「島の娘」（作詞：長田幹彦、作曲：佐々木俊一《ささきしゅんいち》）は、伊豆大島で椿油を搾取する娘の恋心を題材にしていたが、四二万五三〇〇枚という驚異的なヒットとなった。同年六月の「大島おけさ」（作詞：西條八十、作曲：中山晋平）は、勝太郎の郷里の民謡「佐渡おけさ」を伊豆大島向けに変えたものだが、一八万七五〇〇枚のヒットを打ち出した。さらに同年一二月には「佐渡を想えば」（作詞：長田幹彦、作曲：佐々木俊一）で一六万一五〇〇枚を売上げている。

美人の市丸に対して、可愛らしい勝太郎は対照的である。当時は「市勝時代」「勝市時代」と呼ばれ、その後もよきライバルとなった。昭和八年の市丸の「天龍下れば」、勝太郎の「島の娘」「大島おけさ」「佐渡を想えば」は、いずれも歌い出しが「ハァー」で始まるため、「ハァ小唄」と呼ばれた。「ハァ小唄」には、鶯《うぐいす》歌手とも呼ばれた芸者歌手の美声はもとより、一〇代の頃から小唄や端唄の修業を積んだ芸者の独特な間合いと節回しのよさが生かされている。

小唄勝太郎（筆者所蔵）

昭和一一年一月には勝太郎の半生を描いた自叙伝的映画『勝太郎子守唄』が作られ、その同名主題歌と、「島の娘」をくずした「勝太郎くずし」（作詞：宇津江精二、作曲：佐々木俊一）のカップリングが発売された。これも一〇万枚を記録した。

「東京音頭」フィーバー

大正一二年九月一日の関東大震災後には、娯楽のメッカであった東京浅草は江戸情緒を感じさせる場所として、銀座に近い有楽町《ゆうらくちょう》はモダニズムの繁華街として集客するようになる。それに比べて日比谷《ひびや》界隈《かいわい》は火が消えたように、静かになってしまった。松本楼《まつもとろう》（レストラン）の小坂光雄《こさかみつお》、更科《さらしな》（そば屋）の藤村源三郎《ふじむらげんざぶろう》、富可川《ふかがわ》（おでん屋）の井上忠治郎《いのうえちゅうじろう》など飲食店の店主たちは、人の流れが変わってしまったことに嘆息し、日比谷を活性化する企画を思案した。地方では盆踊りを開くと大勢の人が集まるが、東京は地方から人が移り住んできたため民謡がない。そこで丸の内界隈の民謡を作り、日比谷公園で盆踊りを開催することを計画した。

その曲作りをビクターに依頼した経緯には、井上が西條八十を知るカルピスの社長三島海雲《みしまかいうん》を介して依頼したという証言と、舞踊家の花柳寿美《はなやぎすみ》の内弟子であった藤村の娘を介して依頼したという証言とが残されている。どちらにしても、作詞の西條と、作曲の中山晋平につながる筋道を得ていたことになる。こうして昭和七年六月に発売されたのが「丸の内音頭」である。表面を藤本二三吉、裏面を三島一声《みしまいっせい》が歌っている。中山は「鹿児島おはら節」を前奏に用いる形で作曲した。

日比谷公園で昭和七年八月一五日から二〇日まで「丸の内音頭踊り」を開催し、一八日にはラジオで全国に「丸の内音頭」が放送された。これが盛況に終わったこともあり、昭和八年七月にビクターは「東京音頭」（作詞：西條八十、作曲：中山晋平）と改題して発売した。東京市は昭和七年一〇月一日に五郡八二町村を合併し、従来の一五区から三五区に拡大編成され、人口五二〇万を有する世界第二位の都市となった。大東京にふさわしい新民謡が誕生した。

西條は「この音頭が揃《そろ》い手拭《てぬぐい》、揃い浴衣《ゆかた》ではじめて踊られたあの日比谷公園のすずしい月の夜を、わたしは永く忘れないであろう」「念願のひとつだった、生れの東京に盆踊をつくることは、この「東京音頭」でうれしく果された」と記している。[7] 盆踊りの時期を過ぎても「東京音頭」の熱は冷めなかった。昭和八年一〇月八日の御会式《おえしき》では池上本門寺《いけがみほんもんじ》に向かう行列で団扇太鼓《うちわだいこ》を使いながら「東京音頭」の大合唱が起こった。一〇月二一日の大学野球の早慶戦では、入場券を求める観覧客が徹夜で神宮球場に並んだが、客たちは「東京音頭」を歌って夜を明かしている。「東京音頭」は四四万二二〇〇枚の大ヒットとなった。

「東京音頭」日比谷公園（『NHK歴史への招待』21、昭和編、日本放送出版協会、1982年）

「東京音頭」が全国的に売れたため、ビクターはその旋律を生かして、西條に全国各地の特色を盛り込んだ「東京音頭」の替歌を作らせた。昭和九年五月に「満州音頭」、一〇月に「北海道音頭」「東北音頭」「東海音頭」「中国音頭」「四国音頭」「九州音頭」「台湾音頭」「朝鮮音頭」、一二月に「北陸音頭」が発売された。歌詞はそれぞれ異なるが、旋律は「東京音頭」である。しかし、九〇年以上踊り続けられているのは、本家本元の「東京音頭」しかない。

昭和歌謡史の本では、「東京音頭」を昭和恐慌からの不況や、満州事変による非常時などの時代の閉塞感から逃れるための乱舞であったなどと書くものが多い。明治維新の「ええじゃないか」と対比して昭和維新の「東京音頭」などと位置づけている。しかし、これは安易な発想であって、根拠にも説得力にも欠ける。「丸の内音頭」の企画からはじまる音頭ブームを考えると、不況対策としての経済振興という前向きな躍進としての原動力であったと見るべきである。事実、「東京音頭」が東京から大東京への発展を示したように、大都市への躍進を願うその地の振興曲が全国に登場するようになる。

「大阪音頭」で対抗するコロムビア

コロムビアは読売新聞社との提携で、昭和八年七月に「東京祭」(作詞：門田ゆたか、作曲：古賀政男)を出した。歌詞は西條八十の弟子で後に「東京ラプソディ」を書く門田ゆたかの作品が選ばれた。これに古賀が昭和モダニズムを押し出した軽快なジャズ調の曲をつけ、人気の松平晃が歌唱した。ところが、「東京音頭」の津波を押し止めることはできなかった。

大差をつけられたコロムビアは、昭和八年一一月に「大阪音頭」(作詞：佐藤惣之助、作曲：佐々紅華)で対抗した。「東京音頭」の元歌である「丸の内音頭」を歌唱した藤本二三吉に吹込ませて、彼女のヒット曲である「浪花小唄」「祇園小唄」の作曲者である佐々紅華が曲をつけた。藤本によれば、「東京音頭」も彼女が吹込むつもりでいたが、ビクターのディレクター安藤兵衛が好意を寄せていた小唄勝太郎を抜擢《ばってき》したため、ビクターを辞めてコロムビアへと移籍したという。ビクター時代の藤本と佐々のコンビが、コロムビアで古巣に牙をむいた。「東京音頭」の「ヤートナ、ソレヨイヨイヨイ」に対し、「大阪音頭」は「ソヤナイカ、ハ、ソウダスッセ、ハア、ホンニエライコッチャ、ソヤナイカ」がサビの掛け声であった。結果的に「東京音頭」に勝つことはできなかったが、「大阪音頭」は一七万枚を売上げた。

「大阪音頭」も「東京音頭」と同じ戦略をとり、全国各地の題名と歌詞だけを替えて売り出した。昭和九年二月に「広島音頭」「北海音頭」「仙台音頭」「宮城音頭」「盛岡音頭」「岩手音頭」「新秋田音頭」、五月に「横須賀音頭」が発売された。昭和八年一二月に発売された「神奈川音頭」からは、翌九年二月に「遠州音頭」「福島音頭」の替歌が生まれている。

一般的には馴染《なじ》みがないが、当時地元ではそれぞれ人気となった。『岩手日報』は、「盛岡音頭」は予約が殺到して「俄然《がぜん》物凄い人気」であり、発売前日には「東北六県各地音頭も発売されるので東北の新春は俄然音頭のあらしが押し寄せられる」と報じている。(8) こうした音頭が続出した背景には、地元の経済振興の狙いがあった。山形県庁では昭和七年一〇月に東北六県知事会議が開かれ、その後には「東北振興の為にする根本策」が政府に提出された。各地に出現した「音頭」は次項で述べる「行進曲」とともに地域活性化の振興曲であったと位置づけられる。

「大名古屋祭」から始まる地域振興の行進曲

コロムビアは全国各地に「大阪音頭」の替歌音頭を生みだすだけではなく、「〇〇行進曲」と「〇〇をどり」という異名同曲を量産した。昭和八年一一月のミス・コロムビア「大大阪祭」は、その後に使い回されることはなかった。だが、それによく似た同年一〇月のミス・コロムビア「大名古屋祭」(作詞：碧海利秋、補作：西條八十、作曲：江口夜詩)は、同九年六月の松平晃「大山形行進曲」「大仙台行進曲」、八月「大盛岡行進曲」「大青森行進曲」「大秋田行進曲」、九月「葉隠行進曲」、同一〇年八月のミス・コロムビアと伊藤久男「北海まつり」へと化けていった。どれも地元の有力新聞社、市役所、放送局などとタイアップされた地域振興を目的とした行進曲である。これらの行進曲とカップリングになったのが、「宮城をどり」「岩手をどり」「陸奥をどり」「秋田をどり」(歌：藤本二三吉)である。

折しも、地域振興の行進曲と音頭のカップリングが続出した時期は、戦前の観光ブームの到来と重なった。昭和六年に国立公園法が制定され、同九年三月に瀬戸内海、雲仙《うんぜん》、霧島《きりしま》の国立公園が生まれた。戦後まで日本全国各地に国立公園は増加していく。

もう一つ計画的に行われたものに博覧会がある。博覧会は博物館のような生涯学習と、遊園地のような娯楽とが共存した。会期期間しか見ることができないため、地元周辺はもとより遠隔地からも集客できた。博覧会は地域振興と観光招致の象徴といえる。全国各地の自治体と新聞社が共催で博覧会を開くと、その宣伝歌を各レコード会社が作った。

コロムビアでは、古関裕而や江口夜詩の行進曲と、大村能章の音頭をカップリングさせた。昭和一〇年に古関は山口県宇部《うべ》市の「躍進の宇部」（作詞：古谷以和雄、歌：伊藤久男）、翌一一年に三重県四日市《よっかいち》市の「躍進四日市」（作詞：高橋掬太郎、歌：伊藤久男）、福井県敦賀《つるが》市の「大敦賀行進曲」（同）富山県の「大富山行進曲」（作詞：安藤やすを、歌：伊藤久男）、などを作曲している。これらは使い回しではなく、それぞれ違う曲である。同年に江口は出身地の岐阜県の「躍進博《やくしんはく》をどり」（作詞：佐藤惣之助、歌：松平晃、豆千代）を作曲している。大村は「新郡上《しんぐじょう》節《ぶし》」（作詞：時雨音羽、歌：豆千代）、「宇部ばやし」（作詞：古谷以和雄、歌：赤坂小梅）など得意の日本調で存在感を示した。

これらの地域振興の博覧会の開催や、その公式宣伝歌としての音頭や行進曲は、日中戦争の勃発により中断する。アジア・太平洋戦争が終わると、再び地域振興や観光誘致を目的として戦前以上に量産されることとなる。戦後に地域振興の行進曲は後退するが、昭和の終わりまでイベントと音頭が強く結びつき、膨大な数の新民謡が生まれる土台は、この時期につくられたのである（コラム5参照）。

豆千代と音丸

「躍進博をどり」を松平晃と歌唱した豆千代は、岐阜の芸者であった。そのため、コロムビア

豆千代（『コロムビアニュース』4巻11号、1933年11月）

では「新郡上節」、「岐阜はよいとこ」（作詞：岩間純、作曲：江口夜詩）、「恵那は山国」（作詞作曲：深谷延彦）といった岐阜自慢の新民謡を歌っている。昭和八年デビューの豆千代は、江口夜詩の短調のメロディーがよく似合う。昭和九年に江口の長調の「曠野《こうや》を行く」（作詞：西岡水朗）、翌一〇年に「廻《まわ》り燈籠《どうろう》」（作詞：久保田宵二）を出すが、一〇万枚に達していない。

その理由を豆千代は「『曠野を行く』という新曲が出てスベリ出しはよかったんですけど、東海林太郎さんの『国境の町』とぶつかってしまったんです。そのため、伸び悩んでしまって、また『廻り燈籠』は一応は売れたんですが、いま一つ足りず」だったと回想する[9]。豆千代は、江口の短調の「夕日は落ちて」に勝負をかけた。ディレクターからは「この曲がヒットしなければ、もう終《お》しまいですよ。運の境い目ですよ」と言われた[10]。

この一曲にかけた豆千代は、「日比谷公園の近くに宿があり、そこの女中さんを連れて、人通りの途絶えた真夜中の午前二時ごろ、公園中を大きな声を出して、毎夜歌い歩いたんです。自然、節も覚えれば、文句も頭に入りますね。が、それよりなにより、ドタン場に立たされた自分自身の気持と、はじめて、すべてを暗記して吹き込んだんです」と語っている[11]。

こうして昭和一〇年八月に発売された「夕日は落ちて」は、一七万枚の大ヒットとなった。「夕日は落ちて」は、江口が得意の馬車ものの特徴がよく出ており、哀愁に満ちた旋律である。「曠野を行く」「夕日は落ちて」は、ともに松平とデュエットしている。

豆千代と対照的に長調の民謡のメロディーが似合うのが音丸である。彼女は下駄屋の娘で、芸者稼業に出たことはない。民謡が上手かったことから、芸者姿にコスプレさせて売り出した。芸者らしい芸名は、丸いレコード盤から音がするというところから付けられた。音丸の明るい民謡路線は、昭和一〇年六月の「船頭可愛いや」（作詞：高橋掬太郎、作曲：古関裕而）が二六万枚の大ヒットとなったからだろう。昭和一一年三月の「下田夜曲」（作詞：高橋掬太郎、作曲：竹岡信幸《たけおかのぶゆき》）は一一万枚、八月の「博多夜船」（作詞：高橋掬太郎、作曲：大村能章）は一四万枚を記録した。音丸の大陸メロディーは、「満洲想えば」（同）や「満洲吹雪」（同）にしても、暗くならずゆったりとした伸びやかな旋律が特徴的である。後述する短調の旋律である「銃《じゅう》執《と》りて」（作詞：高橋掬太郎、作曲：江口夜詩）、「花嫁行進曲」（同）、「皇国の母」（作詞：深《ふか》草三郎《くささぶろう》、作曲：明本京静）は珍しい。三曲とも音丸よりも豆千代の路線である。

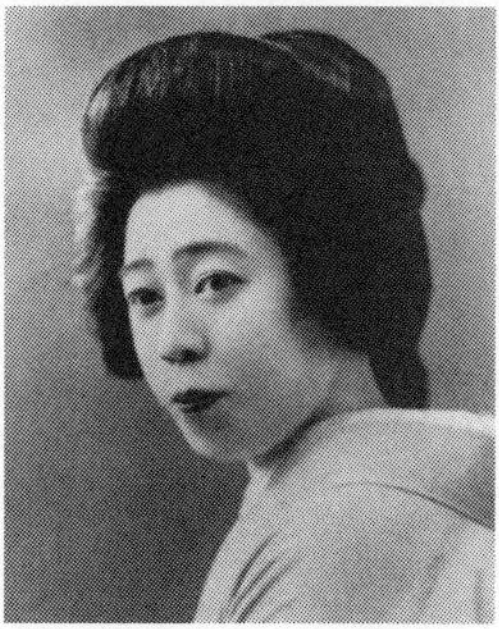
音丸（日本コロムビア提供）

コロムビアは豆千代と音丸という対照的な芸者歌手を得たため、その中間的存在として千代丸を加えた。芸名も豆千代の千代と、音丸の丸から名づけた。しかし、千代丸はどっちつかずの路線となり、ヒット曲に恵まれなかった。日中戦争が泥沼化した頃に登場し、アジア・太平洋戦争が始まる前には姿を消した。

天才に対抗する佐々木俊一

コロムビアのライバル社であるビクターからは、古賀政男の対抗馬として作曲家佐々木俊一があらわれた。佐々木は無声映画時代の映画館でさまざまな楽器を使いこなし、映画音楽を身につけていた。この点は後述する万城目正《まんじょうめただし》と共通する。昭和七年一〇月の小林千代子《こばやしちよこ》「涙の渡り鳥」(作詞:西條八十)は、佐々木の出世作となった。

昭和八年の小唄勝太郎の「島の娘」「佐渡を想えば」も佐々木の作品である。作詞家時雨音羽によれば、佐々木は浪花節の春日井梅鶯《かすがいばいおう》のファンで、よく聴かされたという。時雨は「島の娘」にも浪花節の要素が出ていると指摘する。

佐々木は「ハァ小唄」と対照的な昭和モダニズムの青春ソングも作曲した。昭和八年四月の藤山一郎「僕の青春」(作詞:佐伯孝夫)である。「僕の青春」は一〇万五〇〇〇枚のヒットを記録したが、その後に佐々木と藤山のコンビといえる名曲は生まれなかった。佐々木の楽曲は勝太郎と、後述の灰田勝彦《はいだかつひこ》に適していた。

この時期の佐々木の大ヒット曲として忘れてはならないのが、昭和一〇年六月の児玉好雄《こだまよしお》

「無情の夢」（作詞：佐伯孝夫）である。一六万三六〇〇枚を売上げた。児玉はアメリカやイタリアの音楽学校で本格的なクラシック唱法を学んだ。その一方で日本の民謡にも興味を持って研究に取り組んだ。この両方の発声法を追求し、伸びのある声量を生かした点がヒットの要因だろう。この後も佐々木はビクターのヒットメーカーとして活躍する。

東海林太郎の登場

レコード会社は音楽学校で専門的な勉強をした歌手を求めた。そのようななかで素人から人気歌手になったのが東海林太郎である。明治三一年（一八九八）一二月一一日に秋田県秋田市で生まれた東海林はクラシックの歌手を志すが、厳格な父の反対で早稲田大学商学部を卒業し、南満州鉄道株式会社に勤めた。しかし、歌手への情熱を抑えることができず、昭和五年に帰国する。同八年に時事新報主催の音楽コンクールに出場し、各レコード会社のテストを受けた。ニットーでは東海林太郎《とうかいりんたろう》、キングでは藤原英夫《ふじわらひでお》、パーロフォンでは荘司三郎《しょうじさぶろう》、コロムビアでは荘司史郎、ポリドールでは朝吹薫《あさぶきかおる》、グラモフォンでは富橋文雄《とみはしふみお》と名前を使い分けて多くの曲を吹き込んだ。作曲家田村《たむら》しげるの紹介を得てキングの専属歌手となる。キングはポリドールの南青山のスタジオでレコード録音を行っていた。そうした関係から東海林は昭和八年末にはキングからポリドールへと移籍した。

昭和九年二月の「赤城の子守唄」（作曲：竹岡信幸）は、三三万四〇八五枚を売上げる大ヒットとなった。作詞家佐藤惣之助から「赤城の子守唄」は「男が泣く唄」だとの説明を受けた。社会のなかで自分の思い通りに生きられる人はほとんどいない。純文学を好み、芸術性の高いクラシックの歌手を目指していた東海林にとって、やくざ物の流行歌を吹き込むことは不本意であった。東海林は夢破れた人たちを「男が泣く唄」で慰めようとした。

東海林太郎（筆者所蔵）

東海林が一番好きだった作品は、同年一一月に発売された「国境の町」（作詞：大木惇夫《おおきあつお》、作曲：阿部武雄）である。当初歌詞には「一つ山越しゃ、ロシアの星が」とあった。これを見たポリドールの文芸部は、ソ連と満州の「国境の町」にすると、満州でしか売れないと考えた。そこで国内のそれぞれのくに境を連想させる「一つ山越しゃ、他国の星が」へと歌詞を変更した。この作戦は功を奏し、一九万六九七四枚を売上げる大ヒットとなった。

東海林は昭和一〇年代に黄金時代を迎える。昭和一〇年四月には清水次郎長を描いた「旅笠道中」（作詞：藤田まさと、作曲：大村能章）、五月には林長次郎《はやしちょうじろう》（長谷川一夫《はせがわかずお》）主演の映画『雪之丞変化』の主題歌「むらさき小唄」（作詞：佐藤惣之助、作曲：阿部武雄）、一〇月には大阪の野崎観音参りの地域振興曲から生まれた「野崎小唄」（作詞：今中楓渓《いまなかふうけい》、作曲：大村能章）が、それぞれヒットした。東海林の作品には、やくざ物や股旅物の他に、浄瑠璃《じょうるり》や歌舞伎の演目を題材にしたものが多い。こうした和物を題材とした楽曲は、邦楽で用いる和楽器を用いたため、西洋楽器による洋楽の流行歌に対して日本調という。前述した芸者歌手たちの「船頭可愛いや」「博多夜船」「下田夜曲」なども日本調である。

東海林の日本調には芸術性の高い作品もあった。昭和一二年一月の「すみだ川」（作詞：佐藤惣之助、作曲：山田栄一《やまだえいいち》）と「高瀬舟《たかせぶね》」（作詞：時雨音羽、作曲：長津義司《ながつよしじ》）のカップリングはポリドール専属三周年記念として作られた。「すみだ川」は永井荷風《ながいかふう》、「高瀬舟」は森鷗外《もりおうがい》の文学作品を流行歌にした。昭和一四年一〇月の「築地明石町《つきじあかしちょう》」（作詞：藤田まさと、作曲：長津義司）は、日本画家の鏑木清方《かぶらききよかた》が描いた美人画を題材にしていた。「すみだ川」と「築地明石町」の間奏部分には、松竹の人気女優田中絹代《たなかきぬよ》が台詞《せりふ》を入れた。

こうした東海林の現代的な日本調には、昭和モダニズムとは対照的に、失われた江戸情緒や、大正一二年の関東大震災よりも前の雰囲気を懐古するセンチメンタルな感じが溢れている。

スカウト歌手の小野巡

昭和一〇年に異色の歌手がデビューする。淀橋《よどばし》警察署の巡査を退職してビクターの歌手となった小野巡《おのめぐる》である。巡という芸名は、巡査の巡から取った。小野が銭湯で歌っていたところ、それをビクターの作曲家細田義勝《ほそだよしかつ》が聴いていた。あまりに上手いため、細田がビクターの歌手にならないかと声をかけたのである。小野はスカウト歌手第一号といわれている。

小野のデビュー曲となった昭和一〇年三月の「祖国の護り」（作詞：西條八十、作曲：村越国保）は、明治時代に薩摩閥《さつま》の元勲として活躍した大山巌《おおやまいわお》を讃える歌として作られ、「姓は大山、名は巌」というサビのフレーズは一世を風靡《ふうび》した。六月発売の「円タク行進曲」（作詞：三澤操〔長田幹彦〕、作曲：山川武）は、東京市内を五〇銭（大正一四年は一円）で走るタクシーを題材にしている。目的地の銀座、新宿、日比谷、浅草の風俗を織り込んだ軽快でユーモアなモダニズム歌謡に仕上がっている。

前歴の話題性が抜群であったこともあり、八月の「平和の戦士」（作詞：西條八十、作曲：中山晋平）は「銃は把《と》らねど、佩剣《はいけん》片手、守る祖国の治安線」という、巡査にちなんだ歌であった。小野の鼻にかかる歌声は、戦勝気分の戦時歌謡に適し、昭和一二年七月の日中戦争以降に再びヒット曲を生むこととなる。

楠木繁夫の活躍

古賀政男は昭和九年にコロムビアとの契約を打ち切り、テイチクレコードの専属作曲家となった。最初の作品は、昭和九年七月発売の楠木繁夫「国境を越えて」（作詞：佐藤惣之助）である。これぞ古賀メロディーという、哀愁切々とした心地のよい馬車もの歌謡といえる。楠木は、大山利夫、結城浩、小川文夫、古山静夫など、数多くの芸名でレコード吹込みを行っていた。その芸名の数は五〇以上におよぶ。しかし、どれも鳴かず飛ばずの結果であった。それが、古賀と出会い、楠木繁夫と変名したことにより、スター歌手の仲間入りをする。

この楠木繁夫という芸名は、テイチクの社長南口《なんこう》重《じゅう》太郎《たろう》が後醍醐《ごだいご》天皇の忠臣である楠木《くすのき》正《まさ》成《しげ》のファンだったことから命名された。楠木は「大楠公《だいなんこう》」と呼ばれたが、それは南口とも重なった。戦前のテイチクのマークが馬に乗った楠木正成なのも、そうした理由による。昭和一〇年四月には大楠公六〇〇年祭ということもあり、有島通男《ありしまみちお》「大楠公」（作詞：島田磬也）、同一二年一〇月には正成の息子正行《まさつら》を題材とした古賀久子《こがひさこ》「小楠公」（同）という作品も発売されている。

古賀と楠木のコンビでは、昭和一〇年一月の入江プロ特作映画『貞操問答』の主題歌「白い椿の唄」（作詞：佐藤惣之助）をはじめ、三月の「ハイキングの唄」（作詞：島田芳文）、一〇月の日活映画『緑の地平線』の同名主題歌（作詞：佐藤惣之助）、同一一年一〇月の日活映画『女の階級』の同名主題歌（作詞：村瀬《むらせ》まゆみ〔島田磬也〕）、同一三年五月の日活映画『人生劇場（残俠篇）』の主題歌「人生劇場」（作詞：佐藤惣之助）などのヒットを生み出した。このうち「女の階級」は、昭和一三年二月までに一二万四六七枚を売上げている。

楠木繁夫（筆者所蔵）

デュエットソングの登場

昭和一〇年を迎えると音頭ブームも下火となる。この頃には昭和恐慌以来の慢性的な不況が解消し、景気がよくなっていた。そうした時代の雰囲気をあらわすように、小市民の家庭を微笑ましく描いたデュエットソングが登場する。当時は「かけ合い」と呼ばれたが、本書ではデュエットで統一する。

厚生労働省の統計によれば、昭和一〇年の結婚形態は六九%がお見合いであった。流行歌を好む一〇代の学校生徒たちは男女別学であり、歌の世界とはいえ自由恋愛を啓発する作品は公序良俗に反すると思ったのかもしれない。そのためか、この頃のデュエットソングは、若い夫婦愛を題材にするものがほとんどであった。

昭和一〇年六月に日活映画『のぞかれた花嫁』の主題歌「二人は若い」（作詞：玉川映二〔サトウハチロー〕、作曲：古賀政男）が発売された。ディック・ミネと女優の星玲子《ほしれいこ》が歌った。コミカルな古賀メロディーで、星「あなた」、ミネ「なんだい」、二人「あとは言えない、二人は若い」と、その後の二人がどうなったか、聴く者にエロティックなことを想起させる魅力があった。そのため、二二万一九七二枚のヒットとなっている。

「二人は若い」に手ごたえを感じたテイチクは、昭和一一年一二月に映画主題歌「うちの女房にゃ髭《ひげ》がある」（作詞：星野貞志〔サトウハチロー〕、作曲：古賀政男）を発売する。日活の二枚目喜劇俳優の杉狂児《すぎきょうじ》と、美ち奴がデュエットした。二人の掛け合いをユーモラスに描いた、古賀のコミックソングである。これは表面の「あゝそれなのに」（同）とのカップリングが人気となり、四九万六九八八枚という大ヒットを記録した。

こうしたヒットに触発されたキングでは、昭和一二年七月に林伊佐緒《はやしいさお》と新橋《しんばし》みどりの「若《も》しも月給が上ったら」（作詞：山野三郎〔サトウハチロー〕、作曲：北村輝《きたむらてる》）を発売した。月給が上ったら何を買うかという夢や希望を、明るくコミカルに描いている。このようなデュエットソングからは、数年後に迫り来る戦時生活の足音を聴き取ることはできない。

藤山一郎と古賀政男の再会

藤山一郎が東京音楽学校声楽部を停学処分を受けたことは前述した。そのような災難があったものの、藤山は昭和八年三月に首席で卒業している。卒業後はアルバイト時代のコロムビアではなく、ビクターとの専属契約を選んだ。昭和八年四月の「僕の青春」（作詞：佐伯孝夫、作曲：佐々木俊一）（一〇万五〇〇〇枚）と、六月の「燃える御神火」（作詞：西條八十、作曲：中山晋平）（一八万七五〇〇枚）くらいしかヒット曲はないが、吹込んだ曲の多くは外国のポピュラーソング調の楽曲であったため、藤山にとってはやりがいがあったのではなかったか。しかし、やがて契約問題をめぐってトラブルとなる。

そこに目をつけたテイチクが勧誘し、昭和一一年に藤山はテイチクへと移籍した。古賀政男と藤山のコンビ復活である。同年六月にＰＣＬ映画『東京ラプソディ』の同名主題歌、「東京娘」（作詞：佐藤惣之助、作曲：古賀政男）のカップリングが発売された。古賀は新型のフォードに乗車し、神宮外苑を回ってきたときに「東京ラプソディ」のメロディーが浮かび、「これならいける、という自信がもてた」と回想している。[12]日活の同名映画となり、藤山は歌手を目指す音楽青年の主役として出演した。両カップリングは、一六万一五五八枚のヒットとなった。

さらに昭和一一年八月の日活映画『魂』の主題歌「男の純情」（作詞：佐藤惣之助、作曲：古賀政男）が一〇万一七四一枚、一一月に「女の階級」の裏面として「回想譜」（作詞：今城靖児、作曲：古賀政男）、翌一二年二月に「青い背広で」（作詞：佐藤惣之助、作曲：古賀政男）、「青春日記」（同）のカップリングが一三万四四三八枚とヒットを連発する。藤山は晩年のステージでも緑系のブレザーを好んで着用していた。特に昭和一二年当時に緑系の背広は珍しかった。そこに注目した佐藤惣之助が書いたのが「青い背広で」であった。

藤山の音楽センスを考慮すると、お洒落なビクターの方が泥臭いテイチクよりもよかったに違いない。しかし、作曲家の相性では佐々木ではなく古賀の方が合っていた。そのことを歴史的な結果が教えてくれる。

ジャズで歌謡曲を歌うディック・ミネ

テイチクに移籍してからの古賀政男は、彼の音楽人生のなかでもヒット曲に恵まれた黄金時代といえる。テイチク専属歌手のディック・ミネを見出したのも古賀であった。ミネは立教大学の在学中に相撲部では女性からモテないため、退部してジャズバンドを結成した。それ以来、女性に不自由しない人生がスタートする。ダンスホールの演奏および歌唱を経てテイチクに入った。

外国曲の「ダイナ」は、コロムビアの中野忠晴、キングの林伊佐緒など各社競作となったが、ミネのテイチク盤が一番人気となった。ミネによれば、昭和九年に「ダイナ」（作詞：S. M. LEWIS、J.YOUNG、訳詞：三根徳一《みねとくいち》、作曲：H. AKST）の吹込みを会社に企画したところ文芸部長から反対されたが、古賀の「これ、いいじゃないの。好きにやってごらん」という一声で決まった[13]。

この経験からミネは古賀を「よいものを見抜く才能を持ってたんだね。やっぱり天才だよ」と評価している[14]。その古賀がミネに書いたのが「愛の小窓」（作詞：佐藤惣之助）と、「人生の並木路」（同）である。「愛の小窓」は前述の「男の純情」とカップリングされ、昭和一二年一月の「人生の並木路」は、岡譲二《おかじょうじ》主演の日活映画『検事とその妹』の主題歌となった。ジャズではなく流行歌を歌わせたら面白いのではないかとの発想による。ミネは「こいつはダメだ。僕には歌えない」と思ったが、古賀から「これはほかの人じゃ無理。ミネさんしか歌えないのヨ。あなたならきっとできるわ」と言われた[15]。

渡辺はま子（日本コロムビア提供）

内務省が敵視した甘い歌声

昭和九年八月一日の改正出版法により、レコードは内務省の検閲を受けなければならなくなった。「二人は若い」の表面になった「のぞかれた花嫁」（作詞：玉川映二、作曲：アメリカ民謡）は、日活映画の同名主題歌であったが、新婚男女の甘い語らいは「相当煽情的」で「兎《と》角《かく》猥雑《わいざつ》感《かん》」を起こし易いと判断された。(16)「のぞかれた花嫁」は発売禁止処分を受け、再録音を行って「改訂盤」を再発売した。

発売禁止になった流行歌は他にもあったが、新聞紙面を騒がせるまでになったのは、昭和一一年四月に発売された渡辺はま子「忘れちゃいやヨ」（作詞：最上洋、作曲：細田義勝）であった。「月が鏡であったなら、恋しあなたの面影を、夜毎《よごと》うつして、見ようもの、こんな気持で、いるわたし、ねえ、忘れちゃ嫌よ、忘れないでネ」と、女性のセンチメンタルな恋愛感情を題材にした。

発売当初は禁止対象とならなかったが、ヒットすると五月に内務省警保局は街頭演奏と販売店での広告演奏の中止を命じた。内務省が危険視したのは、最後のサビ前の部分の「ねえ」という対話調であった。渡辺の歌い方が官能的だというのも敵視した。しかし、大衆の購買力は落ちなかったため、六月二五日に治安取締の名目で製作停止となった。

ビクターは歌い出しの「月が鏡であったなら」（同）に改題し、「ねえ」の部分はピアノ演奏とし、渡辺も歌い方を変えて再吹込みをした。「忘れちゃいやヨ」および「月が鏡であったなら」は、昭和一三年二月までに一一万五九〇〇枚を売り上げる大ヒットとなった。

「ねぇ小唄」の流行と取締り

「忘れちゃいやヨ」がヒットすると、他のレコード会社からも「ねぇ小唄」と呼ばれる官能的な路線の流行歌が作られるようになる。このうち①自主的な放送自粛、②自主的改訂、③自発的原盤破棄命令という三通りの結末を迎えた歌を取り上げる。

昭和一一年一二月発売の美ち奴「あゝそれなのに」は、夫の帰りを待ち侘《わ》びて、外で浮気でもしていないかと心配する妻の心情を題材にしていた。内務省は「ああそれなのに、それなのに、ねぇ、怒るのは、怒るのは、当たり前でしょう」というサビの部分の「ねえ」という対話調に目をつけた。古賀政男はこの部分をチンドン屋が演奏する「竹に雀」からヒントを得て作曲したという。ラジオでは昭和一二年一月三一日の『歌謡曲』で美ち奴「あゝそれなのに」を放送した。

多くの聴取者は待ってましたと思っただろうが、難色を示す者もいた。クレームをつけられると、ＪＯＡＫも取り上げにくくなる。実際に昭和一二年六月一日の『歌謡曲』で美ち奴が

「都々逸あゝそれなのに」を歌唱したものの、その後に「あゝそれなのに」が放送されることはなかった。放送は控えられたが人気は根強く、「あゝそれなのに」は昭和一三年二月までに四九万六九八八枚を売上げている。

自主的改訂したのが、静《しずか》ときわ「だって嫌よ」(作詞:三沢操、作曲:山川武)である。静ときわの芸名は、『平家物語』にも登場する源《みなもとの》 義経《よしつね》の母である常磐御前《ときわごぜん》と、義経の妾の静御前から取られた。それに名前負けしない美貌の持主であった。この曲は発売された昭和一一年七月に戦後の日本レコード大賞に相当する「ぐらもくらぶ賞」の優秀盤に選ばれ、「従来のメロヂィを勇敢に投げ出して了《しま》った新感覚派的なもの、其大胆な手法には微苦笑を禁じ得ない快感のなやましのレコード」と[17]、新鮮な作風により高評価を得た。しかし、八月には文句のなかに一部分対話調の箇所がある内容に配慮したビクターは、内務省警保局と談合の上で自主的改訂を行った[18]。

コロムビアから昭和一一年一月に発売された音丸「花嫁行進曲」(作詞:高橋掬太郎、作曲:江口夜詩)は、新婚旅行の一夜を描いたものであり、「皆さん覗いちゃいやだわよ、あんまり見つめちゃいやだわよ」という部分が「煽情的」だと問題視されたが、「対話調」でなかったことから発売禁止を免れた。ところが、昭和一二年四月のミス・コロムビア「ふんなのないわ」(作詞作曲:江口夜詩)はただではすまなかった。

この吹込み依頼を受けたミス・コロムビアは「こんな恥ずかしい歌は歌えない」と泣いた。

ミスが可愛らしく「ふんなのないわ、あゝ女なんて、女なんて、つまらないわ」と歌唱したのと、「あゝそれなのに」の結びと同じようなメロディーラインは大衆好みである。彼女の歌唱法と、歌詞の一部に「あなたこの頃冷淡ね」という対話調が含まれていたのがよくなかったのだろう。内務省警保局は「ふんなのないわ」が売れてくると、コロムビアに自発的原盤破棄を命じた。原盤を破棄したらレコード生産はできないため、実質的に発売禁止と同じ扱いであった。昭和一四年三月二五日に製造中止をするまで六万二三一七枚というヒット曲となった。

昭和一二年五月の二葉あき子「だまってゝね」（作詞：西岡水朗、作曲：杉山長谷夫）は、同一四年五月にコロムビアが警視総監宛てに「製作を中止するよう警告を受けたため、製造を中止します。もしも再生産する場合はどのような処分を受けても構いません」という始末書を提出している。[19]

レコード会社は売れ筋の「ねぇ小唄」のような路線を作りたい。しかし、発禁になったら店頭分を回収して破棄しなければならず大赤字である。だから「ねぇ小唄」の旋律を生かし、歌詞と歌唱法に注意し、発禁すれすれの境界線を探りながら発売していた。また内務省も「対話調」には警戒したものの、徹底的に禁止したわけではない。「ねぇ小唄」を敵視する新聞読者からの投書に対して内務省は、「当局としてはいまあの程度の内容の歌詞は許可しないわけには行かない時代だと思います。歌詞と同時にメロデーも問題です」「子供が唄う割合にその弊害は実際にないのではないかとも思っています」と答えている。[20] 意外と寛容であった点を見逃してはいけない。

「トンガリ五人組」の明暗

渡辺はま子と静ときわは内務省の検閲で苦い経験をさせられたが、彼女たちの苦難は終わらなかった。昭和一一年九月に、渡辺、静、大宮《おおみや》小夜子《さよこ》、小野巡、児玉好雄がビクターの待遇に不満を持ち、会社側と対立した。この五人を当時のメディアは「トンガリ五人組」と名づけた。渡辺以外の四人と、作曲家山川武はビクターを辞め、同年一二月にビクターの顧問であった安藤兵衛が新設したミリオンレコードに移籍した。ミリオンレコードは、開店休業状態であったオーゴンレコードを買収し、新たに昭和録音株式会社という社名で再出発を図ったのである。

ところが、昭和一一年一二月の静ときわ「可愛がってネ」は、内務省から発売禁止処分の命令を受けた。昭和一二年二月新譜、小野巡の「開かぬパラシュート」（作詞：高田保、作曲：橋本成美）、「バットが一銭」（作詞：高田保、作曲：山川武）は、懐メロ愛好家には知られているが、どれもヒットしなかった。ミリオンは一年足らずで経営不振に追い込まれた。

昭和一三年に小野はテイチクに入り「音信《たより》はないか」（一〇月、作詞：野村俊夫、作曲：能代《のしろ》八郎《はちろう》）のヒットに恵まれる。翌一四年に児玉はキングへ入り、三門《みかど》順子《じゅんこ》とのデュエットで「愛馬行」（同年一月、作詞：山田静、作曲：佐藤《さとう》長助《ちょうすけ》）のヒットをつかむ。ビクター時代に小野は「祖国の護り」、児玉は「無情の夢」というヒット曲があった。再ヒットの見込みが別会社への再入社へつながったと考えられる。一方、大宮と静はヒット曲がなかった。大宮は小野と結婚して芸能界を引退した。しかし、静は行き場を失い、歌謡界から忘れ去られた。渡辺はビクターに謝罪したため、しばらくは留まった。だが、居心地はよくなかったのだろう。昭和一二年三月にはビクターを辞め、井上正夫一座に加入するなど、紆余曲折《うよきょくせつ》を経て、同年七月にコロムビアへと移籍した。そして昭和一三年四月の「愛国の花」（作詞：福田正夫《ふくだまさお》、作曲：古関裕而）に続き、一一月の「支那の夜」（作詞：西條八十、作曲：竹岡信幸）が三一万三一〇四枚の大ヒットとなる。これにより「ねぇ小唄」からチャイナメロディーの女王へと衣替えに成功した。

どの会社に身を置き、どのような作品とめぐり逢えるかで、歌手人生の明暗は分かれる。「トンガリ五人組」の岐路は、そのことをよく教えてくれる。

上原敏の活躍と「やくざもの」の位置づけ

ポリドールは外資系であったものの、洋楽調のコロムビアやヒクターに対して、日本調を売り物にしていた。そこには西條八十や佐伯孝夫とは違った世界観を描こうとした作詞家藤田まさとの意向があった。昭和一一年にデビューした上原敏《うえはらびん》は、翌一二年四月の「妻恋道中」（作詞：藤田まさと、作曲：阿部武雄）が三三万一〇二三枚、七月の「流転」（同）が二一万二四九六枚と、東海林太郎を脅かす勢いで大ヒットを連発した。

歴史にもしもはないが、上原が登場しなければ彼のヒット曲も東海林に回っていた可能性が高かった。昭和一三年一月には上原と青葉笙子《あおばしょうこ》のデュエットで「鴛鴦道中《おしどりどうちゅう》」（同）を出すと、一五万八五一二枚という大ヒットとなった。

ポリドールは東海林と上原によって「道中もの」「股旅もの」などの「やくざもの」という人気路線を確立した。しかし、昭和一二年七月に日中戦争が起こり、それが長期化してくるにつれ、「やくざもの」に難色を示す空気が出てくる。文化協会の流行歌座談会の席上で、藤田は「やくざ者を歌った中にこそ日本精神の真髄があり、俺、貴様と用いる言葉は粗雑でもそこには日本特有の義理人情の美しい仁義がある、これこそ非常時局にふさわしいテーマと考えるが当局の禁止した理由如何」と質問した。(21)

内務省検閲官の小川近五郎《おがわちかごろう》は「やくざもの全部が不可ないというのではなく、清水次郎長とか、幡随院長兵衛とかいった立派な侠客を歌ったものは差支《つか》えない。ただ非常時局の家庭に、一定の職もなく博奕を打って全国をうろ〳〵と歩き廻った人間を歌ったレコードが入りこむことは風教上面白くないので禁止した」と回答している。(22)しかし、具体的にどのような指示をしたのかは、はっきりしない。

現実社会において兵役につかず、徴兵逃れをするように住所不定の国民がいては困る。内務省警保局は、「流転」のような、やくざ渡世の渡り鳥と呼ばれる流れ者の作品は好まなかった。一方で清水次郎長や国定忠治など、世直しのために立ち上がって抗争を繰り広げる英雄豪傑的な存在は肯定した。こうした言説から、「やくざもの」でも国策的に利益があるものと、アウトローとして不謹慎だと見なされたものとに差があることが理解できる。

当時の大衆は、歌舞伎や浄瑠璃はもとより、浪花節や講談に出てくる物語を好んだ。そうした古典の名作をはじめ、新作の時代劇も沢山作られて映画化された。大人だけでなく、子供たちも七剣聖《しちけんせい》（大河内伝次郎《おおこうちでんじろう》・片岡千恵蔵《かたおかちえぞう》・嵐寛寿郎《あらしかんじゅうろう》・阪東妻三郎《ばんどうつまさぶろう》・長谷川一夫《はせがわかずお》・市川右太衛門《いちかわうたえもん》・月《つき》形龍之介《がたりゅうのすけ》）と呼ばれる時代劇俳優に憧れた。ポリドールが取り込もうとしたのは、そうしたファン層である。武士道や侠客《きょうかく》の世界は義理と人情を描く。国策的な見地からしても、勧善懲悪の時代劇は公序良俗に適していた。

（コラム２）芸能界を追放された初の歌手・橋本一郎

昭和四〇年頃まで日本のレコード会社は専属制度という厚い壁で守られていた。作詞家、作曲家、歌手は、フリーランスで活動しない限り、レコード会社と専属契約を結び、他のレコード会社から発売することは、その専属会社の許可を得なければできなかった。これは専属契約料を支払う代わりに、レコード録音の優先権を約束させるものであった。

この契約を公然と無視した歌手がいた。昭和一〇年にキングからデビューした橋本《はしもと》一郎《いちろう》である。橋本はキングの専属歌手でありながら、タイヘイとも専属契約を結ぶ。橋本はタイヘイからキングの給料の倍を支払うと言われて、差し出された五〇〇円の契約金に目が眩《くら》んでしまった。橋本は「私も弱かったですよ。グラグラとしちゃってハン押してしまった」という。

それを知ったキングの文芸部の清水滝治から「それは二重契約だ。なんということをおマエはするんだ」と怒鳴られた。この倫理違反がキングとタイヘイとの衝突問題に発展したが、キングの社長は「本人がタイヘイへゆくというのなら仕方ないじゃないか、裁判で争ってみたところで」と引き下がった[23]。

ところが、橋本の倫理違反は収まらなかった。昭和一二年、ポリドールの関係者からキャバレーに呼ばれて行くと、タイヘイより条件が良いから移ってこないかと誘われた。橋本はタイヘイ専属中にポリドールとの専属契約を結ぶ。二度目の背信行為である。これにはタイヘイも黙ってはいられず、タイヘイとポリドールとの間で裁判沙汰になった。

その決着が着く間、タイヘイは橋本一郎、一条弘、ポリドールは河崎一郎という変名を使ってレコードを発売した。レコード会社にとって宣伝広告の写真が同じ顔なのには困った。裁判の結果は、本人の意志を尊重するということで、タイヘイに戻ることとなった。タイヘイでは再び橋本一郎として歌い続けた。

これで落ち着いた歌手人生が送れるかと思っていたところ、橋本はしっぺ返しを受けた。昭和一七年にタイヘイはキングへと吸収されることになるが、さすがに裏切った古巣のキングへと戻ることはできなかった。コロムビア、ビクター、テイチクの関係者も、橋本の倫理違反を知らないわけがない。あまつさえ、ヒット曲に恵まれていない橋本を歓迎するはずがなかった。

身から出た錆《さび》とはいえ、無名の歌手橋本一郎は芸能界から遠ざかり、昭和四〇年代の懐メロブームでもテレビ番組に呼ばれなかった。たった一度だけ、昭和五二年頃に小児麻痺で手足が動かない身障者の短歌に、橋本が作曲した「いのちのうた」（作詞：山野井昌子）が新聞やテレビで紹介されたことがある。しかし、橋本の性格を考えると、これも自分の売名行為に利用したのではないかと疑ってしまう。

（コラム3）流行歌によって変わった童謡

古賀メロディーを中心とする流行歌の人気は童謡の旋律も変えた。そのことは昭和一〇年代の童謡にはっきりとあらわれている。童謡の旋律を変えた旗手は、河村光陽《かわむらこうよう》と海沼実《かいぬまみのる》である。河村は、昭和一一年の「うれしいひなまつり」（作詞：サトウハチロー）、同一二年の「かもめの水兵さん」（作詞：武内俊子《たけうちとしこ》）、同一四年の「仲良し小道」（作詞：三苫《みとま》やすし）、同一五年の「りんごのひとりごと」（作詞：武内俊子）、同一六年の「雨傘唐傘」（同）とヒット曲を世に出した。現在でも歌われている「うれしいひなまつり」を聴けばわかるが、右のうち「かもめの水兵さん」を除くと悲しいメロディーが多い。

　これに対する海沼は、昭和一三年に「お猿のかごや」（作詞：山上武夫《やまがみたけお》）、同一四年に「あの子はたあれ」（作詞：細川雄太郎《ほそかわゆうたろう》）、同二〇年（一九四五）に「里の秋」（作詞：斎藤信夫《さいとうのぶお》）、同二二年（一九四七）に「夢のお橇《そり》」（同）などの人気作を生み出した。河村の「仲良し小道」と海沼の「あの子はたあれ」はよく似ているが、子供向けの流行歌といえる旋律である。

　童謡は学校で歌われる唱歌のアンチテーゼとして作られたとはいえ、大正八年（一九一九）の「かなりや」（作詞：西條八十、作曲：成田為三）や、昭和二年の「赤とんぼ」（作詞：三木露風《みきろふう》、作曲：山田耕筰）などは、芸術性の高い美しさが感じられた。また両曲に比べると中山晋平作曲の「しゃぼん玉」や「肩たたき」は歌いやすいが、どちらも健康的な明るさがあった。
河村や海沼の童謡にも長調の明るい旋律がなかったわけではないが、流行歌に見られる四分の二拍子の短調の旋律を使ったものが多い。昭和一二年の「かわいい魚屋さん」（作詞：加藤省吾《かとうしょうご》、作曲：山口保治《やまぐちやすはる》）も例外ではない。また河村と山口保治は東京音楽学校、海沼は東洋音楽学校で学んでおり、唱歌を作る技術力を持つ作曲家が、それとは対照的な流行歌のような童謡を作り出したことが面白い。大人たちが好む流行歌の旋律は、子供たちが好む童謡の旋律に影響を与えたのである。

（コラム４）昭和歌謡と韓国歌謡とは兄弟

昭和歌謡の夜が明けると、その人気は海を越えた朝鮮半島にも飛び火した。外資系のビクター、コロムビア、ポリドールは、日本国内に会社を創設させると、朝鮮にも進出して各支社を置いた。さらに国産会社のテイチクとタイヘイも後に続いた。

ビクターからは李《イ》アリス、コロムビアからは蔡奎燁《チェギュヨプ》という歌手が誕生した。李は「あだなさけ」（李の「静かな長安」を聴いた西條八十がそれに日本語の歌詞をつけたもの）、蔡は古賀政男作曲の「放浪の唄」（作詞：佐藤惣之助）などを日本で録音している。「放浪の唄」の歌手名は長谷川一郎《はせがわいちろう》となっている。これは朝鮮の長谷川町で最初の歌手という意味で命名された。

レコード各社は、日本国内のヒット盤を朝鮮語で歌唱させた朝鮮盤を売り出した。コロムビアの蔡奎燁は、昭和七年に古賀政男作曲の「酒は涙か溜息か」がヒットして人気を集め、同九年には「紅涙怨」（松平晃「急げ幌馬車」）を歌っている。昭和一〇年に金永吉《キムヨンキル》「国境の夜」（東海林太郎「国境の町」）、同一一年に金海松《キムヘソン》「花の京城《けいじょう》（꽃서울）」（藤山一郎「東京ラプソディ」）、同一三年に朴響林《パクヒャンリム》「港口의부루스（港のブルース）」（淡谷のり子「別れのブルース」）など、続々と発売された。ディック・ミネは、三又悦《サムヨル》という芸名で「ダイナ」を朝鮮語で録音している。

こうしたメロディーが好まれると、それらと同じような朝鮮オリジナルの流行歌が量産されるようになる。コロムビアでは女性歌手の南一燕《ナムイルヨン》が活躍した。どれも感傷的な悲恋ものだが、昭和一五年の南一燕「야속도해요（遇《あ》ひたいわ）」は、タイヘイから同一三年に発売された一条弘《いちじょうひろし》（橋本一郎）「五人の斥候兵」（作詞：西岡水朗、作曲：飯田三郎）という戦時歌謡によく似ている。コロムビアの妓生歌手である金仁淑《キムインスク》は、日本でいう芸者歌手に相当する。金の作品も南と同様の路線である。昭和一二年の「女子의純情（女の純情）」（作詞：玄羽《ヒョンヌ》、作曲：崔鶴来《チェハンネ》）は、江口夜詩作曲の「十九の春」や古関裕而作曲の「利根の舟唄」が混ざったような感じがする。そこは同じコロムビアだからかもしれない。

朝鮮半島で勢力を持ったのは、タイヘイと、テイチクのＯＫレコードであった。外

資系が欧米に販売経路を拡大したのに対して、両国産会社はその市場を半島に求めたといえる。タイヘイでは羅星麗《ナソンリョ》という歌姫が活躍した。昭和一四年の羅星麗「님 찾는 밤길（あなたは何処《どこ》）」（作詞：金淑善《キムスクスン》、作曲：曺景煥《チョキョンファン》）は、万城目正作曲の「旅の夜風」のような感じがする。また作曲家李在鎬《イジェホ》と白年雪《ペクニョンソル》とのコンビで多くのヒット曲を出した。その一曲が昭和一六年の映画『福地万里』の主題歌「大地の港」（作詞：南海林《ナムヘリム》、作曲：李在鎬、歌：白年雪）である。前奏は古賀の「緑の地平線」のようだ。

テイチクのOKからは朝鮮の古賀政男と呼ばれた作曲家朴是春《パクジェチュン》と、朝鮮の藤山一郎と呼ばれた南仁樹《ナムインス》とのコンビで数多くのヒット曲が生まれた。昭和一三年の「哀愁の小夜曲」（作詞：李夫風《イブプン》、作曲：朴是春、歌：南仁樹）は、ギター伴奏で哀愁を誘う古賀メロディーのような旋律である。また昭和一四年の「感激時代」（作詞：姜海人《カンヘイン》、作曲：朴是春、歌：南仁樹）は、全体的に古賀の「女の階級」を髣髴《ほうふつ》とさせる軽快な明るい作品だ。

OKでは、それらよりも前の昭和一〇年に李蘭影《イナニョン》「木浦《モッポ》の涙」がヒットした。李はエレジーの女王となるが、日本のテイチク盤では岡蘭子《おからんこ》の芸名で古賀作品なども録音した。李と結婚した金海松は、昭和二六年（一九五一）にヒットした菅原都々子《すがわらつづこ》の「連絡船の唄」（作詞：大高ひさを）を作曲している。そして、「木浦の涙」を作曲した

朴是春（筆者所蔵）

南仁樹（筆者所蔵）

孫牧人《ソンモギン》は、戦後に日本のテイチクで久我山明《くがやまあきら》という変名を使って作曲した。それが昭和三〇年（一九五五）のエト邦枝《くにえだ》「カスバの女」（同）である。

かなり時代は下るが、昭和五〇年代に李成愛《イソンエ》「カスマプゲ」（同五二年四月、作詞：鄭斗守《チョンドゥス》、作曲：朴椿石《パクチュンソク》）（九万四二九〇枚）、チョー・ヨンピル「釜山港へ帰れ」（同五七年九月、作詞作曲：黄善雨《ファンソンウ》、日本語詞：三佳令二）（一〇万八六一〇枚）が日本国内でヒットしたことや、近年韓国のアイドルグループが若者の間で人気なのは、突然変異の現象ではない。戦前の朝鮮半島には多くの日本人が住んでいた。日本人が好む古賀メロディーなどの流行歌が普及したことにより、それを韓国人も同じように好んだのである。そして、韓国人の作詞家・作曲家・歌手たちにより、日本国内で流行っていた哀愁のある短調のメロディーが沢山作られるようになった。現在まで日本と韓国とで流行歌の文化交流が続いているのも、こうした兄弟の関係性が固く結ばれているからだろう。

第二章　戦時歌謡

昭和一二年〜一五年（一九三七〜四〇）

「音も無く、降りしきる小雨の窓に、我《われ》寄り添いて眺むれば、想い出される母の顔、学びし遊びし学び舎《や》の、友よ恩師よ今いずこ、「誰か故郷を想はざる」霧島昇さんです」（『昭和歌謡大全集』第五弾、テレビ東京、一九九三年四月二日放送、コロムビア・トップの曲紹介）

テイチクのレコード袋（筆者所蔵）

戦時歌謡が流行った時代

昭和一二年七月に日中戦争が勃発《ぼっぱつ》してから、同二〇年八月にアジア・太平洋戦争が終わるまで、戦時下の生活や戦場を題材とした歌謡曲が続出する。新聞社が歌詞を一般公募し、陸軍省や海軍省などの各省や、半官半民の各種団体が後援する大掛かりなものもあれば、レコード会社が独自に作るものもあった。

明治時代から日清戦争や日露戦争の頃に流行った「軍歌」があったため、これらの歌は当時、一般的に「軍歌」と総称された。しかし、レコード産業が勃興してからのレコードレーベルは、それ以前の「軍歌」という表記だけではなく、「流行歌」「愛国流行歌」「時局歌」「愛国歌」「国民歌」と様々である。

例えばコロムビアでは、作詞や作曲に軍関係者や軍楽隊が関与している場合は「軍歌」、新聞社が歌詞を公募したり、後援団体がついている場合は「時局歌」や「愛国歌」、レコード会社が独自に作っている場合は「流行歌」という傾向である。しかし、ビクター、ポリドール、テイチク、キングと視野を広げると、必ずしも一定の法則性があるとは限らない。

新聞社が歌詞を公募した「露営の歌」（作詞：藪内《やぶうち》喜一郎《きいちろう》、作曲：古関裕而）のレーベルに「軍歌」とあるのは、まだ戦時歌謡が定着する以前であり、満州事変時のレコードレーベルの

「軍歌」を利用したことと、表面の「進軍の歌」の作曲が陸軍戸山学校軍楽隊隊長の辻順治で、歌唱も同軍楽隊がしていたのに合わせたからだと考えられる。

「軍歌の覇王」という看板で宣伝された古関裕而も、「軍歌は軍部の歌」であり、「一般国民が歌うのは戦時歌謡、戦時中に作られた歌謡曲だと思います」「すべて軍歌と美化されるのは具合悪い」と語っている(1)。

そこで本書では、学校に「校歌」、会社に「社歌」があるように、「軍歌」は軍関係の施設や部隊歌などに限り、それ以外は戦時歌謡という用語を使用する。また戦時歌謡という用語には、レコード産業が流行歌を生み出した昭和以前の「軍歌」と区別する意味もある。

ブルースの女王・淡谷のり子

日中戦争が勃発する一月前の昭和一二年六月二〇日に「別れのブルース」（作詞：藤浦洸、作曲：服部良一）が発売されている。服部はブルースの曲想を得るため、横浜市本牧《ほんもく》の私娼窟を訪れた。そこのバーの蓄音器から流れてきた、淡谷のり子の「暗い日曜日」（作詞：Laszlo Javor、訳詞：清野協、作曲：Seress Rezso）を聴き、彼女に「本牧ブルース」を歌唱してもらおうと考えた。服部から指名された作詞家藤浦洸も本牧を訪ねて「窓を開ければ、港が見える」という一節ができた。その後、服部と会った藤浦は、その続きの「メリケン波止場の灯が見える…」という続きを、一気呵成《かせい》に書き上げた。

ソプラノ歌手の淡谷には歌い出しの音が低すぎて、歌唱には苦労したという。コロムビアの吹込み台帳には「本牧ブルース」（昭和一二年四月二〇日録音）と書かれている。この録音後にコロムビアのディレクターから「本牧」だと横浜でしか知られていないから「別れのブルース」にした方がよいと意見が出たようだ。だが、営業部の重役たちは「ブルース」の意味がわからず、「別れの曲」「別れの哀歌」「別れ小唄」の方がよいのではないかと難色を示した。そこで服部は「今に、日本中のレコード会社が、どこも争ってブルースを作りはじめますよ。日本一のジャズ・オーケストラとジャズ・シンガーをもっているコロムビアが、よその後塵《こうじん》を拝していいものでしょうか」と必死で説得している。[2] これにより「別れのブルース」は発売に漕ぎ着けたが、売れ行きは芳しくなかった。

この歌は満州で火がついた。現地の将兵たちも好んで歌唱した。そして外地から内地へと飛び火し、神戸、大阪、横浜と西から東へと広がり、東京でもヒット曲となった。それぞれの港町で、自分たちのご当地がモデルだと思ったというから、「本牧ブルース」にしなくて正解であった。

「別れのブルース」は、船員と女性との別れを描いた感傷的な悲恋曲だが、出征していく男性と、見送る女性との心情に適した旋律であったといえる。ただし、淡谷が後に語る、発売から「半年の間で十五万枚も売れた」というのは過大評価で、最終的に生産枚数は一三万一三七二枚である。

勝機を得たコロムビアは、淡谷と服部のコンビでブルースを発売した。昭和一三年五月の「雨のブルース」は服部が書いた曲に野川香文《のがわこうぶん》が上手く詞を当て嵌《は》めた。これも九万七八五三枚のヒットとなった。さらに昭和一三年九月の「想ひ出のブルース」（作詞：松村又一《まつむらまたいち》）は一万八四七四枚、翌一四年七月の「東京ブルース」（作詞：西條八十）は二万三五二八枚という及第点を獲得している。

これらにより、淡谷は「ブルースの女王」と称されるようになるが、当初は「ブルース」という用語は知られていなかったため、女性用下着の「ズロース」と間違われることが少なくなかった。服部と淡谷が「ブルース」という用語と、昭和歌謡のジャンルを定着させた功績は少なくない。この後、昭和が終わるまで数多くの「ブルース」が作られることとなる。

戦線と故郷をつなぐ心の絆

日中戦争に突入すると、レコード会社は戦時色の濃い作品を作り出す。音楽学校を卒業していない歌手として東海林太郎、小野巡に続いて登場してきた歌手が塩《しお》まさるである。塩は東海林の後輩で早稲田大学を卒業すると、国鉄千葉管理局に勤務していた。鉄道会社勤めを経て歌手になっている点でも東海林と共通する。違う点は東海林がクラシックの歌曲を好んだのに対し、塩は流行歌が好きだったことだろう。

国鉄で勤務するなか、塩は同僚と余暇の時間に軽音楽を演奏したり、歌ったりするようになる。塩の歌唱力に惚《ほ》れた同僚は、キングレコード宛てに推薦文を書いて送った。これが文芸部の目にとまり、塩はオーディションを受けることとなる。その結果、塩はキングの専属歌手としてデビューする。

デビュー曲は、昭和一二年九月発売の「軍国子守唄」（作詞：山口義孝、作曲：佐和輝禧）である。折しも二か月前の七月七日の盧溝橋《ろこうきょう》事件に端を発し、日中戦争が始まっていた。出征した父が、銃後に残した幼児にこれから手柄を立てるからと語りかける。ここでは名誉の戦死ではなく、手柄を立てて生還する姿が約束されている。題名だけを見ると、戦意を高揚させる「軍歌」のように思うかもしれないが、メロディーは短調で悲しい。

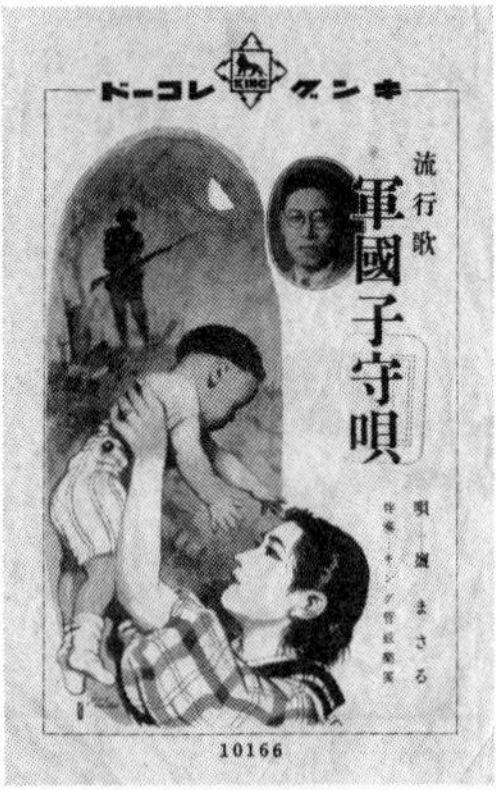

塩まさる「軍国子守唄」の歌詞カード（筆者所蔵）

この作風は、昭和一三年一一月に発売された「母子船頭唄《おやこせんどううた》」（作詞：佐藤惣之助、作曲：細川《ほそかわ》潤一《じゅんいち》）へとつながる。一番の歌詞は「利根のお月さん、僕と母ァさん、水の上、漕いで流して、日が暮れる、船頭ぐらしは、さびしいな」である。利根川で舟漕ぎを家業とする一家の父が出征した。その父に代わって母と息子が船頭をつとめる。きっと今晩の月を、中国の戦場で父さんも見ていることだろう。無事で帰ってきてほしい、その日まで自分たちは家業を守ってみせる。そういった想いが込められている。

家族が出征した家庭であれば、家業は違ったとしても、想いが重なったに違いない。そうした大衆の想いを汲む歌詞に、厭戦《えんせん》歌ともいえる悲しいメロディーがつくことによって「軍国子守唄」と「母子船頭唄」はヒットしたのである。

塩を迎えて「軍国」で手ごたえを感じたキングは、塩と新橋みどり「軍国夫婦郵便」（昭和一三年三月、作詞：佐藤惣之助、作曲：毛利清美）、樋口静雄《ひぐちしずお》「軍国綴方教室」（同年一二年、作詞：宮本旅人《みやもとたびと》、作曲：田村しげる）など、「軍国」ものを出していく。

戦時下の母と子を歌った「母もの」

日中戦争が始まって最初のヒット曲となったのは、昭和一二年八月にテイチクから発売された美ち奴「軍国の母」（作詞：島田磬也、作曲：古賀政男）である。これは日活映画『国家総動員』の主題歌として作られた。この歌詞の一番には「こゝろ置きなく、祖国《くに》の為《た》め、名誉の戦死、頼むぞと、泪《なみだ》も見せず、励まして、我が子を送る、朝の駅」とある。

ここでは「名誉の戦死」が登場するが、これは「建て前」である。実際に作詞者の島田磬也は「強い励まし文句の半面、我が子の無事を祈る母の悲願がこめられている歌曲である」という。(3)したがって、古賀政男はレクイエムかと思うほど悲しい「本音」の旋律をつけている。

この「建て前」の勇ましい歌詞と、「本音」の悲しい旋律とは、日中戦争下の戦時歌謡を読み解く鍵といえる。淡谷のり子は「歌詞こそ勇ましい軍国調ではあったが、メロディーはいずれも哀しかった」と振り返っている。(4)「軍国の母」は一一万八九四八枚というヒットとなった。このヒットに目をつけたコロムビアは、昭和一三年二月に音丸「皇国《みくに》の母」(作詞：深草三郎、作曲：明本京静)を発売した。この四番の歌詞には「東洋平和の、ためならば、なんで泣きましょう、国の為、散ったあなたの、かたみの坊や、きっと立派に、育てます」とある。

そのような綺麗ごとで諦められるものではないが、実際に戦死して遺骨となって帰ってくる家庭も出てくる。「母もの」は、そうした遺家族を慰めるレクイエムともなった。

昭和一四年四月には、キングからテイチクに移籍した塩まさるの「九段の母」(作詞：石松《いしまつ》秋二《しゅうじ》、作曲：能代八郎)という名作が生まれた。三番を除くと、「一、上野駅から、九段まで、勝手知らない、焦《じ》れったさ、杖《つえ》を頼りに、一日がゝり、伜来《せがれ》たぞや、逢いにきた」「二、空を衝《つ》くよな、大鳥居、斯《こ》んな立派な、御社《おやしろ》に、神と祀《まつ》られ、勿体《もったい》なさよ、母は泣けます、嬉しさに」、「四、鳶《とび》が鷹の子、生んだ様《よう》で、今じゃ果報が、身に余る、金鵄勲章《きんしくんしょう》が、見せたいばかり、逢いに来たぞや、九段坂」という歌詞である。

東北地方から出征した農家の母親であろうか。上野駅まで上京するも九段坂までの行き方がわからず、杖をつきながら一日かけてようやく靖国神社へと到着する。名誉の戦死を遂げて、靖国神社に祀られた息子に、戦場で武勲を挙げたものに与えられる金鵄勲章を見せるためだ。そして母は涙を見せず、神と祀られたことに感激している。

これを聴いた遺家族の母たちが、「九段の母」と同じ気持ちであったかはわからない。しかし、「九段の母」と同じように息子や夫が靖国神社に祀られる家庭は増えていった。そうした現実があるからこそ、「九段の母」は大衆に共感されたのである。

泥沼化する戦線の「たよりもの」

日本軍は昭和一二年一一月に上海を占領した。これを受けて昭和一三年一月にポリドールから発売された上原敏「上海だより」（作詞：佐藤惣之助、作曲：三界《みかい》稔《みのる》）は、「拝啓、御無沙汰しましたが、僕もますます元気です、上陸以来今日までの、鉄の兜《かぶと》の弾の痕《あと》、自慢じゃないが、見せたいな」と、故郷に送る手紙という設定で作られた。それまでになかった斬新さが受けてか、僅《わず》か二か月間で一三万四四三五枚を売上げるヒットとなった。

これ以降、日本軍が中国の都市を占領すると、占領都市から故郷に送る「たよりもの」が作られるようになる。戦場と故郷をつなぐとはいえ、戦勝祝という意味があるため、「軍国子守唄」や「母子船頭唄」のように暗くするわけにはいかなかっただろう。上原の軽やかな声には、軽快なリズムが適していた。

昭和一二年一二月に日本軍は南京を陥落させた。翌一三年三月の「南京だより」（作詞：佐藤惣之助、作曲：山田栄一）では「敵の南京打陥し、一番乗りをした時にゃ、男と生れたうれしさに、母アさん僕は泣きました」と伝えている。南京攻撃一番乗りを題材にした戦時歌謡は各社で作られたが、「南京だより」の主人公もその一人であった。

これらに続いて昭和一三年七月には「北京だより」（同）が発売される。この歌詞では「戦闘帽子を血で染めて、真先越えた大黄河、父さん得意の肉弾で、徐州《じょしゅう》も見事に落したよ」と息子に知らせている。激戦の末、日本軍は五月一九日に徐州（現・中華人民共和国江蘇省の北西端）も占領した。この徐州を舞台にして後述する「麦と兵隊」（作詞：藤田まさと、作曲：大村能章）が作られてヒットしたため、「徐州だより」は作られなかった。北京は、前年七月七日の盧溝橋事件が起こると、すぐに出動した関東軍によって七月下旬には占領されていた。占領順でいえば最初に作られるべきであったが、「上海だより」のヒットによるシリーズ化により、当時の表記を使えば「支那事変満一周年記念」で作られたといえる。

さらに日本軍は、昭和一三年一〇月二一日に広東を占領し、同月二七日には武昌《ぶしょう》、漢口《かんこう》、漢陽《かんよう》の三都市である武漢三鎮《ぶかんさんちん》の攻略に成功した。この大戦果を受けて一〇月に臨時発売した「漢口だより」では「漢口とうとうとりました、日毎夜毎の激戦に、どうせ明日は死ぬる身と、覚悟はすれど今日迄も、僕は不思議にカスリきず」とある。

遅れて一二月に「広東だより」（作詞：佐藤惣之助、作曲：三界稔）と「北満だより」（同）をカップリングで発売した。「広東だより」では「畑のバナナをかじりつゝ、残敵掃蕩《そうとう》すませたら、市民がにこにこ持ってくる、広東名物蛇料理、こいつは僕等も苦手です」、「北満だより」では「アカシヤの花ちる頃に、新京出でて幾山河、今じゃ匪賊《ひぞく》の影もなく、雪と氷で日が暮れりゃ、腰の軍刀が啼《な》いとるよ」と近況報告している。

「広東だより」の歌詞には「抗日支那の断末魔、蔣介石《しょうかいせき》よどこへゆく」ともあるが、蔣介石が重慶《じゅうけい》に首都を移して徹底抗戦の構えを示していたため、日本軍が中国の主要都市を占領しても戦争は終わらなかった。中国大陸での日本軍の進攻は止まってしまい「重慶だより」を作ることはできなかった。

武漢三鎮の攻略で一段落し、それ以前のように「たより」は途絶えがちになる。それを見越してか、昭和一三年一〇月にテイチクから小野巡「音信《たより》はないか」という作品が生まれた。ほのぼのとした明朗な曲調に、鼻にかかった小野の歌唱が受けてヒットした。このヒットで小野は牧歌的な戦時歌謡が持ち味となった。「たよりもの」からは、日中戦争の泥沼化した様子を読み取ることができる。

戦場の風景を描いた「兵隊もの」

前項で述べた徐州占領をめぐる徐州会戦に、作家の火野葦兵《ひのあしへい》は陸軍伍長として参戦した。他の兵士に見られないようにしながら、行軍する兵士たちの姿を赤裸々に描いた。それが戦記文学『麦と兵隊』である。陸軍省報道班は、人気となった『麦と兵隊』を題材にした流行歌の制作を、作詞家藤田まさとに依頼した。

藤田は歌い出しの歌詞を「ああ生きていた、生きていた、生きていましたお母さん」と書いた。それを見た陸軍省報道班は、感傷的過ぎると書き直しを命じた。そこで「徐州、徐州と人馬は進む」で始まる歌詞へと変わった。作曲家大村能章は、「佐渡おけさ」を上手く使って、哀愁のある曲調に仕上げた。とくに二番の『すまぬ、すまぬ』を背中に聞けば、『馬鹿を言うな』と」という部分では、負傷した兵士と、彼を背負う兵士との会話が感情的に表現されている。

　昭和一三年一二月に「麦と兵隊」、翌一四年一月に「土と兵隊」（作詞：藤田まさと、作曲：大村能章）が発売されると、それぞれ少なくとも五万枚以上のヒット曲となった。「土と兵隊」は雨が降る泥濘《でいねい》を苦労しながら進軍する兵士の姿を描いている。ポリドールは柳の下の泥鰌《どじょう》を探すため、次々と東海林の兵隊ものを発売した。「部隊長と兵隊」（作詞：佐藤惣之助、作曲：飯田景応《いいだかげまさ》）は、部隊長の東海林と、兵隊の上原敏との掛け合いが面白い。テイチクは楠木繁夫「チョコレートと兵隊」（昭和一四年二月、作詞：門田ゆたか、作曲：島口《しまぐち》駒夫《こまお》）、タイヘイは井田照夫《いだてるお》「浪花節と兵隊」（同年四月、作詞：堤一郎、作曲：草笛道夫）、ビクターは鈴木正夫《すずきまさお》「月と兵隊」（同年一〇月、作詞：佐伯孝夫、作曲：佐々木俊一）、キングは樋口静雄「玩具と兵隊」（同一五年二月、作詞：田村和夫、作曲：大村能章）、などを続々と発売した。新しい作風を求めたものの、どれもヒット作にはならなかった。そのなかで昭和一六年一月の田端義夫《たばたよしお》「梅と兵隊」（作詞：南條歌美、作曲：倉若晴生《くらわかはるお》）は、三〇年後の懐メロ番組でも田端の定番曲となった。

　故郷の母に無事な知らせを送る手紙の内容だが、「麦と兵隊」のような暗さはなく、行軍する姿も明るく朗らかに感じさせる旋律である。ここは昭和一三年の「麦と兵隊」と、第三章で述べる明朗な歌謡曲が求められた昭和一六年の「梅と兵隊」との違いである。

「軍歌の覇王」古関裕而の人気急上昇

東京日日新聞・大阪毎日新聞が歌詞を募集した「進軍の歌」（作詞：本田信寿、作曲：辻順治）の裏面となった「露営の歌」は、昭和一二年八月の発売から昭和一三年二月までに五六万枚を売上げている。これは驚異的な数字で、筆者の調査では戦前に発売された流行歌で第一位の売上げである。これに気を良くしたコロムビアは、昭和一三年一〇月に「続露営の歌」を発売するが、そのときの月報では作曲家古関裕而を「軍歌の覇王」というキャッチフレーズで宣伝した（この点は拙著『古関裕而』で初めて紹介した）。

古関の戦時歌謡がヒットした理由は、彼が持つクラシックの力強い音楽と、流行歌作りで磨いた哀愁のある作曲技法とが融合した点にあると考えられる。古関は短調と長調の旋律を使い分けながら、「水を得た魚」のごとく戦時歌謡を量産した。それらは大衆から支持され、古関は人気の作曲家となった。そのことは、『映画と音楽』が昭和一三年六月から一四年三月まで行った「レコード販売店調査」によくあらわれている。

全国のレコード販売店約二〇店舗から集められたアンケート調査であり、これまで紹介されたことのない史料である。人気の作曲家については、古関が一九票で一位、服部良一が一二票で二位、竹岡信幸と阿部武雄が八票で三位となっている（121頁の表4参照）。服部は「別れのブルース」（昭和一二年）、阿部は「裏町人生」（同一二年）、竹岡は「支那の夜」（同一三年）と、直近でヒット曲を出していたことが大きいだろう。そして三者を抑えて断トツ人気となったのが古関である。

これは「軍歌の覇王」というキャッチフレーズが誇大広告ではなく、実際に古関の右に出る戦時歌謡の作曲家がいないことを証明していた。日中戦争が泥沼化し、戦時経済を余儀なくされ、米英との開戦に踏み切る。そのような過程で古関の活躍の場は広がることとなる。

「愛国行進曲」から盛り上がる国民歌

レコード各社が戦時歌謡を発売すると、政府、軍部、新聞社、出版社も国威発揚を目的とした「国民歌」づくりに乗り出した（表3参照）。そうした動きを過熱させたのが「愛国行進曲」（作詞：森川幸雄、作曲：瀬戸口藤吉《せとぐちとうきち》）である。内閣情報部は昭和一二年九月二五日に「愛国行進曲」の歌詞と曲を募集した。一〇月二〇日の締め切りまでに歌詞は五万七五七八、曲は九五五五の作品が集まった。歌詞は島根県在住の森川幸雄、作曲は瀬戸口藤吉の作品が選ばれた。瀬戸口は「軍艦行進曲」の作曲者で軍歌作りの長老である。

内閣情報部嘱託京極鋭五《きょうごくえいご》は「愛国行進曲」を「君が代」に次ぐ、全国民が歌唱する「第二の国歌」として制作を企画した。そのため「愛国行進曲」は昭和一三年一月新譜としてレコー

表3　主な国民歌の一覧

曲名	発売年月	公募先
進軍の歌／露営の歌	昭和12年8月	毎日
愛国行進曲	昭和12年12月	内閣情報部
日の丸行進曲／日章旗の下に	昭和13年4月	毎日
大陸行進曲／一億の合唱	昭和13年11月	毎日
父よあなたは強かった／仰げ軍功	昭和14年1月	朝日
愛馬進軍歌／愛馬行	昭和14年1月	陸軍省
太平洋行進曲／海の勇者	昭和14年5月	毎日
出征兵士を送る歌	昭和14年12月	講談社
空の勇士	昭和14年12月	読売
紀元二千六百年	昭和14年12月	NHKほか
興亜行進曲	昭和15年6月	朝日
国民進軍歌／みんな兵士だ弾丸だ	昭和15年8月	毎日
航空日本の歌／空の船長	昭和15年9月	朝日
海の進軍／そうだその意気	昭和16年5月	読売

各レコード会社の月報、『東京日日新聞』『朝日新聞』『読売新聞』『キング』から作成。

ド各社から一斉発売された。『サンデー毎日』昭和一三年一〇月九日号によれば、わずか一月の間に五〇万枚を売上げたが、そのうち三〇万枚はビクター盤であったという。

この手の企画に勝機を感じたビクターは、「日の丸行進曲」（作詞：有本憲次《ありもとけんじ》、作曲：細川武夫）と「日章旗の下に」（作詞：佐藤春夫《さとうはるお》、作曲：中山晋平）、「大陸行進曲」（作詞：島越強、作曲：中支派遣軍軍楽隊）と「一億の合唱」（作詞：佐伯孝夫、作曲：東辰三《あずまたつみ》）のカップリングを売り出した。東京日日新聞・大阪毎日新聞社が募集した作品で、どの曲も力強く健康的で歌い易い行進曲調の歌であった。

戦前に馬は人を乗せたり、物を運んだり、農村の労働力として活躍したため、馬車を題材にした作品は数多く作られた。馬ほど歌謡曲に登場した動物はないだろう。陸軍は日中戦争が始まると、強壮な軍馬を育てることを奨励する国民歌を企画した。陸軍省が募集選定した「愛馬進軍歌」(作詞：久保井信夫、作曲：新城正一)と「愛馬行」である。

「愛馬進軍歌」は同じ譜面で各社が発売したが、一番人気は馬の蹄《ひづめ》の音を挿入したキング盤であった。またキングは専属作曲家佐藤長助の作品が「愛馬行」に選ばれたため、唯一裏面にそれをカップリングできた。「トンガリ五人組」でビクターを飛び出した児玉好雄は、「愛馬行」のヒットで面目を新たにした。

キングは、昭和一四年一二月に陸軍省後援でもう一曲ヒット盤を生んだ。人気の大衆雑誌『キング』で歌詞と曲を募集した「出征兵士を送る歌」(作詞：生田太三郎、作曲：林伊佐緒)である。陸軍大臣板垣征四郎《いたがきせいしろう》は「勇士を激励し、その武運長久を祈り、而《しか》も銃後の護りを誓うならば、将兵は大安心の裡に勇躍征途につき得る」ものを望んだ。文部大臣荒木貞夫《あらきさだお》は「この歌を合唱する時」「忠勇なる皇軍将兵の士気を鼓舞し」「銃後の緊張を一層強める所以ともなるであろう」と期待を寄せた。(5)

歌詞の応募総数は一二万八五九二編のなかから生田太三郎のものが選ばれた。作曲は同じく一万八六一七編のなかから林伊佐緒の作品が選ばれた。両者には日本刀一振りと賞金一五〇〇円が贈られた。

国民歌は新聞社が歌詞を募集する形で大々的に宣伝し、政府や軍部などがそれらの効果を期待し、ラジオでも積極的に放送したため、知らない国民がいないほど普及した。

「父よあなたは強かった」のレーベル（筆者所蔵）

大衆が涙を流す「父よあなたは強かった」

これまで紹介した国民歌とは一線を画す作品が「父よあなたは強かった」（作詞：福田節、作曲：明本京静）と「仰げ軍功」（作詞：得丸一郎、作曲：竹岡信幸）のカップリングである。これは大阪朝日・東京朝日新聞社が歌詞を募集した。「仰げ軍功」は服部良一が編曲しているため、アップテンポな軽快感が際立つ。

しかし、両曲は従来の国民歌とは違い、哀感の濃い悲しい旋律が特徴である。この曲は「皇軍将士に感謝の歌」として募集された。選ばれた作詞者の福田節は、「あの歌は私が作ったものでない、皇軍将士に感謝するこゝろが溢れて、其感激が書かしめたもの」だと話す[6]。作曲家明本京静は「肌寒い郊外の途《みち》を自宅の門前へ差しかゝった時、ハラ〳〵と流れる様に出て来たのがこの曲でした。私は玄関先へ突っ立ったまゝ、になって持っていた五線紙にこの曲を殆ど一気に書きつけてしまいました」という[7]。

「父よあなたは強かった」は大変な人気となった。霧島昇は静岡の発表会について「静岡でも物凄い人気で、入場者が五千人、外に居た人が三千人です」と語り、二葉あき子は北海道の発表会について「興奮した方々が万歳を叫んで、雪を、テープのか

わりに投げつけるんです。着物がびしょ〳〵になって晴れ着が台なしになりました。でも、嬉しかったわ」という。(8)

こうした証言からは、他の国民歌とも同じく戦意を鼓舞する高揚感が魅力のようにも見える。しかし、この曲が持つ真の魅力は別のところにあった。広島の病院を慰問した伊藤久男は「眼を失った方、足に重傷した方などが居られました、その病室に入っていって歌い出した時は、皆わん〳〵泣きました、一緒に行った方も泣きました、でも、涙を抑えて歌いました」と語る。(9)「切々胸より迸《ほとばし》る銃後感謝の歌」という宣伝文句は伊達ではない。(10)

前線で戦っている将兵や、内地に帰ってきた傷病兵に、銃後の国民（家族）が「感謝」する歌という点が大きかった。朝日新聞が募集した「父よあなたは強かった」は、政府や軍部などの国側に迎合したのではなく、前線と銃後の心をつなぐ大衆に寄り添った国民歌であった。日露戦争の「戦友」（作詞：真下飛泉《ましもひせん》、作曲：三善和気《みよしかずおき》）のような哀愁のある旋律と、「覚えにくいのが一つの魅力」ともなり、昭和一四年五月に発売枚数は五〇万枚に近づく大ヒットを記録した。(11)

ところが、この曲の聴取者のなかには、「父よ」という言い方は目上ではなく、目下の者への呼び方であり不敬ではないかと、クレームをつける者が現れた。その批判の声は内務省にも届いた。ところが、レコードを検閲する小川近五郎は、「日本の有識者というものも、可なりうるさいものだと思った」「偏狭な独善観をまざまざとみせられて実に嫌な気がする。」と述べて、屁理屈《へりくつ》だと一蹴している。(12) 内務省は公序良俗を損なうと判断したときには指導に乗り出したが、必ずしも歌謡曲を目の敵にするクレーマーの肩を持っていたわけではなかった。

映画『愛染かつら』の主題歌「旅の夜風」の大ヒット

日中戦争が勃発してから一年が経過すると、大衆は戦時歌謡に飽き始めていた。実際、「出征兵の歌送は厳粛たれ」という見出しで、出征兵士の見送りでも「愛国行進曲」から「忘れちゃいやヨ」へ合唱が変わるような場合があることを批判する記事が確認できる。(13) メディアによって創出された国民歌だけでは物足りなかった。

コロムビアでは大ヒットを狙うため、戦時歌謡とは違う戦前のラブロマンスのような作品を模索した。それが松竹映画『愛染《あいぜん》かつら』の主題歌である。川口松太郎《かわぐちまつたろう》原作の『愛染かつら』は、人気の女性雑誌『婦人倶楽部』に連載されていた。松竹はこの人気作に目をつけた。コロムビアは主題歌の「旅の夜風」（作詞：西條八十、作曲：万城目正）を霧島昇とミス・コロムビアに、裏面の「悲しき子守唄」（作詞：西條八十、作曲：竹岡信幸）をミス・コロムビアに吹き込ませると、昭和一三年九月一〇日の映画の封切に合わせて臨時発売させた。コロムビアの社内ではミス・コロムビアの清純さと、霧島の甘さと、両者が持つ美しさが最適だと判断した。『愛染かつら』は田中絹代が演じる看護婦と、上原謙《うえはらけん》が演じる病院長との、すれ違いラブロマンスが見どころである。上原は健気なシングルマザーの田中に惹《ひ》かれる一方、両親から縁談を

『愛染かつら』の絵葉書、上原謙と田中絹代（筆者所蔵）

催促されることに嫌気を感じていた。二人は京都へと駆け落ちを決意する。しかし、約束の日に田中の娘が麻疹《ましん》に罹《かか》り、その約束が果たせなくなる。そのことを田中が上原に伝えるため、新橋駅へと向かう場面で「旅の夜風」が流れる。発車時刻に間に合うのか、ハラハラドキドキさせる。「旅の夜風」は、クライマックスの場面を盛り上げる効果があった。

結果的に間に合わず、悲しい結末を迎える。松竹には観客から抗議の手紙が殺到したが、これも期待どおりの反響であった。松竹はこれで次回作も観客は必ず映画館に足を運ぶと大ヒットを確信した。これにより松竹とコロムビアは、この後に映画と映画主題歌をともにヒットさせることとなる。霧島昇は「映画の主題歌っていうのはですね、これまでは、愛染かつらまでは、もう全然問題にされてなかったんです。売れなかったんです」「各社が今度はその映画の主題歌に力を入れ出したんです。それから映画の主題歌時代っていうことになるんです」と証言している。[14]

『愛染かつら』は、昭和歌謡史はもとより映画史においても、画期的な作品として位置づけられる。その要素は、①日中戦争下に戦時色のないラブロマンスを提供した、②すれ違いの結果を生むことで一話完結にしなかった、③物語のクライマックスシーンで主題歌を挿入し場面効果を図った、④映画と主題歌がともにヒットする門戸を開いたことである。

①からは日中戦争下の日本が、暗黒な「軍国主義」の国家体制ではなかったことが示されている。西條八十は、検閲を逃れるため「男」が泣くのではなく、「男柳」にしたという。そうした表現の監視は内務省によってなされていたとはいえ、戦時色を感じさせない作品が許されていたことには留意しなければならない。内閣情報部嘱託京極鋭五は、「ロマンティックな作品であり、演唱も上品であり、銃後の娯楽品として結構なもの」と称賛した。[15] ②や③は、その後の映画やテレビの連続ドラマの制作手法に受け継がれている。そして④は後述する映画主題歌として続出する。

「流行歌作りの秀才」万城目正の活躍

「旅の夜風」の作曲者である万城目正は、明治三八年（一九〇五）一月三一日に北海道十勝《とかち》支庁中川《なかがわ》郡幕別《まくべつ》村（現・幕別町）で生まれた。両親は学校の教員で、母親からヴァイオリンやピアノなどを習った。上京してからも、作曲家を志していたわけではなかったが、生活のため映

万城目正（日本コロムビア提供）

画館の楽士を務めた。この経験は映画音楽として生かされることとなる。松竹の映画音楽を担当するうちに、手掛けたのが「旅の夜風」であった。

従来の書籍やテレビ番組では「旅の夜風」と「悲しき子守唄」のカップリングが一〇〇万枚以上の大ヒットとなったと言われてきたが、この数字は誤りである。コロムビアレコードに残る「レーベルコピー」には、二八万九二九一枚と製造枚数が記録されている。この主題歌が映画とともに大ヒットしたことにより、松竹とコロムビアは続編を世に送り出す。昭和一四年五月公開の『続愛染かつら』では「愛染夜曲」（作詞：西條八十、作曲：万城目正）と「朝月夕月」（作詞：西條八十、作曲：竹岡信幸）のカップリングが二三万五二七九枚、同年一一月公開の『愛染かつら完結編』では「愛染草紙」（作詞：西條八十、作曲：万城目正）と「荒野の夜風」（作詞：西條八十、作曲：早乙女《さおとめ》光《ひかる》）のカップリングが三一万六二九五枚製造された。愛染かつら三部作で総計約八四万枚の大ヒットを生み出した。

さらに昭和一四年一二月の松竹映画『愛染椿』の主題歌「愛の紅椿」（作詞：西條八十、作曲：万城目正）は、田中絹代に霧島昇とデュエットで歌わせたが、話題性もあってか一〇万七四四四枚という好成績を収めた。「愛染かつら」三部作の製造枚数からは、あらためて戦前に一〇〇万枚以上のヒット曲など生み出すことのできないことがおわかりだろう。

万城目メロディーの特徴は、四分の二拍子または四分の四拍子で作られる短調の旋律が多いことである。もう一つの特徴は他の作曲家の要素を自分の作品に上手く取り入れたところだろう。「旅の夜風」は、昭和一〇年に古賀政男作曲でヒットした「緑の地平線」の旋律に似ている。また後述する昭和一五年に服部良一が作曲し、高峰三枝子《たかみねみえこ》の歌唱で「湖畔の宿」（作詞：佐藤惣之助、作曲：服部良一）が大ヒットすると、万城目はそれを髣髴とさせる同一三年一月の「懐かしのブルース」（作詞：藤浦洸、作曲：万城目正）を作曲している。

高峰の歌唱による「懐かしのブルース」も同名映画の主題歌としてヒットした。万城目は大衆の好む旋律と、他の作曲家の才能を心得ており、どこにヒットの要素があるかを分析する能力に長けていた。そして研究結果による作品を世に送り出してヒットに導いた。これは他の作曲家には見られない。そうしたことから筆者は、万城目を「流行歌作りの秀才」と呼ぶ。

服部良一の斬新なメロディー

昭和一二年七月にコロムビアの専属となった渡辺はま子は、「ねぇ小唄」からチャイナメロディーの女王へとイメージチェンジができた。それを確実なものにさせた作曲家が服部良一である。服部は昭和一三年三月に東京日日新聞・大阪毎日新聞主催の皇軍慰問団に参加し、上海、鎮江、常州、南京を巡った。渡辺、松平晃、ミス・コロムビア、赤坂小梅も一緒であった。

この体験が服部のチャイナメロディーというジャンルを生み出した。昭和一四年六月の渡辺はま子「広東ブルース」(作詞:藤浦洸、作曲:服部良一)は、従来の服部のブルースに中国の異国情緒が感じられ、五万七六九枚を売上げた。同年一一月の「いとしあの星」(作詞:サトウハチロー、作曲:服部良一)は、東宝映画『白蘭《びゃくらん》の歌』の主題歌として作られた。馬車もののような大陸の雰囲気を醸《かも》し出している。

服部は皇軍慰問団として杭州《こうしゅう》の西湖を訪れたとき、松平とボートに乗って絶景を満喫している。そのときに観賞した美しい景色が、昭和一五年六月の「蘇州夜曲《そしゅうやきょく》」(作詞:西條八十、作曲:服部良一)の旋律となった。同年の東宝映画『支那の夜』では、李香蘭《りこうらん》が長谷川一夫《はせがわかずお》と美しい庭園を歩く場面で「蘇州夜曲」を歌唱した。李香蘭の人気は凄まじく、昭和一六年二月一一日の紀元節(現・建国記念の日)に彼女が日劇に出演すると、それを観ようと集まった客が幾重にもなって日劇を取り囲んだ。いわゆる「日劇七回り半事件」と呼ばれ、交通整理のため丸の内署から数百名の警官隊が繰り出した。

李香蘭ブームも手伝って、渡辺と霧島昇の「蘇州夜曲」はヒットした。西條の歌詞はもとより、服部の旋律からは、水の蘇州とは風光明媚なところだと想像してしまう。しかし、実際に現地を訪れた人たちからは、水はドブのように濁っていて、汚い場所であったという感想を聞かされることが多い。「惜しむか柳がすすり泣く」というのは、前述の「旅の夜風」と同じ手法である。内務省からのクレームをかわそうとした。

服部メロディーで欠かすことのできない歌手に中野忠晴がいる。昭和一四年四月に彼の歌唱で「チャイナ・タンゴ」（作詞：藤浦洸、作曲：服部良一）が発売された。クラシックの交響曲のような壮大な感じが全体を包みながら、胡弓《こきゅう》を使って中国の音楽が持つ独特の雰囲気を出している。斬新な楽曲が受けて六万二一四枚のヒットを記録した。

同年八月の「懐かしのボレロ」（作詞：藤浦洸、作曲：服部良一）も中野のために用意していた。ところが、テイチクから藤山一郎が移籍してきたため、予定を変更した。スペインの舞踏音楽であるボレロを取り入れた高揚感のある一曲である。この曲は一万五三一一枚のヒットとなった。中野は名曲を逃し、藤山は幸運に恵まれた。

昭和一四年から一五年に快進撃を見せた服部は、もう一曲名曲を残している。昭和一四年四月に発売された「一杯のコーヒーから」（作詞：藤浦洸、作曲：服部良一）である。ビールが好きな服部は「一杯のビールから」を想定していたが、作詞家藤浦洸はコーヒー好きであった。「ビールから」を「コーヒーから」に無理やり変えたため、アクセントがおかしくなってしまった。音楽理論から見たら失格かもしれないが、大衆はメロディーがよければ気にしなかった。この曲は一万二九三五枚のヒットとなった。

どれも斬新なメロディーで古賀政男、古関裕而、江口夜詩、万城目正にも書くことのできない個性に満ちていた。こうしたリズミカルな楽曲からは、服部が和製ポップスの父と言われることがよくわかる。

ラジオでヒット曲が流れる頻度は少ない

戦前からラジオの演芸を担当していた丸山鐵男《まるやまてつお》によれば、放送局では『歌謡曲』に出演した歌手の出演日と歌唱曲目を記した台帳を管理しており、同じ歌手を続けて出さないようにしていた。歌う曲も前回とは違うものとなる。NHK放送博物館が所蔵する「番組確定表」を見ると、昭和四年から一五年までの間に、「東京行進曲」三回、「酒は涙か溜息か」三回、「東京音頭」三回、「赤城の子守唄」一〇回、「船頭可愛いや」六回、「東京ラプソディ」二回、「あゝそれなのに」一回、「別れのブルース」一回、「旅の夜風」五回、「純情二重奏」四回といった具合である。

その一例として昭和一四年八月一三日放送の『歌謡曲』を取り上げる。当日の歌手と曲名は、瀬川伸《せがわしん》「海南島の月」「北満列車」、奥山彩子《おくやまさいこ》「母を讃える歌」「日本の妻」、新田八郎《にったはちろう》「啄木の歌」「青空に唄ふ」、歌上艶子《うたがみつやこ》「母に捧ぐる歌」「すみれの丘」、田端義夫「戦場の幼な子」「島の船唄」、北廉太郎《きたれんたろう》「青春の丘」「山の凱歌」、夏目芙美子《なつめふみこ》「故郷のあの唄」「宵の窓辺で」、岡《おか》晴夫《はるお》「上海の花売娘」「土と兵隊」である。

この曲目を見てすべてわかるという人は、昭和歌謡の免許皆伝といえる。当時売り出し中の新譜のなかから選曲していることがわかる。このうち「日本の妻」（作詞：西條八十、作曲：奥山貞吉）、「島の船唄」（作詞：清水《しみず》みのる、作曲：倉若晴夫《くらわかはるお》）、「上海の花売娘」は最低でも五万枚以上売れており、「海南島の月」（作詞：高橋掬太郎、作曲：仁木他喜雄《にきたきお》）は前述のヒット盤「広東ブルース」の裏面である。しかし、昭和四〇年代の懐メロブームで生き残ったのは「島の船唄」と「上海の花売娘」だけである。

歌手はコロムビア、ビクター、ポリドール、キングから各二名ずつ呼ばれている。コロムビアの瀬川は江口夜詩の弟子で、歌手瀬川瑛子《えいこ》の父である。奥山は編曲家の草分けである奥山貞吉の娘だ。ビクターの新田は戦争末期に流行った「ラバウル小唄」の元歌「南洋航路」を歌唱した。歌上は松竹少女歌劇団を経て昭和一七年にビクターの歌手となり、同年八月の「マニラの街角」（作詞：佐伯孝夫、作曲：清水保雄《しみずやすお》）を灰田勝彦とデュエットしている。戦時中に白血病で若くして逝去したポリドールの北廉太郎や、朝鮮人歌手羅仙嬌《ナソンギョ》の変名であるキングの夏目芙美子が出演しているのにも驚く。

こうした曲目で毎回放送されており、必ずしも後年まで知られているヒット曲を取り上げていたわけではない。戦前のラジオは、家に蓄音器やレコードがない聴取者に、ヒット曲を普及させる要素はなかった。

ヒット曲は街のなかから聞こえる

戦前の歌謡曲はなにがきっかけで流行ったのだろうか。ラジオがヒットの要素でなかったことは、これまで述べてきたとおりである。実はレコード販売店やカフェーなど、街頭から聞こえてくる歌声が大きく影響していた。

　昭和一〇年八月の『コロムビアニュース』のポータブル蓄音器の広告では七五円、五五円、三五円の三台が掲載され、同年一二月の『コロムビアニュース』の蓄音器の広告では八〇円、六〇円、四五円の三台が紹介されている。また広告の目玉として「コロムビア・ラジオ兼用電気蓄音器」五五〇円という最高級品もあった。レコードは一枚、昭和一〇年で一円五〇銭、同一三年で一円六五銭、同一五年で一円八五銭である。テイチクだけは昭和一〇年で一円、同一三年で一円三〇銭、同一四年で一円五〇銭と、他社より少し安い。

　小学校教員の初任給が昭和八年で五五円から四五円、同一六年で六〇円から五〇円である。蓄音器はピンキリだが、安価なものを選んでも一月分の給料が必要になる。レコードも一〇枚買えば一八円五〇銭から一五円と、月給の三分の一を消費してしまう。蓄音器を入手できても、レコードは毎月の新譜のなかから厳選して買うしかなかった。蓄音器とレコードは高級品であった。

　昭和一一年に大阪で生活していた人物は、「わたしは新市街に住んでいるが、いつの間にやら近所に喫茶店が四軒もでき、毎晩競争でレコードをかけ図々しいのは十二時過ぎてもジャン〳〵鳴らすので熟睡を妨害されること夥《おびただ》しい、ほとんど眉《まゆ》を顰《ひそ》めるような小唄ばかりで子供の純真な魂を傷《きずつ》けられどうしだ」と苦情を述べている。[16] ここに出てくる「小唄」とは、「忘れちゃいやヨ」のような「ねぇ小唄」である。

昭和一二年に東京に住んでいた人物は、「銀座、新宿を始め盛り場のレコード販売店は昼夜の別なくラウドスピーカー《（ママ）》を通じて宣伝放送を試みるが、販売店では宣伝効果を上げるために人気に投じそうな流行歌を連続的に放送するので子供達まで流行歌を覚えることになり社会風教上非常に悪い影響を及ぼすことになる」との指摘を載せている(17)。ここからは当時のレコード販売店では昼も夜も、新譜の流行歌をかけ続けていたことがわかる。

映画と主題歌がともに大ヒットした『愛染かつら』の「旅の夜風」も、映画だけではなく、レコード販売店での宣伝がより効果を上げた。『愛染かつら』の主役を務めた上原謙は、「銀座三丁目まで来ると、懐しいメロデーが僕の聴覚を脅かした。それはあのミス・コロムビアの歌う「愛染かつら」の主題歌であった。私は今更のようにその試聴店の反対側の街路に佇《たたず》んで店の入口を包囲している群衆をしばらくの間眺めていた」という(18)。

この談話は「旅の夜風」が発売された直後の昭和一三年一〇月のことである。映画館で『愛染かつら』を観ていない人たちも、宣伝用の「旅の夜風」に足を止めて聴き入っていた。コロムビアの宣伝用のレコードの末尾では、女性の声で「ただいま演奏いたしましたのは、コロムビア新譜「旅の夜風」、歌手はミス・コロムビア、霧島昇です」というアナウンスを録音したものが少なくない。これによって、レコードを買わない者にも歌手と曲名を覚えさせる効果があった。

ちなみに、筆者の亡き祖母によれば、終戦後に近所の八百屋が開店から閉店まで「リンゴの唄」のレコードをくり返しかけていたという。自宅に蓄音器やレコードがなくても、大ヒット曲は街のなかで聴くことができ、それが歌の普及につながっていたのである。

歌う映画女優・高峰三枝子

愛染かつら三部作につづいてヒットしたのが、昭和一四年八月公開の松竹映画の同名主題歌「純情二重奏」（作詞：西條八十、作曲：万城目正）である。これを霧島昇とデュエットした高峰三枝子は、「歌う映画女優」と呼ばれた。高峰よりも先輩女優では、昭和九年九月に「あなたのあたし」（作詞：山崎謙太郎、作曲：原野為二〔池田不二男〕）を松平晃や杉狂児と歌った市川《いちかわ》春代《はるよ》、同一〇年六月に「二人は若い」をディック・ミネとデュエットした星玲子、同一一年五月に「花言葉の唄」（作詞：西條八十、作曲：池田不二男）を松平晃とデュエットした伏見信子《ふしみのぶこ》、同年八月に「もう一度言ってよ」（作詞：安東英男《あんどうひでお》、作曲：山田栄一）を東海林太郎とデュエットした山路《やまじ》ふみ子などがいた。

しかし、高峰のような歌唱力には欠けていたため、いずれも短命に終わった。ちなみに「愛の紅椿」をデュエットした田中絹代も歌唱力はすぐれておらず、戦前から戦後にかけてヒット曲を残した女優は高峰だけである。ここに「歌う映画女優」と呼ばれるようになったと考えられる。

そうはいっても、高峰の最終学歴はミッション系の東洋英和《とうようえいわ》女学校であり、音楽学校で専門的な声楽は学んでいない。持って生まれた艶のある美声が強かった。昭和四〇年代の懐メロブームでは、藤山一郎が高峰に再び歌うことを勧めているから、声楽を専門的に学んだ正統派からも支持されたということだ。

高峰のデビュー曲は、昭和一三年八月の「宵待草」（作曲：多忠亮《おおのただすけ》）である。竹久夢二の歌詞が一番しかなかったため、二番の歌詞を竹久の世界観を壊さないよう西條八十が補作した。そして高峰を映画女優として売り出すために作られたのが「純情二重奏」である。これも西條と万城目のコンビで作られ、愛染かつら三部作の主題歌のようなメロディーラインからヒットした。高峰が人気を獲得したことは、映画と映画主題歌とがともにヒットする時代の到来をあらわしていた。

上海ブームと花売娘と踊り子

東海林太郎というと、任侠股旅もの、歌舞伎や浄瑠璃を題材にした日本調というイメージが強いが、昭和モダニズムを感じさせるエキゾチックなヒット曲も存在する。昭和一三年七月発売の「上海の街角で」（作詞：佐藤惣之助、作曲：山田栄一）である。前述の上原敏「上海だより」では占領した上海の様子を伝えたが、「上海の街角で」はそこを舞台に、男女の別れの場面を描いた。間奏には松竹三羽烏として人気だった佐野周二《さのしゅうじ》が台詞を入れている。「上海の街角で」は最低でも五万枚以上のヒットとなった。

服部富子「満洲娘」の歌詞カード（筆者所蔵）

レコード各社は、このヒットに触発されて上海を題材にした流行歌に乗り出す。昭和一三年一〇月に美ち奴「霧の四馬路《スマロ》」（作詞：南條歌美、作曲：山下五郎）、同年一二月にディック・ミネ「上海ブルース」（作詞：島田馨也、作曲：大久保徳二郎《おおくぼとくじろう》）、同一四年五月に岡晴夫「上海の花売り娘」（作詞：川俣栄一、作曲：上原《うえはら》げんと）、同一五年四月に松島詩子《まつしまうたこ》「上海の踊り子」（作詞：時雨音羽、作曲：細川潤一）が発売され、いずれも大衆から支持された。

中国大陸の都市のなかでも、上海は外国人が集まる四馬路と呼ばれる疎開地などがあり、ガーデンブリッジに見られる異国情緒に加えて、非合法的で妖艶な夜の顔を持っていた。上海とはどのようなところなのか、怖い物見たさの世界観が、流行歌に適していたのかもしれない。

このなかでも特筆すべきは岡晴夫が登場したことである。彼は上野松坂屋の店員であったが、夜の酒場を流しで歌っていた。岡の相棒である作曲家上原げんとが、キングに作品を売り込んだため、テストを受けることとなった。先輩の林伊佐緒は岡を、あまりいい声とは思わなかったが、レコードで聴くと凄くよい感じがしたと回想している。マイクに乗る声である。昭和一四年に「国境の春」（作詞：松村又一《まつむらまたいち》、作曲：上原げんと）がヒットしたのに続き、「上海の花売り娘」、「広東の花売娘」（作詞：佐藤惣之助、作曲：上原げんと）、「南京の花売娘」（同）という花売娘シリーズを放った。

時を同じくしてキングは松島で「広東の踊り子」（昭和一五年九月、作詞：時雨音羽、作曲：細川潤一）という続編を出した。また松島の「ガーデン・ブリッヂの月」（昭和一三年八月、作詞：佐藤惣之助、作曲：田村しげる）を作ったり、テイチクも美ち奴で「雨の四馬路」（昭和一四年九月、作詞：南條歌美、作曲：山下五郎）という続編を出すなど、「上海の街角で」は大陸歌謡の量産化の火付け役となった。

テイチクで大陸の娘ものをヒットさせたのが、昭和一三年一二月の服部富子「満洲娘」（作詞：石松秋二、作曲：鈴木哲夫）である。服部富子は服部良一の妹で、宝塚歌劇団から歌手に転向した。「満洲娘」がヒットすると、内務省は「お嫁に行く日の夢ばかり」という文句が浮薄な「愛欲感」に聴こえたり、「王さん、待ってヽ頂戴ネ」という「対話句調」が「エロ発撒」と感じると注視し、テイチクに積極的な宣伝を行わないように指示を下した。[19]昭和一五年一二月には服部の「北京娘」（作詞：石松秋二、作曲：宮脇春夫）という続編が発売された。

苦労したイケメン歌手・伊藤久男

明治四三年（一九一〇）七月七日に福島県安達《あだち》郡本宮《もとみや》町（現・本宮市）に生まれた伊藤久男は、帝国音楽学校に入学し、古関の妻金子と知り合う。その縁で古関邸に遊びに行くことがあった。伊藤は古関が金子のために作曲した「山桜」というクラシックの歌曲のような曲を好み、それ

伊藤久男（日本コロムビア提供）

をコロムビアの試験で歌うことを希望した。これを聞いた古関は「そんなんじゃだめだよ」と助言し、中野忠晴「旅がらす」（昭和八年三月、作詞：久保田宵二、作曲：古賀政男）を勧めた。

クラシック作品を手掛けたいというのは古関も同じであった。しかし、流行歌でヒットを生まない限り、コロムビアに在籍することは難しかった。伊藤は、昭和八年一〇月にコロムビアの専属歌手となるが、啼かず飛ばずであった。伊藤の豪快な歌唱法は、暗い感傷的な悲恋ものや、甘く明るい青春ものに向かなかったのかもしれない。

コロムビアの文芸部もそう感じてか、次第に伊藤にはヒット要素の少ない新民謡や自治体歌のような作品を回すようになる。これは当時売れていた中野忠晴や松平晃とは対照的である。昭和一二年八月の「露営の歌」は五六万枚以上のヒットとなったが、中野、松平、霧島昇、佐々木章との合唱であった。昭和一四年一一月には東宝映画の同名主題歌「白蘭の歌」がヒットするも二葉あき子とのデュエットであり、渡辺はま子の「いとしあの星」とのカップリングという影響力も拭えない。

伊藤独唱でのヒットはデビュー以来六年が経過しても生まれなかった。その伊藤の初のヒット盤となったのは、昭和一五年三月に発売された古関作曲の「暁に祈る」であった（拙著『古関裕而』参照）。これで名前を売ったこともあり、同年五月に発売された伊藤の「高原の旅愁」（作詞：関沢潤一郎《せきさわじゅんいちろう》、作曲：鈴木義章（八洲秀章《やしまひであき》））も大ヒットした。しかし、これはカップリングされた高峰三枝子の「湖畔の宿」（作詞：佐藤惣之助、作曲：服部良一）の力による。「純情二重奏」のヒットで「歌う映画女優」の太鼓判を押された高峰の「湖畔の宿」は、二八万八一〇〇枚の大ヒットを記録した。伊藤は独唱の「高原の旅愁」が裏面であった幸運を喜んだ。伊藤は感謝の気持ちの証として、高峰に高級な毛皮のコートを贈っている。また戦後に伊藤とのコンビで多くの抒情歌謡を生んだ八洲秀章も、「高原の旅愁」で初めて作曲家としての名を上げた。

灰田勝彦のヒットと受難

戦前にイケメン歌手で女性ファンが多かったのが灰田勝彦である。広島県仁保島村《にほじま》（現・広島市）出身の父は、医学の勉強をするためアメリカに渡った。医師の資格を得ると日本に一時帰国するが、帰路に立ち寄ったハワイの住民からの希望に応えし、現地で開業医となる。勝彦は明治四四年八月二〇日にハワイで生まれた。父が死去すると日本に戻り、独協中学を経て立教大学へ入学する。兄の晴彦《はるひこ》（有紀彦《ゆきひこ》）とともに、ハワイアンバンドのモアナ・グリー・クラブに参加し、レコード吹込みをはじめる。

昭和一一年にビクターの専属歌手となり、「ブルー・ムーン」（作詞：Lorenz Hart、訳詞：永田哲夫、作曲：Richard Rodgers）や「真っ赤な封筒」（作詞：Lew Brown、訳詞：永田哲夫、作曲：Albert von Tilzer）といった外国から輸入された曲で名声を広めた。日中戦争が始まると、昭和一二年一二月に灰田は召集されて赤羽の陸軍近衛工兵隊に入隊して満州に出征する。しかし、慣れない軍隊生活で黄疸《おうだん》が出る重病に倒れ、九州の病院に入院し、昭和一四年に除隊することとなる。哀愁のある馬車ものの佳曲「密使の幌馬車」（昭和一三年二月、作詞：佐伯孝夫、作曲：佐々木俊一）や、明るくユーモラスな戦時歌謡の「軍国年賀状」（同一四年一二月、作詞：梅木三郎、作曲：東辰三）などを出すが、ヒットには恵まれなかった。

灰田勝彦（筆者所蔵）

そのような折、野球が大好きな灰田に最適な作品が舞い込んでくる。昭和一五年三月の「燦《きら》めく星座」（作詞：佐伯孝夫、作曲：佐々木俊一）である。高峰秀子《たかみねひでこ》主演の東宝映画『秀子の応援団長』の主題歌として作られた。灰田によれば「劇場《こや》の両側にあるレコード屋ではこの曲をガンガン鳴らす、ステージでは歌うで、この曲は横浜から流行りだした」という。灰田の代表曲のほとんどを手掛けた佐伯孝夫は、「おでん屋でちょこちょこと作詞したのがヒットした。ちょこちょことやっつけにやったものにヒットが多い」と述べている。[20]

ところが、陸軍の表象である星を、「男純情の愛の星の色」とは何事か、国家に命を捧げる赤子《せきし》が一人の女性に「思い込んだら、命がけ」とは何事かというのが問題視された。軍部がいちゃもんをつけたと書いたものもあるが、内務省がいかに指摘したかははっきりしない。そこでビクターは改訂盤を制作し、「男純情の愛の星の色」は「男純情の聖い星の色」、「生きる命は一筋に」は「国に捧げて、一筋に」と歌詞も改訂された。灰田は歌詞が頭のなかで混在し、歌うのが嫌になった。モダニズムに締め付けが強くなってきたことがうかがえる。

中国大陸の戦地から流行した「誰か故郷を想はざる」

霧島昇の代表曲に「誰か故郷を想はざる」がある。この曲は昭和一五年一月に発売されたが、すぐにはヒットしなかった。発売元のコロムビアでは在庫の山を抱えることとなったため、中国大陸に出征している兵士たちの慰問品として送った。これが思わぬ効果を上げる。

各部隊に送られたレコードを聴いた兵士たちは、故郷に残した家族や恋人を思い起こし、生まれ育った山川などの風景を懐かしんだ。日本から各レコード会社の歌手たちが慰問にやってくると、兵士たちは「誰か故郷を想はざる」を歌って欲しいとリクエストする。ところが、日本国内ではヒットしていないため、コロムビアの歌手はもとより、他社の歌手たちは認識していなかった。

霧島昇にとっては古賀政男に作曲してもらった最初の作品であったこともあり、この曲についてはよく覚えていた。だからこそ霧島は、慰問先から帰ってきた歌手たちから、戦地では

「誰か故郷を想はざる」が人気だよと聞かされて驚いた。この曲を知らないと慰問先で恥をかくことになるという噂《うわさ》が広がり、レコード会社の垣根を越えて歌手たちは「誰か故郷を想はざる」を覚えて行った。

この曲を作曲した古賀は、作詞家西條八十に、自分の幼い頃の思い出と、よき理解者で可愛がってくれた姉が嫁ぐ日の淋しさとの思い出を語ったことがある。そのことが「ひとりの姉が、嫁ぐ夜に、小川の岸で、さみしさに、泣いた涙の、なつかしさ」という部分に描かれていた。あまりにも適確な描写のため、古賀は自分の「日記を盗見されたのではないかと疑った」という(21)。

古賀がこの詩に特別な感情を抱いたように、兵士たちもそれぞれに感じるところがあったのだろう。兵士たちは帰国すると「誰か故郷を想はざる」を買い求めた。霧島によれば、日本国内では発売から一年が経った頃から売れ行きがよくなったという。

日本が建国されて二六〇〇年の奉祝ブーム

昭和一五年で忘れてはならないのが、「紀元二千六百年」の奉祝ブームが起きたことである。昭和一五年は、初代天皇である神武《じんむ》天皇が紀元前六六〇年に奈良の畝傍《うねび》橿原《かしはら》宮で即位してから、二六〇〇年という記念の年にあたった。現在、二月一一日は建国記念の日と制定されているが、戦前は紀元節と呼ばれていた。

政府や自治体は、日本が建国されて二六〇〇年という奉祝ムードを作り出す。一番大きなものとしては、政府主導によるオリンピック東京大会の開催の誘致である。同年の冬季オリンピックの開催も予定された。また東京市は、万国博覧会の開催を企画した。これらを開催することにより、世界に日本の名誉ある伝統や歴史と、近代化に向けて躍進する存在を示そうとしていた。

この奉祝ムードの幕開けにと、昭和一四年一二月に各レコード会社が競作で発売したのが「紀元二千六百年」（作詞：増田好生、作曲：森儀八郎）である。なかでもビクター盤と、コロムビア盤（六万六六〇一枚）が好評を得た。「金鵄《きんし》輝く、日本の、栄《は》えある光、身に受《う》けて、いまこそ祝え、この朝《あした》、紀元は二千六百年、あゝ一億の、胸はなる」と、日本の名誉ある伝統や歴史を高らかに歌い上げる。旋律も国民歌にふさわしい明るい行進曲調で、誰しもが口ずさめるような歌い易い曲である。

「紀元二千六百年」の歌詞カード（筆者所蔵）

こうした点から、多くの大衆に歌唱され、戦後も記憶に残り続ける一曲となった。しかし、「紀元二千六百年」の奉祝に合わせた各種イベントは上手くいかなかった。日中戦争が長期化し、早期解決に向けて軍事費を優先する必要性が生じたからである。膨大な費用がかかるオリンピックの夏と冬の大会と、万国博覧会は見送られることとなった。

流行歌界の栄枯盛衰

日中戦争が始まり「露営の歌」が大ヒットしたことで古関裕而の人気が急上昇したことは先に述べた。また服部良一と竹岡信幸の人気も高くなった。人気投票では載っていなかったが、万城目正も活躍していた。こうした作曲家が台頭する一方で、以前のようにヒットが出なくなったのが江口夜詩である。江口は一〇〇〇枚から二〇〇〇枚しか売れない作品が目立つようになる。

彼と名コンビといわれた松平晃の成績も低下していった。またジャズソングを得意とした中野忠晴も「チャイナ・タンゴ」のヒットを得たものの、それ以外は鳴かず飛ばずであった。二人とも戦時歌謡に適さなかった。代って艶のある端正な歌声の霧島昇が映画主題歌、豪快な歌唱力を持つ伊藤久男が戦時歌謡で活躍するようになる。

昭和八年に江口がコロムビアに迎えられたとき、ヒット曲を生まなかった古関は次年度からの契約を打ち切られそうになった。その古関が今では飛ぶ鳥を落とす勢いで活躍している。今度は江口がかつて古関が味わったような会社側からの冷たい指摘を受けたのかもしれない。

前述の『映画と音楽』が昭和一三年六月から一四年三月まで行った「レコード販売店調査」は、人気の流行歌手についても行われている。一位が上原敏、二位が東海林太郎、三位が霧島

表4　流行歌手人気一覧（昭和13年６月〜14年３月レコード店人気投票）

歌手名	６月	７月	10月	11月	12月	１月	２月	３月	合計数
上原敏	13	10	4	6	13	9	9	11	75
東海林太郎	10	7	4	5	14	12	7	9	68
霧島昇	3	5	1	5	11	10	8	2	45
藤山一郎	1	3	2	1	3	3	4	6	23
市丸	2	3	2	2	6	5			20
楠木繁夫		3	2	1	3	4	3	3	19
中野忠晴	3	1	1	1	5	3	1	3	18
美ち奴	1	1	1	2	2	5	2	4	18
淡谷のり子	2	2	2	4	2	2	2		16
徳山璉			2	1	4		4	5	16
松平晃	1	3	1	3	2	2	1	1	14
二葉あき子	1		1		2	2	2	5	13
音丸	1		1	1	1	3	2	2	11
伊藤久男	3	1		2		2			8
小野巡	2				2		2	1	7
波岡惣一郎			1	1	2			3	7
小唄勝太郎	1		1		3	1			6
轟夕起子							1	4	5
久富吉晴			1	1			2		4
ディック・ミネ	2	1							3
林伊佐緒					2				2
能勢妙子				1	1				2
藤原義江			1						1
四家文子			1						1
渡辺はま子					1				1
三門順子					1				1
新橋みどり					1				1
北廉太郎					1				1
鶴田六郎			1						1

表５　作曲家人気一覧（昭和13年６月～14年３月レコード店人気投票）

作曲家名	6月	7月	10月	11月	12月	1月	2月	3月	合計数
古関裕而	3	3		3	3	3	2	2	19
服部良一	1	1		1	5	1	2	1	12
阿部武雄	2				5	1			8
竹岡信幸	1	1			3	2	1		8
古賀政男	2	3	1						6
山田栄一	1		1	2	2				6
江口夜詩					3	1	1		5
佐々木俊一	1		3						4
細田義勝		1	2						3
中山晋平			1						1
飯田景応							1		1
三界稔			1						1
実施店舗数	20	14	16	17	19	19	17	17	

「レコード販売店調査」（『映画と音楽』２－７～２－10、２－12～３－４、1938年７月～９月、11月～1939年４月〈牧野守監修『戦前映像理論雑誌集成』16～18、ゆまに書房、1989年〉）から作成。

昇、四位が藤山一郎、五位が市丸、六位が楠木繁夫、七位が中野忠晴と美ち奴、九位が淡谷のり子と徳山璉、一一位が松平晃、一二位が二葉あき子、一三位が音丸、一四位が伊藤久男である（表４参照）。

上原が一位なのは、昭和一二年四月の「妻恋道中」が三三万一〇二三枚、同年七月の「流転」が二一万二四九六枚、同年八月の「裏町人生」（作詞：島田磬也、作曲：阿部武雄）、「霧の波止場」（作詞：坂口淳、作曲：菊池博）が一〇万九五〇六枚、同一三年一月の「鴛鴦道中」が一五万八五一二枚、「上海だより」「伜《せがれ》でかした」（作詞：上政治、補作：秩父重剛、作曲：島口駒夫、共唱：浅草染千代《そめちよ》）が一三万四四三五枚と、七曲で総計九四万五九七二枚を売上げていたからである。

第二位の東海林は直近で一〇万枚以上のヒット曲はないものの、昭和九年二月の「赤城の子守唄」が三三万四〇八五枚、同年一一月の「国境の町」が一九万六九七四枚、同一〇年の「弥次喜多行進曲」（作詞：木村錦花、作曲：山田栄一、西原武三、共唱：小澤秀夫）が一〇万四七八枚、「旅笠道中」が三二万七四九三枚、同年一〇月の「野崎小唄」「お駒恋姿」（作詞：藤田まさと、作曲：大村能章）が二七万七七〇七枚、同一一年一月の「お柳恋しや」（作詞：佐藤惣之助、作曲：阿部武雄）、「壺坂《つぼさか》小唄」（作詞：同、作曲：西原武男）が一〇万八八六四枚と、八曲で総計一三四万五六〇一枚を売り上げた根強い人気による。

霧島が第三位なのは、「愛染かつら」三部作が大ヒットしたからである。この段階で中野は七位、松平は一一位を保っているが、その後の活躍からすると一四位であった伊藤と立場が逆転する。伊藤の「暁に祈る」が出た昭和一五年に江口はコロムビアからポリドールに移籍した。名コンビであった松平に与えた影響は少なくない。松平も同年にコロムビアとの契約を打ち切り、昭和一六年にタイヘイの専属となっている。

日中戦争は昭和モダニズムで売れなかった作曲家や歌手に光を当てる一方で、それまでの人気であった作曲家や歌手に陰りをもたらす分岐点となった。

服部メロディーに見る「本音」と「建て前」

筆者は、当時の戦時歌謡は「本音」と「建て前」のバランスを保っていたと考えている。歌詞と曲が「建て前」であってはヒットせず、どちらか一方に「本音」が出ているものが大衆の心をつかむのである。ところが、歌詞と曲が「本音」になったとき、内務省から発売禁止というカードを切られる危険性があった。

そのターゲットとなったのが、昭和一四年に発売を予定していた淡谷のり子の「夜のプラットホーム」(作詞：奥野椰子夫《おくのやしお》、作曲：服部良一)である。これは中国大陸に出征する兵士を送る駅の別れの場面を描いている。しかし、「死んで還れと励まされ」という「露営の歌」の「建て前」の歌詞とは異なり、「鳴りわたる、鳴りわたる、プラットホームの、別れのベルよ、さよなら、さよなら、君いつかえる」と「本音」の歌詞が登場する。

作詞家奥野椰子夫は、「夜ふけの東京駅で涙ぐむ家族や恋人の見送りを受け、中国戦線へ出征して行く若い兵隊さんの姿に心を打たれ」て書いたという。[22]「露営の歌」や「出征兵士を送る歌」のような勇壮さはなく、シャンソンやタンゴのような哀愁だけが耳に残る。生きて帰って欲しいという「本音」が旋律となっている。

「夜のプラットホーム」は、原節子主演の東宝映画『東京の女性』のラストシーンで部分的に演奏された。昭和一四年一〇月一八日に淡谷のり子は録音したが、時局を忖度《そんたく》してレコードは発売されなかった。しかし、諦めきれない服部良一は、ドイツ人のようなペンネームR・ハッター作曲とし、「I'll Be Waiting」（「待ち侘びて」）という洋楽盤として発売させた。歌唱したVic Maxwell（ヴィック・マックスウェル）は、コロムビア洋楽部に在籍していたドイツ系ハーフの変名である。翌年に同盟国となるドイツ盤にカムフラージュした。ところが、これは洋盤だったため当時は流行らなかった。この名曲は、終戦後の昭和二二年に二葉あき子の歌唱で再発売され、初めて大衆に知られることとなる。

この二葉の歌唱では、昭和一四年一月に発売された「丘の細径《ほそみち》」（作詞：高橋掬太郎、作曲：服部良一）という曲がある。ブルースだが、淡谷の「別れのブルース」のような哀愁は感じられない。この歌詞には「丘の細径」を通って、「あの人」が私に逢いにきていたことが書かれている。しかし、「あの人よ、あの人よ、とおいえにしよ」という歌詞でおわる。この内容を分析すれば、二人は恋人同士で、いつも丘で逢っていた。日中戦争によって出征し、おそらく戦死したのだろう。だから、もう逢えない、丘で逢っていたのは、遠い昔のことだという。

これに哀愁のあるメロディーがつけば、「本音」の歌詞と「本音」の旋律とが重なり、大衆の心を打ったのではないか。服部がそうせず、あえて「建て前」の明るい旋律を作曲したのは、お蔵入りになるのを避けたからだと考えられる。

戦争による恋人との別れを嘆き悲しむという感傷的な作品は、内務省から目をつけられる恐れがあった。しかし、戦争を理由とせず、母と死に別れた子が感傷的になるのは許された。男女の自由主義的な恋愛感情とは違って、母と子の血縁による慈愛は美しい愛情として受け入れられた。昭和一五年七月の小夜福子《さよふくこ》「小雨の丘」（作詞：サトウハチロー、作曲：服部良一）は、同じ丘でも娘が生前の母の姿を想い出す場所として描かれている。

服部は、「亡き母のささやき、ひとりきくひとりきく、さびしき胸に」という「本音」の歌詞に、哀愁が溢れる「本音」の旋律をつけた。宝塚のトップスター小夜福子が台詞入りで歌唱したこともあり、「小雨の丘」は「湖畔の宿」と並んでヒット曲となった。

戦争遺家族に贈る鎮魂歌「戦場初舞台」

ここまで述べてきたとおり、戦時歌謡は大衆が好んで買い求めたものであり、政府や軍部が国民にお仕着せしたものではなかった。戦時歌謡は国威発揚や戦意高揚という目的よりも、「安寧」と「娯楽」の要素が強かった。そのことがよくわかるのが、昭和一五年五月の東海林太郎「戦場初舞台」（作詞：佐藤惣之助、作曲：服部逸郎《はっとりいつろう》）である。この詞からは歌舞伎役者も国のために戦場で戦死すると読めるため、戦意高揚を図る軍国主義的な歌だと思うだろう。

しかし、それは大きな誤りであり、この歌は戦争遺家族に贈る鎮魂歌として作られたのである。東海林は関西方面で仕事があるときは、大阪の土佐堀《とさぼり》にあった関西歌舞伎役者の中村雀右衛門《えもん》が経営する旅館「京屋」に宿泊した。雀右衛門の亡き後は妻が宿を守っていた。息子の章景《あきかげ》は父を継いで歌舞伎役者として活躍し始めた。ところが、日中戦争が勃発したため出征することとなった。そして、中支方面で死去した。

その事実を東海林は「京屋」に宿泊したときに知って驚いた。一人残された章景の母が不憫《ふびん》に思えてならなかった。東海林は東京に帰ると、作詞家佐藤惣之助にそのことを語り、章景の鎮魂歌として「戦場初舞台」、残された母を励ます「母は泣いても」（作詞：佐藤惣之助、作曲：倉若晴生）の企画を提案した。快諾した佐藤は、歌舞伎俳優の出征から戦死までを歌舞伎の演目のように仕上げた。作曲家服部逸郎は、東海林が得意の日本調を生かし、二番と三番の間奏に長唄「老松《おいまつ》」を入れて、歌舞伎の雰囲気を出した。

このカップリングのレコードができると、東海林は再び「京屋」に足を運んでいる。章景の霊前に「戦場初舞台」「母は泣いても」を奉納し、歌って聞かせた。戦時中に東海林の戦時歌謡を大衆が支持したのも、戦争犠牲者に寄り添う世界観が感じられたからである。

開戦前のモダニズムの輝き

日中戦争下の流行歌界の栄枯盛衰については述べたが、流行歌界の王者である古賀政男は不変であった。古賀はテイチクを退社すると、昭和一四年一一月にコロムビアの専属に復帰した。同年六月には一足先に藤山一郎もコロムビアに移籍していた。このコンビで再びヒットを打ち出す。それが昭和一五年二月に東宝映画『春よいづこ』の主題歌となった「春よいづこ」（作詞：西條八十、作曲：古賀政男）、「なつかしの歌声」（同）である。古賀は本人役で出演したが、彼を宣伝する劇中の看板には「流行歌界の王者」と書かれていた。主役の藤山一郎は、医師の

表6　映画と流行歌

昭和11年

映画名	映画会社・業績順位	主題歌・挿入歌	レコード会社
東京ラプソディ	東宝（第４位）	東京ラプソディ／東京娘	テイチク
魂	日活（第１位）	男の純情／愛の小窓	テイチク

昭和13年

映画名	映画会社・業績順位	主題歌・挿入歌	レコード会社
愛染かつら	松竹（第１位）	旅の夜風／悲しき子守唄	コロムビア

昭和14年

映画名	映画会社・業績順位	主題歌・挿入歌	レコード会社
愛染かつら・完結篇	松竹（第１位）	愛染草紙／荒野の夜風	コロムビア
新女性問答	松竹（第２位）	純情の丘／乙女七人	コロムビア
続愛染かつら	松竹（第３位）	愛染夜曲／朝月夕月	コロムビア
日本の妻	松竹（第５位）	日本の妻／希望をたづねて	コロムビア
純情二重奏	松竹（第７位）	純情二重奏／歌で暮せば	コロムビア
春雷	松竹（第９位）	古き花園／街の姫百合	コロムビア
ロッパ唄の南へ行く	東宝（第２位）	各社複数曲	各社

昭和15年

映画名	映画会社・業績順位	主題歌・挿入歌	レコード会社
愛の暴風	松竹（京都第２位）	相呼ぶ歌／無情の花	コロムビア
新妻問答	松竹（京都第４位）	新妻模様／波を越えて	コロムビア
暁に祈る	松竹（京都第７位）	暁に祈る／愛馬花嫁	コロムビア
支那の夜	東宝（第１位）	蘇州夜曲／想兄譜	コロムビア
蛇姫様（前・後）	東宝（第２・５位）	蛇姫絵巻／お島仙太郎旅唄	コロムビア
燃ゆる大空	東宝（第３位）	燃ゆる大空／機上の歌	コロムビア
新妻鏡（前）	東宝（第10位）	新妻鏡／目ン無い千鳥	コロムビア

『キネマ旬報』『映画旬報』昭和12年〜昭和16年第２号から作成。

家に生まれながら、音楽への道を志す学生役を好演した。「春よいづこ」はフランスの映画を髣髴とさせる美しいエレジーである。劇中で藤山が歌唱した「なつかしの歌声」は「東京ラプソディ」のようにテンポが早く、ヴァイオリンの速弾きを生かしている。

　同年四月には東宝映画『新妻鏡』の主題歌として「新妻鏡」（作詞：佐藤惣之助、作曲：古賀政男、歌：霧島昇、二葉あき子）と、霧島昇、ミス・コロムビア「目ン無い千鳥」（作詞：サトウハチロー、作曲：古賀政男）が作られた。

山田五十鈴《やまだいすず》が演じる不慮の事故によって失明した主人公と、彼女を守ろうとする岡譲二《おかじょうじ》とのプラトニックな感情が観客の涙を誘う。これより二年前に古賀は、日活映画『楽天公子』の主題歌として「合歓《ねむ》の木蔭で」（作詞：倉仲房雄〔サトウハチロー〕）を作曲している。朝鮮の人気歌手である李蘭影が、テイチクで岡蘭子という日本の芸名で吹き込んだ。ところが、まったくヒットしなかった。古賀としては納得がいかなかったのだろう。そこでコロムビアに移籍すると題名と歌詞だけを変えて再発売に踏み切った。それが「新妻鏡」である。

コロムビアでは当時新婚の霧島昇とミス・コロムビアで吹込むことを検討した。しかし、ソプラノのミスでは唄い出しの低い音を歌うことが難しいため、二葉あき子に変更された。「目ン無い千鳥」は、古賀が書く明るくてアップテンポな特徴がよくでた一曲である。これは昭和一五年三月の松竹映画『新妻問答』の主題歌「新妻模様」（作詞：久保田宵二、作曲：古賀政男、歌：霧島昇、ミス・コロムビア）（五万六一枚）と同じ路線で作られている。この路線は同年一一月の奥山彩子、李香蘭、白光「興亜三人娘」（作詞：サトウハチロー、作曲：古賀政男）や、前年一月の松平晃「あの日あの頃」（作詞：サトウハチロー、作曲：古賀政男）（二万三五一二枚）にも通じる古賀の明朗歌謡である。映画とともに「新妻鏡」と「目ン無い千鳥」はヒットした。

さらに昭和一五年三月には東宝映画『蛇姫様』の主題歌として「蛇姫絵巻」（大毎東日当選歌、補作：西條八十、作曲：古賀政男）と「お島仙太郎旅唄」（作詞：西條八十、作曲：奥山貞吉、歌：伊藤久男、二葉あき子）がヒットした。長谷川一夫と山田五十鈴が主演の『蛇姫様』は、鳥山三万石のお家乗っ取りを図る悪家老と、その一派に立ち向かう人々との模様を描いた川口松太郎原作の時代劇である。映画とともに志村道夫と奥山彩子の「蛇姫絵巻」はヒットした。

この時期について古賀は「緊張に心を閉ざし続ける銃後の人々や、弾雨のなかで荒《すさ》びがちな戦士たちが、こんな歌でせめて心を慰めてくれるなら」という思いで作曲していたという(23)。『愛染かつら』から始まる戦争の香りのしない、昭和モダニズムを感じることのできる映画と主題歌のヒットが輝いていた最後の年といえる（表6参照）。昭和一六年を迎えると、映画や音楽の分野にも、大政翼賛会《たいせいよくさんかい》が進める新体制運動が影響するようになる。

第三章　暗い戦争と明るい歌謡曲

昭和一六年～二〇年（一九四一～四五）

「生きて帰れと口には出さず、送るあなたの雄々しき姿、雨の降るたび、風吹くたびに、祈る心はご無事でと、「明日はお立ちか」小唄勝太郎さんです」（『昭和歌謡大全集』第四弾、テレビ東京、一九九三年二月九日放送、コロムビア・トップの曲紹介）

コロムビアの袋、大東亜レコードの袋、富士音盤の袋
（筆者所蔵）

国策を重視し、大衆性から離れる

日中戦争が始まって三年が経過すると、当初は親日的な対応をしていたアメリカやイギリスも、次第に冷ややかな目を向けるようになる。昭和一五年九月二七日に日独伊三国同盟を締結すると、アメリカやイギリスとの関係は悪化した。この頃から新体制運動が展開され、一〇月一二日に大政翼賛会が結成されて一国一党制となった。

こうした社会情勢はレコード産業にも影響を与えた。音楽関連の新聞や雑誌では有識者が音楽の新体制を主張するようになる。その変化は昭和一六年のレコードレーベルにあらわれた。レコード会社の造語である、流れ行く歌という意味の「流行歌」という表記は消え、ラジオの番組名として生まれた「歌謡曲」が使われるようになったのだ。それ以前のレコードでも芸術性の高い作品や外国曲のような作品には「歌謡曲」が使われていた。つまり、頽廃《たいはい》的な「流行歌」は止めて、芸術的な「歌謡曲」を作るという意志表示であった。

そして、『愛染かつら』から始まった映画主題歌に見られる、感傷的な短調の流行歌は影を潜めるようになる。歌詞も前線の将兵と銃後の家庭との心の絆を題材にするものは減り、「国民歌」のような国策や時局を題材にするものが主流となる。

なぜ、この時期からそうなったのか。筆者は①内務省に加えて内閣情報局が乗り出し、検閲が強化された、②評論家や有識者がメディアで時局に沿った楽曲づくりをするように要求した、③レコード会社が①や②などの動きを忖度《そんたく》したという三点にあると考えている。

昭和一五年一〇月一五日の閣議決定により、内閣情報部は内閣情報局へと拡充された。情報局第四部では内務省とともに映画やレコードを検閲し、第五部にはそれらの指導を行う担当官が置かれた。この動きを敏感に察知し、翌月に音楽評論家の奥野保夫《おくのやすお》は「今や当局に媚態《びたい》を示し、その間隙《かんげき》に乗じて、曲目を選定しようなどゝいう姑息《こそく》なことは許されなくなった。寧《むし》ろ逆に、その時勢をリードするものを出してこそ、始めてヒットとなり得るのである」と述べている。[1]

音楽評論家の日向二郎も頽廃的な歌謡曲を否定する観点では奥野と共通する。しかし、「これからの流行歌を、直ちにそして凡《すべ》て、勇壮な軍歌調や愛国的な行進曲調にしてしまえ等と野暮な事を言っているのではない事である。勿論《もちろん》今日の場合勇壮な軍歌や力強い行進曲も結構である。然《しか》し世の中はそればかりでは、国民士気の鼓吹を通り越して、矢鱈《やたら》に殺気だったものと化してしまうであろう事は言わずと知れた事である」と指摘した。[2]

これは頷《うなず》ける意見だが、日向の次の発言は額面通りに受け取ることはできない。「従来レコードと言えば流行歌でなければ夜も日も明けなかった筈《はず》のレコード会社の特約販売店が、この数ケ月前から俄《にわ》かに従来の流行歌レコードを全く註文しようとはしなくなってしまったという事実に見る事が出来るであろう。彼等が流行歌のレコードを註文しなくなったのは、言うまでもなくそれが売れなくなったからであり、それが売れなくなったのは大衆がその支持を抛棄《ほうき》してしまったからである。そうして実際に於《おい》て大衆はもうあゝした流行歌は口にしてはいないのである」(3)。

この文面を素直に読むと、大衆は従来の流行歌を買わなくなり、歌うこともしなくなった。そのためレコード店も新体制の影響を受けた国策的な時局を反映させた歌謡曲を取り揃えるようになったと解釈できる。しかし、本章を読み進めてもらえばわかることだが、大衆が新体制よりも前の流行歌を買わなくなった、口ずさまなくなったというのではない。実際に大衆は新体制よりも前の流行歌を支持していた。

内閣情報局の検閲や指導はもとより、それを後押しする評論家の言説に逆らった作品を作り続ければ、時勢を理解していないと批判される可能性が出てきた。レコード会社は、そうした空気を察して、当たり障りのない楽曲を制作するようになる。奥野が言うレコード店が従来の流行歌を註文しなくなったのも、大衆が買わなくなったからではなく、時局を忖度したにすぎない。

奥野の読みは甘かった。昭和一六年を迎えるとヒット作は激減する。大衆が好む歌謡曲が減り、面白くない国策的な歌謡曲が増えたことを示していた。

スパイに注意せよ

昭和一六年を迎えると、キリスト教系学校に赴任していた外国人宣教師や外国語教師をはじめ、洋服店の外国人指導者などが、続々と母国へ帰国した。とくにアメリカ人やイギリス人に対する日本人の見る目は厳しくなった。国民のそうした意識を助長するような歌謡曲が作られた。

ポリドールは昭和一四年一〇月に東海林太郎「仮面を剝《は》げば」（作詞：東大次郎、作曲：宇佐不吟）、テイチクは翌一五年一一月に服部富子、鬼俊英《おにとしひで》、杉狂児「御用心数え唄」（作詞：杵淵《きねふち》一郎《いちろう》、作曲：鈴木哲夫）、タイヘイは井田照夫、山中みゆき「第五部隊」（作詞：秩父重剛《ちちぶじゅうごう》、作曲：東八郎）、ビクターは一二月に「用心づくし」（作詞：岡本一平《おかもといっぺい》、作曲：服部正《はっとりただし》）、同一六年一月にキングは林伊佐緒、横山郁子《よこやまいくこ》「スパイさあ来い」（作詞：矢野洋三、作曲：木野普見雄《きのふみお》）、コロムビアはコロムビア女声合唱団「スパイは躍る」（作詞：大和史侃、作曲：服部良一）と、レコード各社が売り出している。

「第五部隊」の一番の冒頭部分に「壁に耳あり、障子に眼あり」という台詞が入る。同じく三番では「紙屑は通用門のさき」という台詞に続き、「手紙の文句を、探すとさ、紙屑かごから、拾うとさ、職場の紙屑、集めたら、国の秘密が、わかるとさ、アレ、わかるとさ」と歌われている。「スパイさあ来い」の二番の歌詞は、「誰も聞きたい、話してみたい、戦さ話や、新兵器、話はずんで、軍機が漏れりゃ、おっと、あぶない、明日の戦さに、傷がつく」と、注意喚起する。どれも昭和四〇年代に市川雷蔵《いちかわらいぞう》の当たり役となった大映映画『陸軍中野学校』シリーズの防諜戦を、歌謡曲に描いたような作品である。

あえてジャンルを設けるとしたら「防諜歌謡」といえるだろう。その代表作となったのが、昭和一六年五月に生まれたコロムビアの「そうだその意気」(作詞:西條八十、作曲:古賀政男、歌:霧島昇、松原操、李香蘭)である。読売新聞社で歌詞を募集したが、優秀作がなかったため西條八十が作詞した。この録音に立ち会った陸軍将校から「軟弱だ。戦意を高めるどころか、なんだか悲しくなるじゃないか」とクレームがついた。(4) しかし、「そうだその意気」は大衆から支持された。

小田原少年刑務所に唱歌を教えに行っていた声楽家奥田良三《おくだりょうぞう》が、教えた軍歌や国民歌で一番よかったものはなにかというアンケートを取ったところ、「そうだその意気」と答えた少年が九〇%を占めたという。(5) 大衆が長調の力強い明朗な国民歌よりも、涙を誘うような哀愁を帯びた曲調を支持することがわかる。

それ以前の「防諜歌謡」は、危機意識を喚起する歌詞に比べ曲はユーモラスで明るいものばかりである。「そうだその意気」の歌詞からは、これが「防諜歌謡」だとは思えない。長期化する日中戦争の労苦を、前線だけでなく銃後の人々も一緒になって受けとめる必要があるという感じがする。

聴取者の誰もが共感する歌詞に、古賀政男の持ち味である哀調のメロディーが受けたのではなかったか。昭和一六年を迎えると、前年までのメロドラマのような映画主題歌は後退し、短調の楽曲であっても国策を重視するものが台頭する。さらに青春歌謡や国民歌謡の特徴である明朗で健康的な長調の楽曲が増加していく。

皇族たちも楽しんだ「瑞穂踊り」

昭和八年から一〇年まで盛んに作られた音頭も、翌一一年に「ハァ小唄」から「ねぇ小唄」へとブームが変化すると下火となった。さらに日中戦争が勃発すると、戦時下には地域振興を図る博覧会は自粛され、それにともなう音頭や行進曲も作られなくなった。ところが、音頭には、国民の心を一つにさせる力がある。その点に目をつけた政府や軍部は、音頭を思想善導に利用した。それには国家総力戦に向けて国威発揚を図る「国民歌」と、増産や勤労に従事する者の指揮を高める「労働歌」との両面があった。

この両面の要素から東京日日新聞と大阪毎日新聞が歌詞を募集して作られたのが、昭和一六年七月の「瑞穂《みずほ》踊り」（作詞：岡崎淑郎《おかざきとしお》、作曲：中山晋平、歌：小唄勝太郎、市丸、鈴木正夫、一色《いっしき》皓一郎《こういちろう》、山本麗子《やまもとれいこ》）である。この曲は同じく新聞で募集した国民歌「国の幸」（作詞：西川好次郎《にしかわよしじろう》、作曲：村井恒雄《むらいつねお》、歌：徳山璉、柴田睦陸《しばたむつむ》、中村淑子《なかむらよしこ》、水原美也子《みずはらみやこ》）とカップリングされた。「瑞穂踊り」の募集記事では「食糧確保の部門を担当する農山漁村民の」「生活の歓びを自覚させ、重要国策たる食糧増産遂行《すいこう》の精神的原動力たらしむると共に、さらに全国民の感謝を捧げ、あわせて健全な慰楽を贈る目的」があるという。[6] 作曲は音頭の大家である中山晋平が指名され、歌手もビクター総動員である。
「瑞穂踊り」は、農林省、拓務省、厚生省、文部省、内閣情報局、大政翼賛会、農山村漁村文化協会、中央農林協議会の後援という、大プロジェクトであった。昭和一六年六月二日に日比谷大音楽堂で発表された。全国の農村や漁村はもちろん、皇族たちも「瑞穂踊り」を楽しんでいた。

梨本宮守正《なしもとのみやもりまさ》の夫人伊都子《いつこ》が日記に書き残している。昭和一六年一一月四日の夜、霞ヶ関離宮で皇族親睦会が開かれた。出席した伊都子は、「レコードをかけ、みづほ踊りがはじまる。これも一寸《ちょっと》ならばよし。しかし、ひつこく何度も〳〵くりかへし総踊り、其上其レコードでダンスがはじまり、組合って、しかも年がひもなく朝香宮と東久邇宮が御はじめになる」と書いている(7)。

朝香宮鳩彦《あさかのみややすひこ》と東久邇宮稔彦《ひがしくにのみやなるひこ》は、久邇宮朝彦《くにのみやあさひこ》親王の第八男子と第九男子で兄弟だが、ともに明治二〇年（一八八七）生まれの五四歳であった。朝香宮は昭和一二年の南京陥落のときに上海派遣軍司令官を務め、東久邇宮は終戦後に初の内閣総理大臣に就任した。国民の頂点に立つ皇族たちは、国民に奨励する「瑞穂踊り」に無関心ではなく楽しんだ。しかし伊都子は、両者がいい歳をして何度もくり返し踊るため、辟易《へきえき》したようだ。

戦時経済や生活を題材にした作品

「歌は世につれ」というが、戦時中の作品にはそれが色濃く出ている。昭和一五年九月一一日に内務省の訓令によって隣組が制度化されると、ビクターは徳山璉「隣組」（作詞：岡本一平、作曲：飯田信夫《いいだのぶお》）を発売した。「とんとんとんからりと隣組」は、「ドドドリフの大爆笑」の替歌で知っている人も少なくないだろう。「教えられたり教えたり」「助けられたり助けたり」という歌詞そのままであればアットホームな感じだが、戦時下において互いの家庭環境を監視し合う、江戸時代の五人組制度のような側面を持っていた。

国民生活に配給制が当たり前になってくるのもこの頃からである。昭和一五年六月一日に米、味噌《みそ》、醬油《しょうゆ》、塩、マッチ、砂糖、木炭など生活必需品の配給切符制が導入された。「一列励行」という戦時標語は、配給品を受け取るときの心構えでもあった。昭和一六年七月にビクターは徳山璉、歌上艶子「一列の唄」（作詞：佐伯孝夫、作曲：山田栄一）を発売した。日本人はバスや電車はもとより、テーマパークに設けられた即売会の行列でもきちんと並ぶ。この点で世界でも日本ほどマナーのよい国はないだろう。戦時中に「一列励行」が奨励され、それが生活習慣として身についたことは大きい。「一列の唄」は残らなかったが、習慣が残った。

こうした戦時生活を送るなか、昭和一六年七月に日本がフランス領のインドシナ南部に進駐すると、アメリカは経済制裁として対日資産の凍結と石油輸出の全面禁止を行った。そして一二月にアジア・太平洋戦争を迎えることとなる。

昭和一五年七月七日に奢侈品等製造販売制限規則を定めていたが、国民の衣料品に関する購買意欲を抑止する必要に迫られた。そこで政府は昭和一七年二月一日から衣料切符制度を導入し、都市部では一〇〇点、郡部では八〇点を各人に割り当て、一人当たりの年間消費量を制限した。

これに注目したキングは、昭和一七年七月に林伊佐緒、三原純子《みはらじゅんこ》「点数の歌」（作詞：加藤芳雄、作曲：飯田三郎《いいださぶろう》）を発売した。「三二点の国民服に、胸のハンカチ唯一点」をはじめ、「事務服二六点」「エプロン二点」「股引八点」「腹がけ五点」「印はんてん一二点」「ワンピース生地四点」「下着と靴下一〇点」「防空服二四点」「ゲートル二点」が登場する。軽快なテンポに乗せて「無駄にゃすまいぞ点数、点数、大事に使うも国のため」というサビが聴かせどころである。

意外にも少ない発売禁止

昭和一六年一二月八日に帝国海軍の機動部隊は、ハワイの真珠湾への奇襲攻撃を行った。アジア・太平洋戦争の始まりである。日本の国民は緊張感とともに、初戦の大戦果に勝利を夢見ることとなる。国家存亡の非常事態は、レコード産業にも影響を与えた。

コロムビアの「レーベルコピー」を見ると、同社の製造中止は、①昭和一七年一月一日、②昭和一八年（一九四三）一月一日、③同年八月五日の三段階にわたって行われていたことがわかる（表7参照）。

「別れのブルース」「雨のブルース」は①の段階だが、「広東ブルース」「東京ブルース」は③で製造中止となっている。同じように面白いのは、笠置シヅ子の「ラッパと娘」は①だが、同じジャズの「センチメンタル・ダイナ」は③である。服部メロディーは敵性音楽と見られがちだが、意外にも長命であったことがわかる。これは目から鱗《うろこ》が落ちる一級の史料である。

『写真週報』昭和一八年二月三日号には「米英レコードをたゝき出さう」との見出しで「耳の底に、まだ米英のジャズ音楽が響き鼓膜にまだ米英的風景を映し身体中から、まだ米英の匂いをぷんとさせてそれで米英に勝とうというのか、敵への媚態をやめよ」と書かれている。それ

表7　コロムビアの主なレコード製造中止

曲名	作曲者
〈昭和17年1月1日製造中止〉	
酒は涙か溜息か	古賀政男
肉弾三勇士の歌	山田耕筰
歓喜の歌	古賀政男
花嫁行進曲	江口夜詩
別れのブルース	服部良一
皇軍入城	古関裕而
雨のブルース	服部良一
旅の夜風	万城目正
支那の夜	竹岡信幸
愛染夜曲	万城目正
ラッパと娘	服部良一
愛染草紙	万城目正
愛の紅椿	万城目正
〈昭和18年1月1日製造中止〉	
貫一お宮	江口夜詩
銃執りて	江口夜詩
さくら進軍	古関裕而
紀元二千六百年	森義八郎
〈昭和18年8月5日製造中止〉	
影を慕ひて	古賀政男
十九の春	江口夜詩
山寺の和尚さん	服部良一
続露営の歌	古関裕而
チャイナ・タンゴ	服部良一
一杯のコーヒーから	服部良一
広東ブルース	服部良一
東京ブルース	服部良一
上海夜曲	仁木多喜雄
懐かしのボレロ	服部良一
センチメンタル・ダイナ	服部良一
湖畔の宿	服部良一
陥したぞシンガポール	古賀政男
皇軍の戦果輝く	古関裕而

「レーベルコピー」（日本コロムビア所蔵）から作成。

でも半年間は服部メロディーの販売が許されていたのである。また従来の昭和歌謡に関する書籍で「別れのブルース」や「湖畔の宿」は発売禁止処分を受けたといわれてきたが、その記述が誤りであることもはっきりする。[8]「別れのブルース」は淡谷のり子が誤解し、その証言が元になった可能性がある。

「湖畔の宿」については、服部良一が「「湖畔の宿」が発売禁止になったなどと、なつメロの放送でアナウンサーが言っているけれど、あの歌は発禁処分は受けていませんよ。若し処分を受けたら、すぐ作詞者と作曲家のところへ連絡がある筈なのに、僕の所へはその通知はなかった」と述べている。[9]コロムビアのレーベルコピーから、この証言に誤りのないことが裏付けられた。

「敵性一掃！　米英レコードを供出致しませう」（『写真週報』275号、昭和18年2月3日、筆者所蔵）

仮にこの二曲が発売禁止処分だとしたら、コロムビアが発売してきたほとんどの歌謡曲が①から③の段階で同様の処分を受けたことになる。実態はそうではなく、レコード会社が時局の雰囲気を感じ取り、忖度して自主的に製造中止を行った。しかし、淡谷のり子は、そうとは知らず、内務省からの指示を受けて発売禁止処分になったと思い込んだのである。

古賀政男が自伝で「戦雲急を告げるころには、みんな発売禁止になってしまった」と述べているのも[10]、額面どおりに受け取るのは危険である。「酒は涙か溜息か」は①だが、「影を慕ひて」は③で製造中止となっている。また歌の入っていない演奏だけの「酒は涙か溜息か」が製造中止になるのは③の段階である。つまり、それまでは太平洋戦争が開戦されてからも、感傷的な古賀メロディーを演奏したり、聴取することができた。一方で明朗歌謡なら残したとは限らない。古賀の「歓喜の歌」は、「丘を越えて」の流れの軽快なリズムであるが、①で製造中止に踏み切っている。

さらに戦時歌謡も安泰ではなかった。満州事変の「肉弾三勇士の歌」や、南京陥落の「皇軍入城」は①で、国民に非常時意識を煽《あお》った「銃執りて」や、「露営の歌」の前奏に歌詞をつけた「さくら進軍」は②で、「露営の歌」の続編である「続露営の歌」、太平洋戦争の緒戦の勝利に酔いしれた「陥したぞシンガポール」や「皇軍の戦果輝く」は③で製造中止となった。

太平洋戦争は悪化してきていた。コロムビアでは、昭和一八年四月に連合艦隊司令長官山本《やまもと》五十六《いそろく》が戦死すると、酒井弘《さかいひろむ》「山本元帥」（作詞：大木惇夫、作曲：海軍軍楽隊）、五月に陸軍中将山崎保代《やまざきやすよ》が指揮するアッツ島の守備隊が玉砕すると、波平暁男《なみひらあきお》、伊藤久男、伊藤武雄《いとうたけお》「アッツ島血戦勇士顕彰国民歌」（作詞：東巽久信、作曲：山田耕筰）を発売した。もはや昭和七年の「肉弾三勇士の歌」や、同一二年の「皇軍入城」は、遠い過去の戦話に他ならなかった。「皇軍の戦果輝く」どころか、劣勢を挽回する瀬戸際に立たされはじめていた。

したがって、現実の戦況と乖離《かいり》した時代錯誤感のあるものは製造中止に追い込み、今後の戦局に適した新曲の製造に全力を注ぐ決意をしたのである。その象徴的なのが、昭和一五年にレコード各社で競作した奉祝国民歌である「紀元二千六百年」が製造中止になっていることだ。①から③の段階の違いは曲名を比べてみても規則性を見つけるのは難しい。哀愁の有無、発売の新旧、売上枚数の多寡、戦時歌謡か否かに理由を求めることはできない。他社の記録はわからないが、内務省と各レコード会社が在庫状況について協議した事実に鑑みると、コロムビアと同じ動きをしていたと考えられる。昭和一八年八月に各レコード会社からほとんどの旧譜が消え、その分の製造を国策や戦局に沿った新譜に回すことにしたのである。

ビクターのヒット戦略

太平洋戦争が開戦されてから、レコード各社はヒット曲に苦戦した。そのなかでビクターは佳曲に恵まれた。昭和一七年三月の小唄勝太郎「明日はお立ちか」(作詞:佐伯孝夫、作曲:佐々木俊一)は、出征兵士を見送る女性の心情を赤裸々に描いている。一番は「明日はお立ちかお名残り惜しや、日本男児《やまと》の晴れの旅、朝日を浴びて出発《いでた》つ君よ、拝む心でおくりたや」、二番は「駒の手綱をしみじみとれば、胸にすがしい今朝の風、お山も晴れて湧き立つ雲よ、君を見送る峠道」という歌詞である。

日中戦争中の母ものや妻ものに比べると、「お名残り惜しや」「拝む心でおくりたや」のような、後ろ髪を引かれるような切なさが刻まれている。この佐伯孝夫の歌詞に、佐々木俊一は、ロシアのコサック民謡を利用した哀愁切々たる旋律をつけた。なぜ本音と本音が重なりあうような作品が発売できたのか。これは開戦から三か月、日本軍が快進撃を遂げていたからとしか考えられない。まだ勝ち戦に出征していく場面に哀愁を感じる余裕があった。

昭和一七年九月には灰田勝彦「鈴懸《すずかけ》の径《みち》」（作詞：佐伯孝夫、作曲：灰田有紀彦）と、小畑実《おばたみのる》、藤原亮子《ふじわらりょうこ》「婦系図《おんなけいず》の歌（湯島の白梅）」（作詞：佐伯孝夫、作曲　清水保雄）という対照的な曲を発売している。「鈴懸の径」は灰田が通った立教大学の学園歌として作られた。暗くて感傷的な旋律は寮歌の要素であったためか、内務省の検閲をくぐり抜けることができた。

しかし、戦局が悪化してくると、哀愁のある暗い歌は難しくなってくる。実際にビクターのヒット曲も明朗な歌謡曲が増える。昭和一七年七月に東宝映画『婦系図《おんなけいず》』の公開に合わせて作られた「婦系図の歌（湯島の白梅）」も明朗な歌謡曲である。泉鏡花《いずみきょうか》が明治四〇年に『やまと新聞』に連載したメロドラマで、主人公の早瀬主税《はやせちから》は芸者上がりのお蔦《つた》と秘かに所帯を持っていたが、主税の育ての親である酒井俊蔵《さかいしゅんぞう》から別れるように言われる。湯島の境内で主税がお蔦に別れて欲しいという場面が見せ場である。その後にお蔦は病に倒れて重篤となり、主税は病床に向かうが、到着したときには息を引き取っていた。ここには戦争での死に別れという現実と重ね合わせて見ることができる。しかし、「婦系図の歌（湯島の白梅）」の明朗な旋律からは、悲しさは感じられない。

健康的な歌謡曲の名作が、昭和一七年一〇月に大映映画主題歌として発売された灰田勝彦

「新雪」である。映画は藤澤桓夫《ふじさわたけお》が『朝日新聞』に連載していた国民学校の教師と女医との恋愛物語だが、佐伯孝夫の歌詞からは大自然しか感じられない。一方で、佐々木俊一のメロディーも美しい。灰田は「この歌をもらったとき、すばらしいと思った。あの暗い最中《さなか》によくこんな明るい歌ができたと思った」と振り返る。[11]

昭和一八年を迎えると、小畑実、藤原亮子「勘太郎月夜唄」（作詞：佐伯孝夫、作曲：清水保雄）という時代ものがヒットする。これは昭和一八年一月の東宝映画『伊那の勘太郎』の主題歌として作られた。幕末の信濃国（現在の長野県）の侠客である勘太郎が、元恋人であった夫婦の窮状を助け、抗争していたやくざ一派を壊滅させ、幕府の追及から天狗党を逃すという時代劇である。「勘太郎月夜唄」には「菊は栄える葵は枯れる」と、勤皇史観が織り込まれている。勘太郎は単なる流れ者ではないが、検閲をパスする上での作戦だろう。

作曲家清水保雄は「婦系図の歌（湯島の白梅）」とともに「勘太郎月夜唄」にも明朗なメロディーをつけた。後述する古賀政男は明朗路線で頑張って作曲しており、弟子の清水もそれを見習って哀愁路線に手を出さなかった。現実は暗く苦しい戦局が深まっていく。内務省や軍部は、国民の士気を上げるため、健康的で明るいメロディーを歓迎した。

日本文化の「舞踊歌謡」というカムフラージュ

昭和一八年一〇月に東海林太郎「銀座尾張町《ぎんざおわりちょう》」（作詞：藤田まさと、作曲：長津義司）という曲が発売されている。「銀座尾張町」の歌詞カードには「舞踊歌謡」と書かれており、また音頭のように踊り方が記載されている。ティチクの「舞踊歌謡」はこの曲に限られていない。すでに「瑞穂踊り」で述べたとおり、太平洋戦争下でも音頭は「一億一心」という効果があるため、レコード各社で音頭が作られた。音頭と「舞踊歌謡」は体感だけでなく、「日本文化」や「日本精神」による国威発揚という意味も持っていた。これによって内務省の検閲を突破できる。

「銀座尾張町」の裏面には、東海林の「軍国舞扇《ぐんこくまいおうぎ》」（作詞：藤田まさと、作曲：陸奥明）がカップリングされた。「軍国舞扇」は、祇園の舞妓たちが資金を貯蓄し、その費用で軍用機を献納したという、実話にもとづいて作られた。昭和一六年一〇月に発売されたときには、祇園の舞妓が軍用機に寄せる思いを綴《つづ》った女優森赫子《もりかくこ》の台詞が入っていた。その台詞が除かれて、「舞踊歌謡」という形で振付けがなされて「銀座尾張町」のカップリングとして再発売された。

「舞踊歌謡」は、国威を発揚し、踊ることで「一億一心」を図るという、思想善導的な役割を持つところが、戦前に作られた東海林の「すみだ川」や「築地明石町」とは似て非なる点である。しかし、戦争のなかった昔を懐かしむ気持ちを歌った点と、日本調という点では共通する。

昭和一二年一月の「すみだ川」は永井荷風原作で、隅田河畔の今戸《いまど》の常磐津《ときわづ》の師匠であるお豊《とよ》の息子長吉《ちょうきち》と、近所の煎餅《せんぺい》屋の娘お糸《いと》との悲しい恋の物語である。東京人が隅田川に寄せる感傷と空想を表現していた。田中絹代の台詞では「あなたが二十、あたしが十七の時よ（中略）ほんとにはかない恋だったわねえ」とあるように、帰らぬ昔を思い出す。

この点は昭和一四年一〇月の「築地明石町」も同じで、田中の台詞に「女って弱いものだわ、過ぎ去った昔の事ばかり想って泣いている」とある。この後の台詞には「もうあれから三年経って仕舞《しま》った」というが、作品に描かれた時代は昭和以前であろう。それは日本画家の鏑木清方が描いた美人画を参考にして生まれていることから間違いない。

「銀座尾張町」も例外ではない。尾張町の町名は昭和五年に銀座四丁目と五丁目に変わってしまった。一番の歌詞には「昔おもえば、なつかし恋し」「かわいかわいと、ほめはやされて、花の銀座を、初島田」とある。大正か昭和初年に芸妓としてデビューした頃を回想している。つまり、今は銀座の柳も苦しい時局を迎えているが、昔のような姿に戻れないかという、懐古趣味が見て取れる。それを歌謡曲としては危ないため、「舞踊歌謡」としてカムフラージュしたのである。巧妙な作戦によって美しい日本情緒が溢れる曲が生まれたが、こうした手の込んだ作品は少なかった。

服部良一は戦時歌謡を作らなかった？

平成五年（一九九三）一月三〇日に服部良一が死去したとき、テレビ各局のワイドショーでは彼の追悼コーナーを放送していた。また大手新聞はもとより、各スポーツ紙では一面を使って訃報記事を載せた。それらには服部は戦時中に「軍歌」を一曲も書かなかったと記されてい

表8　服部良一の主な戦時歌謡

発売年月	曲名	歌手名	作詞者名
昭和12年3月	銃後の母子草	二葉あき子、新美博義	西條八十
昭和13年3月	軍国花見	松平晃、二葉あき子	西條八十
昭和13年3月	今日も塹壕で	豆千代	村松又一
昭和13年4月	軍国女性	渡辺はま子	村松又一
昭和13年5月	銃後風景	松平晃	中川紀元
昭和13年5月	凱旋前夜	霧島昇	中川紀元
昭和13年6月	武人の妻	渡辺はま子	高橋千鶴子
昭和13年9月	軍国銀座娘	渡辺はま子	西條八十
昭和13年9月	兵隊さんを思ったら	渡辺はま子	野村俊夫
昭和14年3月	意気は興亜の花ざくら	松平晃、二葉あき子	佐藤惣之助
昭和14年5月	陣中想妹	霧島昇	森脇正夫
昭和17年8月	花の隣組	渡辺はま子、菊池章子	西條八十
昭和17年11月	征け報国号	松原操	野村俊夫
昭和18年1月	この決意	伊藤久男、藤山一郎、酒井弘、楠木繁夫、渡辺はま子、香取みほ子	大政翼賛会制定
昭和18年2月	銃後の妻	菊池章子	朝倉安蔵
昭和18年7月	守備隊月夜	霧島昇	西條八十
昭和18年10月	楽しき奉公班	波平暁男、奥山彩子	長崎浩
昭和19年10月	この仇討たん	高峰三枝子	高橋掬太郎

「レーベルコピー」（日本コロムビア所蔵）から作成。

る。服部といえば戦時中にも「敵性音楽」と見られたジャズやブルースを作っていたイメージがあり、また、服部も「軍歌」は書かなかったと公言してきたため、そのように捉えられるようになったのである。

しかし、調べてみると服部も戦時歌謡は作曲していたのである。昭和一二年から一九年までの服部作品には、表8のような曲がある。それらはタイトルこそ戦時歌謡だが、実際に聴くと明るく軽快で、コミックソング的なメロディーであり、これが戦時歌謡なのかと疑問に感じるところもある。だが、「兵隊さんを思ったら」は、竹岡信幸や北村輝が作曲した戦時歌謡と同じような旋律で作られている。「兵隊さんを思ったら」は、コロムビアの文芸部から、一般的な戦時歌謡の旋律で作曲するよう要求された結果かもしれない。

「征け報国号」「銃後の妻」「守備隊月夜」は、他の作曲家が書く哀愁のある戦時歌謡と大差はない。しかし、それらを除くと健康的で明るいリズムのものや、美しい抒情歌のようなものなど、題名や歌詞とは矛盾するような曲調である。古関裕而が書くような戦時歌謡とは程遠い。この矛盾する表現方法こそが、自分の音楽性とは異なる曲調を要求する軍歌のような歌謡曲は書きたくないという、服部の抵抗だったと考えられる。

古賀メロディーの明朗路線の魅力

アジア・太平洋戦争が開戦すると、流行歌作りの天才である古賀政男もヒット曲が出なくなる。古賀メロディーの持ち味である哀調のある旋律を生かすことができなくなったからだ。昭和一七年二月にシンガポールが陥落すると、霧島昇「陥したぞシンガポール」(作詞:西條八十)が作られた。戦勝ムードに酔いしれるような軽快感があり、底抜けに明るいメロディーである。

しかし、日本の戦局はここを頂点として暗転していく。古賀の魅力である悲しい旋律は封印された。終戦を迎えるまで明るい軽快なメロディーが続く。昭和一九年(一九四四)一〇月の楠木繁夫、渡辺はま子「かぼちゃの歌」は、食料事情を少しでも良くするため、簡単に生育できる「かぼちゃ」の普及に一役買う目的で作られた。

そして同時期にはJOAKの国民合唱の一曲として「いさおを胸に」（作詞：サトウハチロー）を作曲している。国民合唱は「国民歌謡」「われらのうた」の後継番組である。そもそも国民歌謡は古賀メロディーのような頽廃的な流行歌に対抗し、国民に健康的な歌謡曲を普及させる目的で放送を開始した。その放送に古賀の楽曲が取り上げられるようになった。戦争によって古賀の作風が逆転したことが目に見える。

昭和一九年八月の増産歌「勝利の翼から」（作詞：江口夜詩）はコロムビアの歌手を総動員した一曲だが、作詞と編曲が江口夜詩、作曲が古賀政男という異色作である。ライバル同士が国家存亡の秋《とき》に団結しているのが見て取れる。こうした総動員体制は、昭和一九年三月の「勝利の日まで」（作詞：サトウハチロー）も一緒だ。三月発売は霧島昇の独唱だが、一二月の再発売では波平暁男、近江俊郎、志村道夫、高倉敏《たかくらびん》、菅沼ゆき子、奈良光枝《ならみつえ》、池真理子《いけまりこ》、渡辺一恵が合唱している。JOAK放送部長の吉田信《よしだしん》は、ラジオ番組の最後に歌手一同が明朗に歌唱できる曲を望んでいた。古賀がその依頼に応えて作曲したのが「勝利の日まで」である。

こうした古賀の楽曲は、戦前の「丘を越えて」「歓喜の歌」「ハイキングの唄」「女の階級」「新妻模様」といった明朗路線の延長線上で作られている。これは戦後にも「青春サイクリング」へと引き継がれていく。古賀の哀愁の旋律は封印され、明朗路線の魅力が発揮された時代であった。

歌手	販売枚数
霧島昇、波平暁男	233000
楠木繁夫	81000
伊藤久男、霧島昇、楠木繁夫	65000
霧島昇、松原操	50000
田端義夫	43000
伊藤久男	41000
四家文子、鳴海信輔	33000
藤井典明、佐々木成子	26000
藤井典明	22000
内田栄一	22000
藤井典明、千葉静子	22000
東京リーダー・ターフェル・フェライン	記載なし

太平洋戦争中のヒット曲

戦争中にはレコード会社の社名が変更されたが、それも時局を忖度したものであった。昭和歌謡史の書籍には、当時カタカナ表記は敵性語だと見なされ、強制的に改称を迫られたように書かれたものもあるが、正確ではない。戦中期の省令や法律を調べても、外来語を禁止し、統制する法的根拠が存在しないからである。

昭和一七年三月にキングレコードが富士音盤、同年八月にコロムビアレコードが日蓄工業株式会社、ポリドールレコードが大東亜レコード工業株式会社、翌一八年四月に日本ビクターが日本音響株式会社、翌一九年五月にテイチクレコードが帝蓄工業株式会社と社名を変更している（本書では終戦まで改名前の社名で統一表記する）。仮に内務省や軍部が強制したなら、なぜ変更した時点の足並みが揃っていないのか。また社名を変えても、レコードという用語はそのままである。やはり外来語が徹底的に排除されたわけではなかった。

これらの社名が変更されていく過程では、レコード製造の配給統制が厳しくなった。昭和一八年八月

表９　太平洋戦争中のヒット曲（昭和18年８月〜19年８月）

	曲名	発売年月	作詞者	作曲者
1	若鷲の歌	昭和18年９月	西條八十	古関裕而
2	轟沈	昭和19年４月	米山忠雄	江口夜詩
3	索敵行	昭和18年４月	野村俊夫	万城目正
4	大航空の歌	昭和19年１月	西條八十	佐々木俊一
5	別れ船	昭和15年６月	清水みのる	倉若晴生
6	暁に祈る	昭和15年３月	野村俊夫	古関裕而
7	空の神兵	昭和17年４月	梅木三郎	高木東六
8	大亜細亜獅子吼の歌	昭和18年12月	大木惇夫	園部為之
9	学徒空の進軍	昭和18年12月	吉田健次郎	大内三郎
10	月月火水木金金	昭和15年10月	高橋俊策	江口夜詩
11	大航空の歌	昭和19年１月	西條八十	佐々木俊一
12	荒鷲の歌	昭和13年７月	東辰三	東辰三

『音楽文化』1944年11月から作成。

二一日に日本音盤配給株式会社が創設され、そこから各レコード会社へ素材が配給されるように一元化が図られた。前述のコロムビアが③の製造中止に踏み切ったのは、このタイミングと重なっている。配給が管理されたことにより、レコードの販売枚数も把握できるようになった。昭和一八年八月から一九年八月までにヒットした曲目一覧が表９である。

古関裕而作曲の「若鷲の歌」（作詞：西條八十、歌：霧島昇、波平暁男）が二三万三〇〇〇枚と断トツに売れている。昭和一五年発売の「暁に祈る」も一年のうちに追加で四万一〇〇〇枚を売上げた。古関の人気の高さがあらためて理解できる。また「若鷲の歌」は東宝映画『決戦の大空に』の主題歌であり、陸海軍省はもとより、内閣情報局や軍事保護院（戦争による傷病軍人を保護する機関）などが選定および後援した作品ではないことに注目してほしい。つまり、大衆は押し付けられたのではなく、進んで買い求めたのである。その購買力の違いが、他の作品よりも桁違いを記録していることを見逃してはならない。

海軍軍楽隊出身の江口夜詩も好成績を打ち出した。昭和一九年四月の楠木繁夫「轟沈」（作詞：米山忠雄《よねやまただお》）が八万一〇〇〇枚を売上げ、同一五年一〇月の内田栄一《うちだえいいち》「月月火水木金金」（作詞：高橋俊策《たかはししゅんさく》）も一年で二万二〇〇〇枚を追加で売上げた。明朗な行進曲風の作品で、古関の上記二作品とは対照的であった。

映画主題歌の名手であった万城目正は、昭和一八年四月に陸軍航空本部選定の航空歌「索敵行」（作詞：野村俊夫、歌：伊藤久男、霧島昇、楠木繁夫）で六万五〇〇〇枚を売上げた。これは松竹映画『愛機南へ飛ぶ』の主題歌として作られ、カップリングの「大空に祈る」（作詞：野村俊夫、歌：松原操、三原純子、菊池章子《きくちあきこ》）と同じような得意の短調で軽快感と勇壮感とを合わせた作風である。

田端義夫の「別れ船」（作詞：清水《しみず》みのる、作曲：倉若晴生）は第四章で「かえり船」（同）とともに述べるが、昭和一五年六月の作品が一年間で四万三〇〇〇枚も追加で売れている。この哀愁のあるメロディーと正反対なのが、航空局企画制定の国民歌「大航空の歌」（作詞：西條八十、作曲：佐々木俊一、歌：藤井典明《ふじいのりあき》、千葉静子《ちばしずこ》）、軍事保護院、陸軍省、海軍省選定という国民歌「大亜細亜獅子吼の歌」（作詞：大木惇夫、作曲：園部為之）、読売新聞社選、陸軍省、海軍省、内閣情報局後援でＮＨＫ国民合唱の「学徒空の進軍」（作詞：吉田健次郎、作曲：大内三郎）である。

「大航空の歌」「大亜細亜獅子吼の歌」「学徒空の進軍」は、歌謡曲というより校歌や社歌のような明朗で力強い旋律である。作曲者を知らずに「大航空の歌」を聴いて、佐々木俊一だと当てられる人は皆無だろう。そのくらい作曲家の特徴がない。その証拠に園部為之、大内三郎など無名な作曲者名が確認できる。さほど面白くもない三曲がヒットしたのは、陸海軍省がお仕着せのように各機関や工場などで使ったからだとしか考えられない。実際に、これらは昭和四〇年代の懐メロブームではまったくリクエストされなかった。

戦中派の人たちに名曲として記憶に残り続けたのは「空の神兵」（作詞：梅木三郎、作曲：高木《たかぎ》東六《とうろく》）である。歌謡曲嫌いのクラシックの作曲家高木東六は、「もっとさわやかに歌えるものがあってもいいじゃないかと考えたんだ。苦労している兵隊さんたちのために明るくて爽快で気分よく歌える曲を作ってあげよう」と感じ(12)、美しく格調の高い明朗な作品に仕上げた。しかし、歌曲のように難しくはなく、歌い易い曲調であった。昭和一七年二月に陸軍第一挺進団はスマトラ島に降下し、パレンバンの飛行場などの制圧に成功した。そうした緒戦の戦勝の記憶が残り、戦局が悪化するにつれて気分転換をもたらす一曲になったのではなかったか。

こうした売上げ結果に酒井弘、安西愛子《あんざいあいこ》「ああ紅の血は燃ゆる―学徒出陣の歌―」（作詞：野村俊夫、作曲：明本京静）が含まれていないのは、昭和一八年一〇月二一日に神宮外苑で学徒壮行会が行われたものの、レコードの発売が昭和一九年九月だからである。政府は兵力不足を補うため、大学など高等教育機関の文科系の二〇歳（翌一九年一〇月以降は一九歳）以上の学生を出征させることにした。「国の大事に殉ずるは、我ら学徒の面目ぞ」という明本京静作曲の短調で勇壮な旋律は、この時代に青春期を過ごした人たちにとって忘れられない一曲となった。

古関裕而のヒットの秘訣

日中戦争の開戦後に一番ヒットした歌が「露営の歌」ならば、アジア・太平洋戦争の開戦後に一番ヒットしたのは「若鷲の歌」であった。両曲とも長調の明朗路線ではない。古賀政男と服部良一は短調の旋律で作曲すると感傷的になったが、古関裕而の場合はクラシックの要素が手助けして力強さが出た。

古関の戦時歌謡は、「軍歌嫌い」の淡谷のり子も評価していた。当初は古関の「暁に祈る」について「軽蔑していた」が、それを歌う兵士たちの姿を見て「胸にしみて」「涙を落としてしまった」という。そして「私にも、軍歌が歌える」と感じ、戦地慰問に際して「「露営の歌」を一つだけ入れた」と書き残している。[13] 古賀政男も「若鷲の歌」は「古関裕而さんの大傑作ですね。[14] 悲しい曲だけれど、とにかくあれだけうたわれた。日本人みんなが好んでうたった」と褒める。

しかし、内務省の検閲や軍部の意向があるため、古関も作曲をする上で工夫していた。古関は「あの時代はですね……大変でした。自分達の意志ではね、どうにもならない時代でした。

検閲とか軍の掟が厳しかったですからね。歌手の方達もそうだったと思いますけれど。軍の命令は絶対でした」「自分の意志は捨てて、作曲していましたよ。僕も考えましてね、依頼されたものは勇ましい本筋である行進曲風と哀調を帯びた短音階物と、二種類作って出していましたけど」と語っている。(15)

古関がどの曲も二種類用意したとは思えないが、大ヒットした曲はどちらに転んでもよいように作曲していたようだ。「露営の歌」は短調と長調の旋律を用意したところ、外国人の社員は短調を葬送曲のように悲しいからという理由で長調を推し、文芸部員たちは哀感のある短調を支持したという。「若鷲の歌」は長調と短調の二種類を用意したところ、土浦航空隊の教官たちは長調を支持し、生徒たちは短調を選んだ。ここからは外国人と日本の指導者（政府や軍部など）は長調の明朗を好み、日本の大衆は短調の哀愁を好むという差がわかる。

幻のレコード「同期の桜」

アジア・太平洋戦争の末期に流行した歌に「同期の桜」がある。戦争を体験した人たちなら、誰でもが知っている、歌えると言っても過言ではない。しかし、各レコード会社の月報や目録を見ても「同期の桜」という曲名は掲載されていない。そのため、作詞者や作曲者が長いこと不明であった。昭和四〇年代までに西條八十の作詞だと判明したが、作曲者は依然としてわからなかった。

樋口静雄（筆者所蔵）

西條の証言から、初出は昭和一三年一月の『少女倶楽部』に掲載された「二輪の桜」ということが判明した。ではなぜ、この歌詞にメロディーがついて広く歌われることとなったのか。その謎が解明されたのは、昭和五〇年（一九七五）に終戦三〇周年記念として各レコード会社で戦時歌謡の大全集のLP盤が制作されたときである。キングレコードの倉庫から、樋口静雄「戦友の唄」（昭和一四年七月、作詞：西條八十、作曲：大村能章）というSP盤が出てきた。

LP盤制作の担当者がSP盤を試聴したところ、「君と僕とは、二輪の桜、同じ部隊の、枝に咲く」という「同期の桜」と同じ旋律であった。これで作曲者が大村能章だと判明した。「戦友の唄」は売れなかったが、海軍兵学校の生徒の帖佐裕は好んだ。江田島《えたじま》の「金本クラブ」に行ったときに「戦友の唄」のレコードを聴いた帖佐は、「貴様と俺とは、同期の桜」と歌詞の一部を替歌にした。この替歌が人づてに広まるにつれ、違う歌詞が色々と生まれることとなった。

昭和五五年（一九八〇）に『東京新聞』が「戦友の唄」を歌唱した樋口の消息を調査した。歌手引退後には東京都葛飾区の金属工業会社に勤務し、宴会では自分の歌を歌唱していた。昭和四八年（一九七三）一月二四日に死去した。テレビ東京の『なつかしの歌声』のスタッフでも消息をつかむことができなかった。もう少し早くわかっていれば、昭和一三年のヒット曲である昭和一三年八月のチンライ節」（作詞：時雨音羽、作曲：田村しげる）、同一五年四月の「涙の責任」（作詞：西條八十、作曲：細川潤一、共唱：横山郁子）、「戦友の唄（同期の桜）」の歌唱映像が残ったに違いない。

新譜よりも愛される旧譜

アジア・太平洋戦争期には多くの歌謡曲が作られたものの、昭和一五年までのようなヒット曲は少なかった。

JOAKの「ニュース歌謡」の生みの親でもある丸山鐵男は、昭和一七年一二月に「この一年間に我々に残されたものは観念的なお説教を並べた、砂を噛む様な時局便乗歌謡の氾濫があるのみだった」「大衆はこれ等のお説教歌謡を尻眼に、大東亜戦争以前に作られたところの「別れのブルース」を唄い、「湖畔の宿」を口ずさんだ」「レコード会社が競争する様にして作った多くの国策歌謡は線香花火の様に巷から消え」たと振り返り、「国策的歌謡とは大衆に国策を押しつけたり、国民にお説教したりする歌謡と云うことではない」と苦言を呈している。[16]

戦局が悪化するなか、レコード会社も創意工夫したが、思うような結果は得られなかった。昭和一九年二月に丸山は、「消極的に過去の頽廃的流行歌の残骸を取りかたづけるばかりでなく、もっと積極的に新生面を開拓する熱意と覇気が望ましい」と、[17]あらためて要望している。

戦時中ほど「歌は世につれ」という言葉が合致した時代はなかっただろう。一曲一曲に時局が反映されている。しかし、裏を返せば、人間ドラマが喪失し、面白さがなくなってしまった。

大衆が新譜よりも旧譜を愛した状況は、昭和一九年六月一一日付の『朝日新聞』の投書が物語っている。

「私の村の若者達は今もって「泣くな、よし〳〵寝んねしな」を愛唱し、「あはれ十九の春や春」とどなりまくる。しかし、これは時局認識に欠け、堕落しているからではない。みんな附近の重要工場に挺身している真面目な生産戦士ばかりだ。結局、歌がないのだ」「廃頽的なものにとって代るものしかも押付け文句でなく、若者達の心を摑まずにはおかぬような歌が作れぬものか。詩人、作曲家達よ、それよりも作詞作曲を統制指導されるお役人よ―時には調子を越えて寛厳《かんげん》よろしくやっていただきたい」と訴える。(18)

レコード会社が自発的に旧譜の製造を中止しても、大衆は戦前にヒットした東海林太郎「赤城の子守唄」や、ミス・コロムビア「十九の春」などを愛唱し続けた。昭和一六年以降には、明るく健康的な旋律が増え、短調で哀感のあるものでも国策的なスローガンを題材にしたドラマ性に欠ける作品ばかりとなった。大衆は「国民歌謡」のような明るく健康的で芸術性に富むものよりも、暗く頽廃的な作品を好んだ。哀愁のある旋律でも国策的な題材は「押付け文句」で面白いとは思わなかった。

第四章　戦後復興の歌声
昭和二〇年〜三三年（一九四五〜五八）

「君の幸せ願いつつ、無理に別れた銀座の夜、切ったつもりの心の糸が、胸の奥で結ばれる、愛の苦しみ耐え抜いて、三百六十五夜の朝が来た」…松原操、霧島昇「三百六十五夜」（『昭和歌謡大全集』第九弾、テレビ東京、一九九五年二月一三日放送、コロムビア・トップの曲紹介）

コロムビアのレコード袋（筆者所蔵）

忘れられたヒット曲と生き残ったヒット曲

昭和二〇年八月一五日に太平洋戦争が終わった。昭和二一年（一九四六）からレコード発売は再開されたが、各社とも戦前の曲の再発売が目立つ。昭和二〇年八月三〇日にダグラス・マッカーサーが厚木基地に降り立ち、一〇月二日に連合国軍最高司令官総司令部（GHQ）が設置されると、従来の内務省に代わってレコードの検閲を行うこととなった。検閲を通すには戦前の曲か戦中でも戦時色のない曲を選ぶのが無難である。

コロムビアでは「旅の夜風」「別れのブルース」「湖畔の宿」など製造中止となったヒット曲が堰《せき》を切ったように製造再開となった。これは他社も同じであり、テイチクでは「緑の地平線」「東京ラプソディ」「人生の並木路」、キングでは「上海の花売り娘」「チンライ節」「涙の責任」、ビクターでは「燦めく星座」「森の小径」、ポリドールでは「赤城の子守唄」「裏町人生」「大利根月夜」（昭和一四年一一月、作詞：藤田まさと、作曲：長津義司、歌：田端義夫）などを再発売している。

こうした動きにNHKのラジオも呼応した。昭和二〇年一一月一〇日放送の『農村に送る夕べ』という番組では霧島昇が「一杯のコーヒーから」「誰か故郷を想はざる」を歌唱しており、一一月一三日放送の『希望音楽会』では灰田勝彦が「新雪」、松原操が「愛染草紙」を歌唱し、古賀政男が「影を慕ひて」をギター演奏している。戦前にはなかった『希望音楽会』という聴取者からリクエストが多かった音楽を流すという番組が始まったことは大きかった。

昭和二一年一月一九日からラジオ放送が開始されたNHK『のど自慢』（テレビ放送は昭和二八年〔一九五三〕から）で、出場参加者が戦前の歌謡曲を歌唱することが多かったことも、その後に残っていったヒット曲と、消えてしまったヒット曲の分岐点になったといえる。『のど自慢』で歌われる曲は、次に述べる「リンゴの唄」に次いで、「旅の夜風」「誰か故郷を想はざる」が多く、地方出身者では「赤城の子守唄」「名月赤城山」（昭和一四年一一月、作詞：矢島寵児、作曲：菊池博、歌：東海林太郎）、女学生では「ジャワのマンゴ売り」（作詞：門田ゆたか、作曲：佐野鋤《さのたすく》、歌：灰田勝彦）、「新雪」「純情二重奏」「並木の雨」「人生の並木路」が多かった。

このように戦前とは比べものにならないほど、当時のヒット曲が頻繁にラジオから流れ、聴取者の記憶に残ったのである。一方で戦後に再発売されず、ラジオでも取り上げられる頻度が低かった戦前のヒット曲は、次第に記憶から遠ざかってしまった。ここが第六章で述べる懐メロブームで再び照射される曲と、そうでない曲との境界線が生まれる素因といえる。

生き残った国民の生きる希望

戦後のヒット曲は、昭和二〇年一〇月一一日に封切られた松竹映画『そよかぜ』で歌われた「リンゴの唄」（作詞：サトウハチロー、作曲：万城目正）で始まる。映画では主役の並木路子《なみきみちこ》と子供たちが「リンゴの唄」を歌うシーンがあった。サトウハチローの詞はできていたが、万城目正の曲がなかなかできない。映画撮影の日程が差し迫ったとき、万城目は、並木たちに古賀政男作曲の「丘を越えて」をスローで歌うように指示した。そして「リンゴの唄」が出来上がると、撮影したフィルムを見ながらアフレコを行った。すると不思議にも劇中で「丘を越えて」を歌っている口と、「リンゴの唄」の文句とがピッタリ一致したのであった。

コロムビアレコードの「リンゴの唄」の吹込みは、映画上映から約半年遅れの昭和二一年三月に行われた。レコードでは霧島昇が歌いたいとの希望もあって並木とのデュエットとなった。しかし、NHKラジオの『歌の明星』では並木が一人で歌った。NHKのプロデューサーが「霧島さんはたくさんヒット曲をもっておられるから、『リンゴの唄』は並木さん一人に歌っていただきましょう」と言ったのが大きかった。(1) これにより「リンゴの唄」は並木のものになったのである。

戦前と違ってラジオで同じ曲が歌われる回数が増えた。「リンゴの唄」は昭和二〇年一二月二日から翌二一年三月九日までの三か月間で一一回も歌われている。並木は聴取者からリクエストが多かったため、頻繁にNHKのラジオに出演し、「リンゴの唄」を歌ったと回想する。加えて『のど自慢』では「リンゴの唄」が一番歌われた。ラジオが歌謡曲をヒットさせる要素となったのである。実際にレコードも好調で昭和二二年一二月までに約一二万五〇〇〇枚を売上げたという。

「リンゴの唄」がヒットしたことにより、並木の歌唱で昭和二五年（一九五〇）六月に「バナナ娘」（作詞：サトウハチロー、作曲：万城目正）という果物を題材とした歌が作られている。さらに暁テル子の歌唱では、昭和二五年五月に「リオのポポ売り」（作詞：井田誠一《いだせいいち》、作曲：松井八郎《まついはちろう》）、同二六年二月に「ミネソタの卵売り」（作詞：佐伯孝夫、作曲：利根一郎《とねいちろう》）、同年六月「メロンはいかが」（作詞：井田誠一、作曲：佐野鋤）なども発売された。食料事情がようやく落ち着きを取り戻してきたばかりであり、南国のバナナやパイナップルは庶民にとって憧れの果物であった。

「リンゴの唄」は明るく軽快なイントロで始まるが、歌は哀愁のある短調のメロディーで作られている。そこには、戦争が終わって空襲の恐怖から解放された安心感や、平和の春が戻ってきた喜びがある一方で、戦争に敗れた悲しみや、これから先をどう生きるかという不安とが同居していたと考えられる。

後に作詞家となるなかにし礼《れい》は、「リンゴの唄」を初めて聴いたときの感想を「その明るい響きに、「生きるか死ぬかの瀬戸際にいた私たちのことなど、日本は忘れてしまったのか」と悲しい気持になったものだ」と書いている。(2) 満州から命からがら引き揚げてきたなかにしにとっては、短調のメロディー部分も明るく聴こえたのである。

田端義夫「別れ船」のレーベル（筆者所蔵）

復員船が港につく光景

中国大陸や南方の島々から旧日本軍の兵士を乗せた復員船が日本に引き揚げてきた。昭和二一年一月からＮＨＫラジオで『復員だより』という番組がはじまった。聴取者から寄せられた戦争によって連絡不能になった人の情報を伝え、その消息を知る人や本人からの連絡を番組内で待つものであった。生きて帰って欲しいとは思いつつ、もう会えないかもしれないという不安がないと言えば嘘になる。その出征した夫や息子、兄弟が再び目の前にあらわれたときの感激は、「涙の再会」（昭和二三年九月、作詞：高橋掬太郎、作曲：細川潤一、歌：塩まさる、三門順子）であったに違いない。

そのような社会状況を背にして作られたのが、昭和二一年一〇月にテイチクから発売された田端義夫が歌う「かえり船」である。この歌は昭和一五年六月にポリドールから発売された「別れ船」のアンサーソングと言える。作詞家清水みのるは、港での家族と出征兵士との別れの場面から作詞した。「名残つきない、はてしない、別れ出船の、銅鑼《かね》がなる、思いなおして、あきらめて、夢は潮路に、捨てゝゆく」という歌詞には、夢を捨てて、故郷や祖国のために戦場へ行く、悲しい決意が記されていた。その悲しみを哀愁のあるメロディーが引き立てる。

この「別れ船」から六年後に発売されたのが「かえり船」である。「かえり船」の歌詞には、

「波の背の背に、揺《ゆ》られてゆれて、月の潮路の、帰り船、霞む故国よ、小島の沖じゃ、夢も侘《わび》しく、甦《よみが》える」とある。捨てた夢がわびしくよみがえるが、メロディーは「別れ船」に似て明るくない。昭和歌謡史を振り返ると、アンサーソングでヒットした曲は「かえり船」だけである。

「別れ船」と「かえり船」は、作詞が清水みのる、作曲が倉若晴生、歌唱が田端義夫というトリオで作られた。テイチクは、これらに続き昭和二三年から三一年（一九五六）まで立て続けに船ものを発売した（表10参照）。作り手の三者は「造船所」とあだ名をつけられるようになった。しかし、「二度あることは三度ある」とはいかず、三度目に時代と合致した「船」はあらわれなかった。

表10　田端義夫の船もの

発売年	曲名	作詞	作曲
昭和15年	別れ船	清水みのる	倉若晴生
昭和21年	かえり船		
昭和23年	とまり船		
昭和24年	かよい船		
昭和25年	たより船		
昭和26年	ひとよ船		
昭和27年	ぎおん船		
昭和28年	みれん船		
昭和29年	君待船		
昭和29年	おちょろ船		
昭和30年	こがれ船		
昭和31年	むかえ船		

『テイチクSP原盤による歌謡曲総覧年表』（『わが心の流行歌―テイチク歌謡大全集―』テイチクレコード）から作成。

米兵に体を売る女性たち――一億総懺悔の歌――

GHQによる日本の統治支配が始まると、焦土と化した日本の都市には、進駐軍のジープが走り回った。そうした光景から生まれたのが、昭和二一年四月に発売された鈴村一郎《すずむらいちろう》の「ジープは走る」（作詞：吉川静夫《よしかわしずお》、作曲：上原げんと）である。子供たちがジープの米兵に向かって「ギブミーチョコレート」と叫ぶと、それに応えて米兵はそれらをばら撒《ま》いた。

少し前まで「鬼畜米英我らの敵だ」と言っていた憎き相手から施しを受けるなど、日本人として恥を知れというものであった。しかし、敗戦国に転じ、連合国の行うことが絶対化され、その価値観へと切り替えなければならなくなると、それを公然と批判するわけにはいかなかった。また「衣食足りて礼節を知る」というように、餓えていた国民に礼節を知れというのにも無理があった。

大人のなかには子供を叱《しか》ることなどできず、自分たちも生きていくのに精一杯という者も少なくなかった。夜になると米兵を相手に体を売る女性たちが出現した。濃い化粧にけばけばしい洋装姿のパンパンガールである。パンパンガールは、進駐軍によって日本の女性が性犯罪の対象にならないようにする性の防波堤となった。

パンパンガールの心情を歌ったのが、昭和二二年一〇月の菊池章子「星の流れに」(作詞:清水みのる、作曲:利根一郎)である。昭和二一年八月二九日付の『東京日日新聞』の「建設」という投書欄に、満州の奉天《ほうてん》で看護婦をしていた女性の投書が掲載された。終戦後に帰国するが、戦争で家族を失い、街娼となってしまった転落人生がつづられていた。造船所と呼ばれた作詞家清水みのるは、上野界隈を散策してこの紙面の女性の面影を追った。そして「星の流れに」を書き上げた。

誰も好きで米兵に抱かれているわけではない。しかし、こうでもしなければ、どのようにして生きていけばよいのか、と世に問いかける。そうした思いが「こんな女に誰がした」という最後のフレーズに込められている。「ジープは走る」と「星の流れに」からは、終戦前後で価値観が逆転し、そのなかで逞《たくま》しく生きる人々の姿が聴き取れる。終戦直後という時代だからこそできた歌といえる。

平野愛子の明るさと暗さとが交わるブルース

ビクターが戦後初の新人歌手として売り出したのが、平野愛子《ひらのあいこ》と竹山逸郎《たけやまいつろう》であった。平野は、第一章で述べた「銀座の柳」を歌唱した声楽家四家文子に師事し、歌手になるため研鑽《けんさん》を積んでいた。昭和二二年四月の「港が見える丘」（作詞作曲：東辰三）が初のヒット作となったため、平野にはブルース調の曲が多く作られた。

平野愛子「港が見える丘」「君待てども」のレコードジャケット（筆者所蔵）

「港が見える丘」は、一番で彼とデートをした春の日の午後の丘、二番で彼と別れた霧で霞む夜の丘、三番で別れた彼を思いながら訪ねた丘を描いている。これは単なるセンチメンタルな悲恋ものではないだろう。筆者は第二章で述べた二葉あき子の「丘の細径」に共通していると感じる。つまり、二番の別れは出征であり、三番では再会を望む気持ちを表現しているのではないか。戦死した可能性も否めない。

このように考えるのは、復員兵を乗せた「かえり船」が着くのを待ち望む人たちが多くいた時代のヒット曲だからである。また続く昭和二三年一月の「君待てども」(同)、同二五年一月の「白い船のゐる港」(同)からは、そうした考え方がより強くなる。前者では「君待てども、君待てども、まだ来ぬ宵、わびしき宵…いとしその面影、香り今は失《う》せぬ、諦めましょ、諦めましょ、わたしはひとり」、後者では「青い海に白い船、今日も見えるけど、恋し姿何故か見えぬ、待てどまだ見えぬ」とある。

どちらも「港が見える丘」の路線で、希望をもたらす明るさに、センチメンタルな切ない感情が織り込まれている。これら三曲の作詞と作曲は東辰三である。戦時中に「荒鷲の歌」や「一億の合唱」を書いた同じ人物の作品とは思えないほど様変わりしている。旋律の衣更えの成功は、終戦後に流行したアメリカのブルースを取り入れたからだろう。

この一連のヒット曲の世界観は、「港が見える丘」から始まっている。この曲がヒットすると、横浜の住人から「港が見える公園」を作って欲しいとの要望が横浜市に出された。昭和三七年(一九六二)に「港の見える丘公園」が開園した。歌謡曲のヒットが、公園を生んだ珍しい歴史の実話である。

岡晴夫の花売娘、パラダイス、小鳩シリーズ

岡晴夫ほど持ち歌を記憶している歌手はいないだろう。彼の歌謡ショーは「歌いまくる岡晴夫」というのが売りで、三〇曲から四〇曲を披露した。昭和二六年から『ＮＨＫ紅白歌合戦』が始まっても、自分のステージを優先して、一度も出場しなかった。

戦後の初ヒットは昭和二一年六月の「東京の花売娘」（作詞：佐々詩生〔門田ゆたか〕、作曲：上原げんと）であった。戦前の三部作に続くもので、従来と同じく幻想の「花売娘」を焼野原の東京に登場させた。東京に立った「花売娘」がヒットしたため、昭和二四年（一九四九）一月の「港ヨコハマ花売娘」（作詞：矢野亮《やのりょう》、作曲：上原げんと）、同二五年六月の「長崎の花売娘」（作詞：松村又一、作曲：上原げんと）、同二七年（一九五二）二月の「アメリカの花売娘」（作詞：若杉雄三郎、作曲：江口夜詩）、同二八年一月の「道頓堀の花売娘」（同）、同三八年（一九六三）一月の「霧のカラカス花売娘」（作詞：東條寿三郎《とうじょうじゅさぶろう》、作曲：青木悟）と続いた。

岡晴夫（『オリジナル音源による決定版岡晴夫大全集』3、キングレコード、1993年）

昭和二二年一一月の「青春のパラダイス」（作詞：吉川静夫、作曲：福島正二《ふくしましょうじ》）がヒットすると、同二六年一月に「東京のパラダイス」（作詞：若杉雄三郎、作曲：飯田三郎）、同年五月に「二人のパラダイス」（作詞：東條寿三郎、作曲：上原げんと）を生み出した。岡を語るときに忘れてはならないのが「小鳩」シリーズである。昭和二二年一月の「啼《な》くな小鳩よ」（作詞：高橋掬太郎、作曲：飯田三郎）は、作曲家飯田三郎がタイヘイ時代に作曲した戦時歌謡のようなメロディーラインである。事実、飯田はそれを意識して作曲しており、後述する江口の「あこがれのハワイ航路」に共通している。

この路線で昭和二三年四月に「涙の小鳩」（同）、同二四年一月に「心の小鳩」（同）、同年九月に「小鳩は啼けど」（同）、同二六年七月に「小鳩椿」（作詞作曲：宗像宏）と、つかず離れずの小鳩ものが作られた。無声映画の弁士から歌謡ショーの司会に転向した西村《にしむら》小楽天《こらくてん》が、「岡の小鳩か、小鳩の丘か」と紹介したほど、小鳩シリーズは岡の代表作となった。

「小鳩」シリーズのヒットを聴くと、同時期にデビューした筑波《つくば》高《たかし》、立花《たちばな》ひろし、少し先輩にあたる小野巡、樋口静雄、塩まさるなど、戦時歌謡で名をあげた歌手が引退するなか、岡が生き残ったことが不思議に感じる。その差は田端義夫と小畑実が戦中から人気が継続し、戦前にヒットしなかった近江俊郎が遅咲きしている点にも共通する。

ブギの女王・笠置シヅ子

服部良一と笠置《かさぎ》シヅ子との出会いは、昭和一四年まで遡《さかのぼ》る。笠置は大阪松竹歌劇団（OSK）の人気歌手であった。昭和九年八月には「恋のステップ」（作詞：高橋掬太郎、作曲：服部ヘンリー）でレコードデビューをはたす。この作曲者名には服部ヘンリーと書かれているが、これはレイモンド服部こと服部逸郎である（これは筆者が『笠置シヅ子の世界』日本コロムビア、二〇二三年七月で初めて明らかにした）。服部良一が笠置のために書いた最初の作品は昭和一四年一二月の「ラッパと娘」（作詞作曲：服部良一）であり、その後「センチメンタル・ダイナ」（昭和一五年三月、作詞：野川香文、作曲：服部良一）や「ホット・チャイナ」（同年九月、作詞：服部竜太郎《はっとりりゅうたろう》、作曲：服部良一）を提供した。

服部のジャズとブルースのセンスが輝く佳曲だが、それを抜群のリズム感覚で歌い上げた笠置の歌唱力も見逃せない。笠置は服部に欠かせない音楽パートナーとなる。戦時中は両者とも活躍の機会を逸したが、戦後に本領を発揮する。昭和二〇年に上海から帰国した服部は、戦後復興のメロディーとしてブルースを再び書こうとした。ところが、「雨のブルース」の作詞家野川香文から新しい時代には哀愁ただようブルースよりも、明るいダンス調のブギの方が適していると助言された。

服部はコロムビアの録音が夜更けにおよび、終電間際の中央線に乗ったところ、つり革につかまっていると、レールを刻む列車の振動から八拍のブギのリズムが浮かんできた。西荻窪に着くと、駅前の喫茶店「こけし屋」に入り、ナフキンに浮かんだメロディーをメモ書きした。これが「東京ブギウギ」の旋律となった。この旋律に鈴木勝《すずきまさる》が歌詞をつけた。彼は仏教哲学者として有名な鈴木大拙《だいせつ》の息子である。

服部によれば、ブギウギとは「八拍のリズム」を持ち、ブルースから変化した曲であるという。(3)そこで服部は、「明るく浮き浮きしたブギを書きたかった。それには笠置君より他にない、歌うだけでなく、歌って踊って飛び廻る動きのある踊を加えた歌、これこそ戦後の日本に、是非、必要だと考えたので、最初のブギは「東京ブギウギ」と心に決めて居た」と回想する。[4]

折しも笠置は交際していた吉本興業の社長の息子吉本穎右《よしもとえいすけ》と死に別れ、彼との間に娘が生まれたばかりであった。笠置は生きるためにも「東京ブギウギ」を元気一杯に歌唱した。

その姿は失意のどん底から立ち上がろうとする国民感情と重なった。とくに「星の流れに」のような夜に生きる女性から絶大な支持を得た。昭和二三年一月の「東京ブギウギ」（作詞：鈴木勝、作曲：服部良一）に続き、「大阪ブギウギ」（同年九月、作詞：藤浦洸、作曲：服部良一）、「名古屋ブギウギ」（同二四年一二月、同）というご当地ものや、「ヘイヘイブギー」（同二三年四月、同）、「ジャングル・ブギー」（同年一一月、作詞：黒沢明《くろさわあきら》、作曲：服部良一）、「ホームラン・ブギ」（同二四年七月、作詞：サトウハチロー、作曲：服部良一）とブギを連発する。

笠置の作品の多くを、村雨《むらさめ》まさをという人物が作詞している。これは服部良一が百人一首の「村雨の露もまだひぬ槙《まき》の葉に」から取ったペンネームである。村雨まきをとするところ、「き」を「さ」と誤って書いてしまったため、「まさを」となった。詞先ではブギのリズムにあわず、また曲先でも詞を合せるのが難しかった。そこで服部は独自のユーモア感覚を織り交ぜながら、自ら作った曲に面白い歌詞を当て嵌めた。その最高傑作が昭和二五年六月の「買物ブギー」（作詞：村雨まさを、作曲：服部良一）である。これは服部が上方落語の「無いもの買い」からヒントを得て作詞した。

終戦後の世相を反映した「ズルチンボーイ」

昭和二二年三月に渡辺はま子が歌った「ズルチンボーイ」（作詞：野村俊夫、作曲：鈴木静《すずきせい》一《いち》）という、作曲家鈴木静一がジャズのテイストを上手く取り入れた曲がある。あまりヒットはしなかったが、野村俊夫の歌詞からは当時の世相が色濃く出ている。一番は「あの人ほんとに、ズルチンボーイ、甘いばかりで、いやよ、いやよ、あたし、ふんなの、大嫌い」、二番は「あの人危ない、メチールボーイ」、三番は「金で光らす、男ぶり、あの人にやけた、インフレボーイ」、四番は「あの人うるさい、ゼネストボーイ」と、それぞれ嫌いな男性のタイプが登場する。

戦前の歌謡曲には出てこない用語ばかりである。「ズルチン」とは、昭和二一年七月から日本で発売が許可された人工甘味料で、当時は高価で不足していた砂糖の代用品として用いられた。やがて毒性のあることが判明し、昭和四一年一月には使用禁止となった。「メチル」は「メチルアルコール」を指している。ホルマリンやアルコールランプの原料だが、有毒性があり飲酒すると失明した。終戦後には「メチルアルコール」を使った粗悪で安価な「カストリ」と呼ばれる酒が出回り、それを飲酒した中毒者があらわれた。

「インフレ」は終戦後のインフレーションのことである。政府は昭和二一年二月に新円切替によって物価安定を図ろうとしたが、結果的には昭和二〇年一〇月から同二四年四月までの三年六か月の間に消費者物価は一〇〇倍となった。「ゼネスト」はゼネラル・ストライキの略称である。昭和二二年二月一日に共産党と労働組合は、吉田茂《よしだしげる》内閣を打倒し、民主人民政府の樹立を目指した。この二・一ゼネストは、GHQの指令によって中止された。

このように、今では説明しないとわからなくなってしまった言葉も多いが、これらが終戦後に流行した用語であった。そうした世相の変化を歌謡曲に取り入れていた。

遅咲きの近江俊郎と古賀メロディーの復活

歌謡界の「戦後三羽烏」と呼ばれた歌手に、田端義夫、岡晴夫、近江俊郎がいる。

近江は昭和一一年にタイヘイレコードでデビューし、その後はコロムビアの廉価盤であるリーガル、ポリドール、コロムビアと転々とするが、ヒット曲に恵まれなかった。芸名を鮫島敏弘、大友博、近江志郎と変えながら、一〇年以上も腐らずに歌手活動を続けてきた。

近江をスターダムに引き上げたのが古賀政男である。昭和二一年五月に公開された大映映画『或る夜の接吻』の主題歌「悲しき竹笛」(作詞：西條八十、作曲：古賀政男)は、奈良光枝が吹き込む予定でいた。ところが、古賀がこの曲は近江とのデュエットでなければならないと主張した。これがヒットしたため、昭和二三年一二月には同じコンビで「愛の灯かげ」(同)を発売している。

ようやく光が当たりはじめたとき、ポリドール時代によく仕事をした作曲家米山正夫《よねやままさお》がシベリアでの抑留生活を終えて帰国した。米山が「遺書のつもりで書いた」というのが、昭和二二年一一月の「山小舎の灯《あかり》」（作詞作曲：米山正夫）である。近江は「歌わせてくれ、きっとこの歌を世に出してみせる」と豪語した。NHKのラジオ歌謡担当者を説得し、昭和二三年にラジオ歌謡として放送された。昭和二三年七月の「南の薔薇《ばら》」（作詞：野村俊夫、作曲：米山正夫）もヒットし、米山はコロムビアの専属となった。

そして同年に古賀は近江の代表曲となる「湯の町エレジー」（九月）を作曲した。このメロディーは「影を慕ひて」「人生の並木路」の路線である。古賀は「湯の町エレジー」を書いたとき、彼が指導を行っている明大マンドリン倶楽部の学生たちから、時代遅れだと言われた。しかし、古賀は自分にはこのような曲しか書くことができないと感じた。

録音の日には古賀がギター伴奏を務めた。だが、近江は何度歌っても上手くいかなかった。古賀は「日を改めて、もう一度やってみましょう。それでもし駄目なら、ボクも諦めよう」と言った。後日の吹込みも難航した。リハーサルを含むと三〇回以上行ったため、録音に使うワックス盤が尽きてしまった。最後の一枚になったとき、近江は「ああ、遂に私はこの名曲を歌うことができなかったのか」と感じた。だが、その一枚にかけて「力一杯歌ったのがよかった」[5]。

当時のレコード売上げ枚数ははっきりしない。近江によれば一週間で五万枚、最終的に約四〇万枚を売上げたという。古賀は戦後最大のヒット曲だと回想している。どちらも眉唾《まゆつば》に考える必要があるが、ヒットしたことに変わりはない。進駐軍の影響もあってジャズやブギウギといった洋楽調の歌謡曲が人気を得ても、日本人が好む古賀メロディーは不変であった。

シベリア抑留生活を支えた歌

終戦時を満州で迎えた兵士たちのなかには、ソ連に送られて抑留生活を強いられた者が少なからずいた。昭和歌謡史を支えた作曲家米山正夫、吉田正《よしだただし》、歌手青木光一《あおきこういち》、三波春夫《みなみはるお》らは、いずれも過酷な労働を体験した。

そのようななかから生まれた歌が、抑留者の増田幸治が作詞し、吉田正が作曲した「異国の丘」である。シベリア復員兵の中村耕造《なかむらこうぞう》がNHK『のど自慢』で歌唱したところ、この曲は何だと話題になった。NHKが作曲者を探したところ、何人もが名乗り出たため、特定ができなかった。しかし、後に舞鶴港に復員した吉田がNHKに名乗りでることで決着がついた。「異国の丘」は、昭和二三年九月に竹山逸郎と中村耕造のデュエットでレコード化された。

シベリア抑留者によって歌われたもう一つの名曲が、昭和二四年四月にコロムビアから発売された近江俊郎と中村耕造の「ハバロフスク小唄」（作詞：野村俊夫、作曲：島田逸平《しまだいっぺい》）である。この曲は昭和一五年三月の林伊佐緒「東京パレード」（作詞：中川啓児、作曲：島田逸平）が元になっている。「東京パレード」が好きな抑留者が替え歌を歌い、抑留先で普及した。一方で作曲者の島田逸平は、戦前から鳴かず飛ばずであった。作曲依頼が来ないため、今日も「暇だ一杯」飲むかというところから島田逸平と名づけた。戦争末期に「戦友の唄」が「同期の桜」へと変化したのと同じである。両方ともキングでヒットしなかった曲というのも面白い。

抑留歌手の中村は、ビクターとコロムビアでそれぞれ吹込んだが、昭和二〇年代後半には病死している。「異国の丘」と「ハバロフスク小唄」は、抑留されなかった者も、その体験者の労苦を共感することのできる歌であった。

長崎にザボン売りはいなかった

作曲家江口夜詩は、昭和二一年春にテイチクの専属となり、翌二二年秋にはキングへ移籍した。新たなヒット曲を作ろうとしていた彼が目をつけたのが、親友の作詞家高橋掬太郎が主宰する文芸雑誌『歌謡文藝』に掲載された石本美由起の「長崎の朱欒《ザボン》売り」という詩であった。石本は戦争中に広島の岩国《いわくに》海軍病院で病気療養に努めていたとき、慰問に来た東海林太郎の歌声に感銘を受け、自分も歌謡曲を作って人々を励ましたいと思うようになる。そして素人ながら同人誌に詩を投稿していた。

江口は石本宛ての手紙で、「長崎のザボン売り」を作曲したところ「一寸気に入ったものが出来ましたので」「ご承諾願へれば」レコードに録音したいと思っていることを伝えた。そして「歌謡曲のスタイルは恐らく来年一年間に相当変化すると思はれます、今著名な作曲家は一様に七七、七五の純日本的な型から逃れ出る事に日夜苦心を続けて居り、皆一様に新しい形を産み出す可《べ》く努力を続けて居ります」「どうか貴下の優れた感覚を以って新しい時代の歌謡を産み出して下さる様祈念して已《や》みません」と述べている。(6) 新しい時代の歌謡曲の作詞家として石本の才能に期待したのである。

　ただし、江口には「長崎のザボン売り」がヒットする自信はなかった。歌手の小畑実から「先生、何かいい曲ありませんか」と聞かれたとき、江口は「駄目だネ。この所ひどいスランプだ」と答えていた。小畑が「長崎のザボン売り」の楽譜を見つけて「先生、これ僕に下さい。素晴らしいものじゃありませんか」と言うと、江口は「そんなもの駄目々々、売れやしないよ。曲がむつかし過ぎて大衆に歌えやしない」と話している。(7) 気に入ってはいたが、売れるとは思えなかったようだ。

　しかし、昭和二三年六月の小畑実「長崎のザボン売り」のヒットにより、石本は作詞家としての出世作となり、江口は作曲家として返り咲く。実は、長崎にザボン売りはいなかった。だが、小畑の歌で長崎にザボンやザボン漬けを売る果物店が登場し、長崎を代表する名産の一つになった。歌謡曲によって名産が生まれた珍しい出来事である。石本によれば、北原白秋の「人形作り」からヒントを得て「博多の人形売り」という作品を考えたが、街角で少女が博多人形を売るというのには無理があるため、長崎とザボンを結びつけて生まれたという。空想から誕生した詞であった。

ハワイへの憧れ

「長崎のザボン売り」で幸運を摑《つか》んだ石本は、江口宛てに次々と詩を送った。その一つが岡晴夫「あこがれのハワイ航路」（作詞：石本美由起、作曲：江口夜詩）であった。これも最初は小畑が「これ僕に下さい」というので、江口は彼に歌唱させるつもりでいた。また「日露戦争の後で軍歌調の流行歌がはやったんでねえ、今度の戦争中の軍歌の名残りがまだいくらか大衆の耳に残ってる」と感じ、「戦争中僕が作った月々火水木金々というのがあるだろう、あの調子で歌ってくれ給え」と述べている[8]。新しさだけを求めた「長崎のザボン売り」とは対照的な発想であった。

このようにして小畑の歌唱を予定していたところ、岡晴夫が三か月の地方興行の旅行から帰京し、一日だけ東京にいるから、彼に吹き込ませたいという話が舞い込んだ。その結果、「あこがれのハワイ航路」は、昭和二三年一〇月に岡晴夫の歌唱で発売された。軍歌調の余韻は見事に的中したが、「晴れた空そよぐ風、港出船のドラの音たのし」という歌詞からは、戦争の匂いなど感じさせない。

そもそもハワイは太平洋戦争が開戦となった真珠湾攻撃の対象であった。それから七年が経過すると憧れの対象へと変わっていた。大衆は戦争に負けた悔しさ、悲しさを胸中に抱きながら、新しい時代の価値観を受け入れ、アメリカのような繁栄を求めるようになる。昭和二五年一一月にはビクターから宇都美清《うつみきよし》「ハワイ航空便」（作詞：佐伯孝夫、作曲：佐々木俊一）が発売された。キングが航路なら、ビクターは空路で対抗した。「憧れのハワイから懐しの便り」ではじまり、「青い海、恋の唄、月の匂いのするような、憧れの憧れのハワイ航空便」でおわる。

ちなみに、昭和二四年五月には、岡、石本、江口のトリオで、ハワイから東京への復路を描いた「なつかしの東京航路」というアンサーソングを出したが、これは当たらなかった。

青い山脈

昭和二四年七月、青春映画の最高傑作が生み出された。石坂洋二郎《いしざかようじろう》の原作を、今井正《いまいただし》監督が実写化した東宝映画『青い山脈』である。教師役を「永遠の処女」といわれた原節子《はらせつこ》、女子高生役を杉葉子《すぎようこ》、男子高生役を池部良《いけべりょう》が演じた。

藤山一郎と奈良光枝が歌った同名の主題歌は映画とともに大ヒットした。平成元年（一九八九）にＮＨＫで放送された『昭和の歌　心に残るベスト２００曲』では、全国一〇代から八〇代までの視聴者アンケートによってランキングを作ったが、「青い山脈」（作詞：西條八十、作曲：服部良一）は第一位に輝いている。昭和時代に多くの世代に支持された人生の応援ソングであったといえる。

映画では、杉葉子が通う女子高校と、池部良の男子高校とに分かれているが、両者が校庭に座りながら話し合ったり、テニスを一緒にしたりしている。杉はセーラー服の夏服、池部は制帽を被り白半袖シャツにズボンである。

当時の中高生たちが感動したのは、クライマックスで女子高生と男子高生とが隊列を組みながら自転車をこいでいる場面だろう。とても戦前戦中では考えられないことである。「男女七歳にして席を同じうせず」という教えは昔の話、これからは男女がともに肩を並べて歩む時代なのだというメッセージを視聴者は感じたに違いない。教員に制服姿で男女中高生が話し合っているところを見られても、それだけで停学処分を受けるようなことはなくなったのである。

この場面をより盛り上げたのが同名主題歌であった。「青い山脈」の二番の歌詞には、「古い上着よ、さようなら、淋しい夢よ、さようなら、青い山脈、バラ色雲へ、あこがれの、旅の乙女に、鳥も啼く」とある。「古い上着」は軍国主義、「淋しい夢」は戦争を指していよう。それらに代わる民主主義、平和な未来に希望を抱いているように見える。

しかし、この名曲は場合によっては埋もれたかもしれない。藤山一郎によれば、最初の楽譜で歌ったときは長調の明るい曲調であったと語っている。その後に服部が別の曲にしたのが、短調の「青い山脈」であった。この旋律は、服部が大阪梅田から京都に向かう途中で車窓から山脈が目に映ったときに浮かんだ。服部は急いで手帳と鉛筆を取り出して、ハーモニカの略譜の数字を書いた。

古関裕而の「露営の歌」「若鷲の歌」、服部の「東京ブギウギ」「青い山脈」と、列車に乗っているときに名曲の音符は降りてくるのかもしれない（「露営の歌」と「若鷲の歌」が生まれた経緯は、拙著『古関裕而』を参照されたい)。車窓に流れていく景色と、音が流れていくのが符合するのだろうか。車中に揺られるスピード感もあるだろう。古賀政男の「東京ラプソディ」は自動車に乗っていたときに生まれている。

「青い山脈」は、戦前戦中に高等女学校や中学校の生徒であった者は羨ましく思い、戦後の中高生にとっては青春そのものであった。そして、ともに戦後復興に向けて、明るい希望を夢見て頑張る活力になったのではなかったか。『青い山脈』と同名主題歌は、その後も映画やテレビでリメイクされ、昭和の国民に支持される作品となったのである。石坂洋二郎原作、西條・服部・藤山のトリオの青春ものは、「山のかなたに」(昭和二五年五月)、「丘は花ざかり」(同二七年一〇月)とヒットを続ける。

天才少女歌手の登場

神奈川県横浜市の魚屋から天才少女歌手が登場した。昭和戦後期を代表する「歌謡界の女王」美空ひばりである。彼女の父は歌謡曲好きで「青空楽団」を結成し、ひばりは、杉田劇場や横浜国際劇場で歌唱する機会を得る。しかし、NHK『のど自慢』で歌謡曲を歌ったところ、鐘が一つで終わった。戦前から子供は童謡と相場が決まっていた。実際、作詞家サトウハチローは、ブギウギを歌う子供を「バケモノのたぐいだ」と批判した(9)。

そうした批判が出た一方、レコード会社の関係者の間では歌唱力がずば抜けた少女がいるとの情報が広がった。昭和二三年五月一日に横浜国際劇場でひばりは笠置シヅ子の「セコハン娘」を歌唱し、共演した笠置はもとより、藤山一郎をも驚かせた。ひばり一〇歳であった。コロムビア文芸部長の伊藤正憲《いとうまさのり》が目をつけたこともあり、ひばりはコロムビアでレコード録音をすることになる。

　最初の録音は、昭和二四年年八月に三本目の出演映画『踊る竜宮城』の「河童ブギウギ」（作詞：藤浦洸、作曲：浅井挙曄《あさいたかあき》）であった。これは笠置のブギの路線で作られたが、ヒットしなかった。ひばりを支持した作曲家万城目正は路線の変更を図る。昭和二四年九月の松竹映画の同名主題歌「悲しき口笛」（作詞：藤浦洸、作曲：万城目正）では、大人向けの哀愁のある歌謡曲をひばりに歌わせることにした。一〇月にひばりはコロムビアの専属歌手となった。

　これがヒットすると、昭和二五年七月の松竹映画の同名主題歌「東京キッド」（同）では「右のポッケにゃ、夢がある、左のポッケにゃ、チューインガム」という戦災孤児の匂いがする世界観を、長調の明るいメロディーに仕上げた。同年一二月の「越後獅子の唄」（作詞：西條八十、作曲：万城目正）と同二六年一〇月の「あの丘越えて」（作詞：菊田一夫《きくたかずお》、作曲：万城目正）はともに四分の四拍子の短調だが、前者は時代劇のため日本調の雰囲気を出し、後者は現代劇に適した高揚感を演出している。

　万城目はどういう感じがひばりに合うか試していたのではなかったか。ひばりの歌唱力もさることながら、この試みがひばりの歌の世界を広げていった。この点は、万城目以外の作曲家の作品に恵まれたことも大きかった。上原げんとは、昭和二六年二月の「ひばりの花売娘」(作詞：藤浦洸)で岡晴夫とは違ったアップテンポな「花売娘」を提供した。また同二九年(一九五四)五月の「ひばりのマドロスさん」(作詞：石本美由起)では、同三二年三月の「港町十三番地」(同)へと続くマドロス路線を切り拓いた。

ひばりの師の一人である米山正夫は、昭和二七年五月の「リンゴ追分」(作詞：小沢不二夫《おざわふじお》)で民謡の節回しを上手く取り入れ、同二八年一月の「津軽のふるさと」(作詞作曲：米山正夫)で歌曲のような芸術性を見せた。昭和三〇年代にひばりが東映時代劇に出演するようになると、数多くの主題歌や挿入歌が作られた。そのなかでも昭和三三年六月の『花笠若衆』の主題歌「花笠道中」(同)は、ひばりの股旅ものの道を拓いた。さらに昭和三六年(一九六一)四月の「車屋さん」(同)では、マンボのリズムと江戸小唄の要素を融合させている。

リズミカルな歌謡に挑戦したものには、昭和二七年八月の「お祭りマンボ」(作詞作曲：原六朗《はらろくろう》)がある。ひばりの魅力は、日本調からジャズまで幅広く歌いこなすことができるところだろう。「演歌歌手」がジャスやポップスを歌唱すると、「こぶし」が楽曲の雰囲気を台無しにしてしまう。ひばりは「演歌」のように「こぶし」を入れる癖はないが、戦前の音楽学校で学んだ歌手たちとも違った。クラシックの歌手を目指していたか(クラシック唱法を学んでいたか)否かの差が影響しているように考えられる。戦前に人気のあった東海林太郎が終戦後にヒットに恵まれなくなり、ひばりがバトンを受け取るようにスターの階段を急上昇していく姿が、そのことをよくあらわしている。

リルを探して三千里

昭和一〇年から一一年頃に流行した「上海リル」（作詞：アル・ダビン、作曲：ハリー・ウォーレン）というジャズソングがある。テイチクではディック・ミネ、ビクターでは江戸川蘭子《えどがわらんこ》が歌った。上海の妖艶なムードが、頽廃的なメロディーによって浮かび上がる。

この三分間のドラマに登場する男とリルとに何があったのかは想像するしかない。「あちらも、またこちらも、探すは上海リル」というから、上海で男がリルを探していたことは間違いない。だが、見つからなかったようである。その後、日中戦争、アジア・太平洋戦争を経て、リルは日本に帰ってきた。そういう噂を聞いた男もリルを追うように日本へと戻ってくる。昭和二六年七月に発売された津村謙《つむらけん》の「上海帰りのリル」（作詞：東條寿三郎、作曲：渡久地政信《とくちまさのぶ》）から、リル探しの長大なドラマが始まる。リルに一目会いたい、「リル、リル、どこに居《い》るのかリル、だれか、リルを知らないか」と、男の心の叫びを歌う。

当時、売れていなかった作曲家渡久地政信《とくちまさのぶ》は、バラックに住んでいた。作曲中に雨が降り出し、すきま風も吹き込んできた。幼い娘は「お父ちゃま寒い」と声を上げた⑽。こんな思いをさせて不甲斐ないと感じたとき、悲しい旋律が浮かんできた。これだと感じた渡久地は一気呵成に書き上げた。キングの大御所江口夜詩は「〝リルリル〟と呼び掛ける寂《サビ》の部分で、君は〝ファミー〟と弱い性格の音を使っているが、普通の常識では、あの部分では強い音を使い度《た》くなるものなんだが、君は弱い音を使って強く表しているんだ」と高評価した。[11] ビロードの声を持つ津村の歌声によって、「上海帰りのリル」はヒットした。

ヒットのあまり、津村の自宅に「私がリルです」という女性があらわれ、彼を閉口させることもあった。

津村謙「上海帰りのリル」の歌詞カード（筆者所蔵）

二匹目のドジョウを狙うのはレコード会社の常である。作詞東條寿三郎、作曲渡久地政信、歌津村謙によるトリオによって、昭和二七年六月に「リルを探してくれないか」という第二弾を出す。しかし、リルは見つからない。レコード会社にとってはドル箱である。そう簡単に見つかっては困るのだ。同じトリオで昭和二八年一〇月に「心のリルよなぜ遠い」という第三弾を出すが、探すほどリルは遠のいていく。

このリル探しのなかでキングは、昭和二七年五月に三条町子「私は銀座リル」（作詞：松村又一、作曲：渡久地政信）を発売している。男は銀座にリルがいると聞きつけ探しに向かう。ところが、リルという源氏名で働くキャバレーの女であった。

ここまではキングレコードが作っているから許容範囲だが、ライバル会社までもがヒットに便乗した。テイチクは、昭和二六年八月に淡谷のり子「東京リル」（作詞：大高ひさを、作曲：

吉田矢健治）というブルース調の曲で勝負に出た。ビクターでは、昭和二七年四月に久慈あさみ「霧の港のリル」（作詞：佐伯孝夫、作曲：吉田正）という「上海帰りのリル」によく似た曲を出している。テイチクでは、淡谷に続き昭和二八年五月に子供歌手の三鳩ひとみが「私はリルの妹よ」（作詞：宮本旅人、作曲：大久保徳二郎）という姉を思うドラマを展開した。そしてコロムビアが昭和二七年六月に発売した、三条《さんじょう》美紀《みき》「私がリルよ」（作詞：和田隆夫《わだたかお》、作曲：東為二）こそ、リルであった。

三条は「こゝにいるのよ、リルは、ひとりぼっちよ、リルは、私が悲しい、リルなのよ」と歌っている。キングの津村が探していたリルは、コロムビアの三条だったのである。

NHK『紅白歌合戦』の放送開始

戦前のラジオ放送では歌謡曲を積極的に流そうとしなかった。戦後になると、NHKのラジオでは、『お好み投票音楽会』や『歌の明星』、両者を合わせた『今週の明星』などの番組が続々と作られ、歌謡曲を取り上げる頻度が各段に増えた。そうした歌謡曲の一年の集大成ともいうべき番組が「紅白歌合戦」である。

これは終戦の昭和二〇年の大晦日に放送を予定したが、放送内容を検閲するCIE（GHQ民間情報教育局）から「合戦」という表記にクレームがついた。そこでスポーツにも用いられる「試合」という用語を使って『紅白音楽試合』が放送された。松平晃、楠木繁夫、霧島昇、

表11　第1回NHK紅白歌合戦（昭和26年1月3日放送）

紅組	曲名	白組	曲名
菅原都々子	憧れの住む町	鶴田六郎	港の恋唄
暁テル子	リオのポポ売り	林伊佐緒	銀座夜曲
菊池章子	母紅梅の唄	近江俊郎	湯の町エレジー
赤坂小梅	三池炭坑節	鈴木正夫	常磐炭坑節
松島詩子	上海の花売娘	楠木繁夫	紅燃ゆる地平線
二葉あき子	星のためいき	東海林太郎	赤城かりがね
渡辺はま子	桑港のチャイナ街	藤山一郎	長崎の鐘

『紅白50回―栄光と感動の全記録―』（NHKサービスセンター、2000年）から作成。

並木路子など流行歌手に限らず、クラシックの藤原義江《ふじわらよしえ》、木琴奏者の平岡養一《ひらおかよういち》、三味線漫談家の柳家三亀松《やなぎやみきまつ》、女優の川崎弘子《かわさきひろこ》が箏《そう》、随筆家で川崎の夫である福田蘭堂《ふくだらんどう》が尺八と、出演者は多彩であった。

これから五年を経た昭和二六年一月三日に第一回紅白歌合戦が放送された。当初はお正月の特別番組であった。なお、戦前も昭和五年から大晦日には「歌謡曲」の他に「落語」を含めた演芸番組を放送していた。そのときはレコード会社別に数名の歌手が数曲を歌唱するものであった。紅白は男性軍の白組と女性軍の紅組に分かれて対決し、勝敗を決める点で戦前のラジオ番組「歌謡曲」とは違った。

選ばれし第一回の歌手は男女七組一四名しかいなかった（表11）。全員戦前から芸能活動してきた者ばかりだが、歌手として戦後に大成するのは近江俊郎、菅原都々子、暁《あかつき》テル子だけである。昭和四〇年代の懐メロブームでも生き残った歌は、鶴田六郎《つるたろくろう》「港の恋唄」（昭和二四年四月、作詞：野村俊夫、作曲：古賀政男）、松島詩子がカバーした「上海の花売娘」（オリジナルは岡晴夫）、近江俊郎「湯の町エレジー」、渡辺はま子「桑港《シスコ》のチャイナ街《タウン》」（作詞：佐伯孝夫、作曲：佐々木俊一）、藤山一郎「長崎の鐘」（同年六月、作詞：サトウハチロー、作曲：古関裕而）くらいだろう。

戦後復興のなかで民謡は、新民謡とともにブームとなった。戦前のように全国各地で産業博覧会などが開催され、その宣伝歌として新たな音頭や小唄が生まれた。鈴木正夫「常磐炭坑《じょうばんたんこう》節《ぶし》」と赤坂小梅「三池炭坑節《みいけたんこうぶし》」の対決は、そうした時代背景をあらわしている。

紅白が大晦日に放送されるのは、昭和二八年一二月三一日の第四回からであった。これは同年二月一日にテレビ放送が開始され、ラジオのNHKスタジオから劇場での公開放送へと切り替えたことによる。第三回は同年一月二日であり、紅白が年に二回放送されたのはこの年だけである。

渡辺はま子の歌声が救った一〇八名の命

渡辺はま子は戦時中にチャイナメロディーで人気を獲得したが、その人気は戦後も変わらなかった。中国で終戦を迎えた渡辺は、天津や北京での捕虜生活を経て帰国した。帰国後の最初の仕事は、相模原の旧陸軍病院の慰問であった。昭和二二年一月には長崎の異国情緒が溢れる「雨のオランダ坂」（作詞：菊田一夫、作曲：古関裕而）、同二五年一一月には「桑港のチャイナ街」がヒットしている。

渡辺の希望で巣鴨《すがも》プリズンに収監されていた戦犯の慰問を行った。刑務所を管轄する米兵たちは、渡辺が歌唱する「支那の夜」を好んだ。昭和二七年一月二五日の慰問に行った夜、渡辺はフィリピンの政治家ピオ・デュランから前年にフィリピンで日本人の死刑囚一四人が絞首刑にされたことを聞かされた。

渡辺はすぐに現地への慰問を希望した。しかし、当時は日本とフィリピンとの間に国交がなく、渡航は難しかった。デュランは囚人たちに渡辺の気持ちは伝えるが、時期を待つようにと言った。これがきっかけとなり、現地の教誨師《きょうかいし》加賀尾《かがお》秀忍《しゅうにん》を介して、渡辺と囚人との間で文通がはじまった。そのなかの一通に入っていた楽譜が、元陸軍大尉代田《しろた》銀太郎《ぎんたろう》が作詞し、元陸軍大尉伊藤《いとう》正康《まさやす》が作曲した「あゝモンテンルパの夜は更けて」である。

手紙には渡辺に歌唱して欲しいと書かれていた。渡辺が自宅で歌ったところ、聴いていた母から「なんの歌、可哀想な歌ね」と言われた。さらにビクターの控室で歌っていると、ディレクターが「いいね、なんの歌」「これ吹込みしよう」と勧めてきた。「あゝモンテンルパの夜は更けて」は、聴く人の胸を打つ力を持っていた。渡辺によれば、デュエットした「宇都美清さんの力強い歌声を得ていちだんと引立った」という[12]。

この歌が発売されると、国内ではモンテンルパからの生還を求める運動が盛り上がった。渡辺は昭和二七年一二月二五日に念願のモンテンルパのニュー・ビリビット刑務所を訪れ、囚人たちを慰問した。一〇八名の死刑囚を前にした渡辺は涙を堪《こら》えられなかった。自分には歌を通して日本国内の人たちに皆さんの存在を知ってもらうことしかできないと力説している。そして全員で「あゝモンテンルパの夜は更けて」を合唱した。

渡辺の慰問は無駄ではなかった。これを受けた加賀尾がフィリピンのエルピディオ・キリノ大統領に面会し、死刑囚たちの減刑釈放の請願を行った。このとき手土産として渡辺から贈られた「あゝモンテンルパの夜は更けて」の漆塗りのオルゴールを持参していた。これを聴いたキリノは「これは悲しいメロディだが、なんの曲か」と質問した。[13]加賀尾は、死刑囚たちがサンフランシスコ平和条約を記念して自分たちで作った歌だと答えた。

この聴く者の胸を打つ悲しいメロディーにキリノの心も動き、昭和二八年六月二七日に元日本兵に対する特赦令に署名を行った。同年七月二二日に一〇八名を乗せた白山丸が横浜港に帰国した。出迎える人の群れのなかには渡辺の姿もあった。日本史に刻まれる悲しい名曲である「あゝモンテンルパの夜は更けて」は、一〇八名の命を救った。

二つのワルツ―洋楽と邦楽のせめぎ合い―

終戦後には進駐軍のキャンプの慰問音楽活動を通して、ビッグバンドの演奏者をはじめ、ジャズやシャンソンなどの外国曲を歌いこなす新人歌手が登場した。その一人が、昭和二七年にキングからデビューした江利《えり》チエミである。彼女は、美空ひばり、雪村《ゆきむら》いづみとともに「三人娘」と呼ばれた。

江利の代表曲となるのが、昭和二七年一月に発売された「テネシー・ワルツ」（作詞：P.

W.King・R.Stewart 訳詞：音羽たかし、作曲：P.W.King・R.Stewart）である。彼女の魅力は、英語の歌唱部分をとても流暢《りゅうちょう》な発音で聴かせるところだろう。その歌唱力は、「カモナマイハウス（家へおいでよ！）」「ツゥー・ヤング」「ガイ・イズ・ア・ガイ」「ジャンバラヤ」「ウスクダラ」など外国のポピュラーソングで発揮された。

「テネシー・ワルツ」がヒットする前に、古賀政男は九州の「炭坑節」をラジオで聴いていたところ、「タンコ」から「トンコ」という言葉が浮かび、新しい民謡として「トンコ節」（作詞：西條八十）を書いた。昭和二四年一月に楠木繁夫と久保幸江《くぼゆきえ》のデュエットで発売した。当初はあまり売れなかったが、大阪方面の飲み屋街から流行り出した。昭和二六年二月に歌詞の一部を変えて再発売するが、楠木がコロムビアを退社していたため、新人の加藤雅夫《かとうまさお》と久保のデュエットで録音している。

「トンコ節」が流行った背景には、昭和二五年六月に朝鮮戦争が起きたことにより、国内で特需景気と呼ばれる経済の活性化があった。とくに繊維産業と鉄鋼業が発展したため「糸へん景気」「金へん景気」とも呼ばれた。日本の受注が急増し、戦後不況を脱し、後の高度経済成長の足がかりとなった。

占領下の日本ではアメリカのジャズやブルースなど外国曲調の歌謡曲が流行した。しかし、統治支配を快く思う国民はいるわけがない。昭和二六年頃から日本調の手拍子ソングが続出するのには、統治下の欧米音楽に対する反動があったと考えられる。昭和二六年に日本が締結したサンフランシスコ平和条約により、連合国軍の統治支配下から独立することが決まった解放感も影響している。

こうした社会背景によって、この頃から全国の盛り場やお座敷では、「トンコ節」をはじめ、後述の「ゲイシャ・ワルツ」「野球けん」「お富さん」など日本調の手拍子ソングが流行する。

江利の「テネシー・ワルツ」の流行にコロムビアが対抗したのが、昭和二七年八月に発売された「ゲイシャ・ワルツ」（作詞：西條八十、作曲：古賀政男）である。「テネシー」を意識して、「芸者」ではなく「ゲイシャ」とカタカナ表記を使っている。作詞家西條八十は、神楽坂《かぐらざか》の附近で生まれ育ち、花柳界で芸者の芸を見るのが好きだった。そのため、すぐに芸者の女心が頭のなかに浮かんだという。その歌詞に古賀政男が三味線の音色を生かした悲しい旋律をつけた。同年同月に「こんな私ぢゃなかったに」（同）でデビューした神楽坂はん子は、古賀がスカウトした。日本人のための日本人らしいワルツを意識して作られた。

神楽坂はん子（日本コロムビア提供）

「ゲイシャ・ワルツ」はヒットし、はん子の代表曲となる。勝機を逃すまいとコロムビアは、同じトリオで昭和二八年六月に「ゲイシャ・ルンバ」（作詞：野村俊夫、作曲：古賀政男）、同年九月に「芸者ブルース」（作詞：西條八十、作曲：古賀政男）、を出した。はん子は、古賀が作曲した昭和二八年六月の「見ないで頂戴お月様」（作詞：野村俊夫）、同年一〇月の「こんなベッピン見たことない」（作詞：関根利根雄・石本美由起）、同二九年五月の「湯の町椿」（作詞：西條八十）などをヒットさせて、戦後の芸者歌手の代表格となる。

江利とはん子のワルツ対決は引き分けに終わったが、ここには当時の日本人の歌謡曲に対する好みがよくあらわれている。戦前からの連続性である芸者歌手による日本調と、終戦後に台頭してくるジャズシンガーによる洋楽調との双方を受け入れているのである。戦前には前者に人気が限られていたが、そこに後者が加わるようになったのが戦後の特徴といえる。

歌手人生をかけた「赤いランプの終列車」

二つのワルツが流行するなか、颯爽《さっそう》と登場した新人歌手が春日八郎《かすがはちろう》であった。福島県会津出身の春日は、昭和一六年に東京浅草の常磐座《ときわざ》で「藤山一郎ショー」を見て感激し、歌手の道を志すようになる。その後、東洋音楽学校で音楽の専門的な技術を学び、東京新宿の大衆劇場ムーラン・ルージュ新宿座を経て、キングの准専属となった。ところが、何年経っても曲を貰うことはできず、岡晴夫や津村謙のような歌手になることを夢見る歳月だけが過ぎた。

そうしたなか、のちに妻となる歌手の檜阪恵子と知り合う。彼女は江口夜詩の門下生であった。春日は恵子に江口を紹介してもらった。江口は「低音が出ないし、声がどうも華奢《きゃしゃ》だ。それが一つの壁だ」と指摘した[14]。春日はその欠点を克服すべく必死で練習を続けたが、一方で転職の道も考えるようになっていた。人生の岐路に立たされたとき、江口から渡されたのが「赤いランプの終列車」（作詞：大倉芳郎《おおくらよしろう》）であった。江口が得意とする馬車もの路線であり、昭和一一年三月の松平晃「恋の夜汽車」（作詞：西條八十、作曲：江口夜詩）を発展させた感じがする。

春日は、悲願であった初のオリジナル曲を手にした。江口は「苦労にめげず、粘りつづけるきみの根性、自分はどうでもいいからきみの歌を作曲してくれ、という恵子ちゃんの情熱……そういう真剣なふたりへの、ぼくのプレゼントだ」と語った。江口の指導で三回程度歌ってみると、「テープに吹きこんで、レコード会社にもっていってみよう」となった。(15)

ところが、レコードの録音は、それに反対する者もいて簡単には進まなかった。後にキングの社長となる町尻量光《まちじりかずみつ》がテープを聴き、「これはいい！……レコーディングしよう」と言ったのが大きかった。「赤いランプの終列車」は昭和二七年一二月に発売された。春日は「このテンポならだいじょうぶだ。詩と曲のもつフィーリングも好きだし、これでいけるとわたしは第六感がひらめいた」と回想する。(16)

その直感は現実となる。春日が街を歩いていると、パチンコ店から「赤いランプの終列車」が流れてきた。チンドン屋とパチンコ店が取り上げる曲はヒットする可能性が高かった。名古屋からヒットに火がつき、全国に燎原《りょうげん》の火のごとく広がっていった。

「野球けん」ブーム

お座敷の座興で盛り上がったヒット曲に「野球けん」（作詞作曲：前田伍健《まえだごけん》）がある。これは伊予鉄道電気野球部が地元の料亭で歌と三味線に合わせてユニホーム姿で踊った宴会芸にはじまる。

「野球けん」は、ビクターは青木《あおき》はるみ、コロムビアは久保幸江と高倉敏、ポリドールは照千代《てるちよ》、キングは若原一郎《わかはらいちろう》と照菊《てるぎく》、マーキュリーは豆千代と、昭和二九年に各社競作で発売された（コロムビア、ポリドール、マーキュリーは「野球拳」）。なかでも青木のものが人気であった。

青木はるみ「野球けん」のレーベル（筆者所蔵）

この曲が流行った背景には、幕末からお座敷や酒宴の席で行われていた狐拳《きつねけん》の「チョンキナ」の要素があったからだ。「ちょちょんがほい」という掛け声の後に、手で「狐・漁師・旦那」を決めて、負けた方が一枚ずつ服を脱いでいくという遊びである。それらが「よよいのよい」とジャンケンに変わった。本来の野球部が行っていた宴会芸とは違ったかたちで流行した。

童謡「お猿のかごや」のような感じの旋律に、「野球するなら、こういう具合にしやしゃんせ、投げたなら、こう打って、打ったなら、こう受けて、ランナーになったなら、エッサッサ、アウト、セーフ、よよいのよい」でジャンケンをする。親しみ易いメロディーに、ゲーム性が加わって「野球けん」は宴会芸の定番となった。このブームをレコード会社は見逃さない。「野球けん」にあやかって、大ヒットを当てに乗り出す。

コロムビアは街頭テレビに視聴者が群がるほど人気となったプロレスに注目し、昭和二九年一二月に「プロレス拳」（作詞：野村俊夫、作曲：古賀政男）を発売した。神楽坂はん子と中島《なかじま》孝《たかし》のデュエットで「一《ワン》・二《ツー》・三《スリー》、ヨヨイガヨイ、アイコデショ」と掛け声を入れている。キングは、昭和三四年一一月に下谷二三子《したやふみこ》「ゴルフ拳」（作詞：たなかゆきを、作曲：吉田矢健治《よしだやけんじ》）で二匹目の泥鰌を狙った。

「野球けん」を出さなかったテイチクは、昭和二九年一〇月に楠《くすのき》トシエ、今村隆《いまむらたかし》「恋の野球拳」（作詞：大高《おおたか》ひさを、作曲：宮脇春夫）を発売している。この曲の副題は「野球けん」の決め台詞「こういう具合にしやしゃんせ」であった。さらに昭和三三年二月には国技である相撲を取り上げた「相撲けん」（作詞：島田磬也、作曲：福島正二、歌：及川三千代《おいかわみちよ》、中沢銀司《なかざわぎんじ》）で勝負する。しかし、くり返して言うまでもなく、二番煎じはどれも流行らなかった。

歌舞伎から生まれた「お富さん」と「与三さん」

「野球けん」ブームという日本調の歌謡曲が人気になるなかで、同系統の手拍子ソングが生まれている。昭和二九年八月にキングから発売された春日八郎「お富さん」（作詞：山崎正《やまざきただし》、作曲家：渡久地政信）である。山崎正は高橋掬太郎の弟子であったが、作詞家として日の目を見なかった。歌舞伎の「与話情浮名横櫛《よわなさけうきなのよこぐし》」（通称：切られ与三郎《よさぶろう》）を題材に書かれた歌詞がディレクター掛川尚雄の机の引き出しに眠っていた。

それに曲をつけることになった渡久地政信は、歌詞と「与話情浮名横櫛」をピアノの譜面台に置いて見ていたところ、「何々をして、木更津《きさらづ》の」という場面と、千葉県木更津出身の岡晴夫の歌唱とがピッタリと合った。渡久地は、久しくヒット曲がなかった岡の起死回生を図る一曲にしようとした。当時はお座敷ソングが流行していたため、待合やお座敷で陽気に歌えるものを考えた。そこで「お富さん」と名づけた。

与三郎はお富に惚れるが、彼女はやくざの親分の妾であった。それゆえ、与三郎は半殺しの目に遭い、お富も海に身を投げて行方不明になってしまう。ある日、偶然にも与三郎はお富と再会する。死んだと思い込んでいたから、「死んだはずだよ、お富さん」と驚くこととなる。渡久地は、この数奇な二人の運命を、陽気で軽快な手拍子ソングとして作った。

ところが、作曲完成の前日に岡のキング退社が決まったため、春日に回ってきた。岡は大ヒットを逃し、春日はスターへの階段を上っていく一曲を獲得した。「野球けん」のようなゲーム性はないが、小学生たちも「死んだはずだよ、お富さん」と、意味はわからなくても口ずさむほど流行した。キングでは昼夜をかけて「お富さん」のレコードをプレスしたが、生産が追いつかなかった。

あまりにも人気が出たため、昭和三〇年一月には照菊「与三さん」(同) が発売された。作詞と作曲は山崎と渡久地のコンビで再ヒットを狙った。照菊は、作曲家大村能章の日本歌謡学院の生徒となり、昭和二二年にキングからデビューした歌手である。彼女の代表曲と問われれば、熊本県の民謡「五木の子守唄」となるだろう。彼女が吹き込んだレコードによって全国区に押し上げられたからである。「与三さん」はその陰に隠れてしまった。

この「お富さん」と「与三さん」からわかるのは、与三郎が春日八郎であり、お富が照菊だったということだ。昭和歌謡を分析するときに面白いのは、アンサーソングであったり、続編との関係性をどう読み解くかである。また時代背景を考えると歌舞伎が歌謡曲の素材としてヒットする最後の時期であったといえる。昭和一〇年代に東海林太郎が歌った日本調のヒット曲の多くは歌舞伎を題材にして作られていた。しかし、戦後になると東海林はヒット曲に恵まれなくなる。講談や浪曲などが衰退していくのと軌を一にしている。そうした分野で題材になっていた演目よりも、外国映画や舞台作品をはじめ、新しい大衆芸能に鑑賞の目が移っていったのである。

シベリア抑留という戦争の傷跡

シベリア抑留生活から生まれた歌については先述したが、なかなか帰ってこない我が子を待つ母の心情から生まれた歌もあった。昭和二九年一〇月に発売された菊池章子「岸壁の母」(作詞：藤田まさと、作曲：平川浪竜《ひらかわなみりゅう》)である。菊池は三益愛子主演の母もの映画の主題歌などを歌唱してきたが、この母ものは一味違う歴史の重みがある作品であった。

「岸壁の母」は、東京大森在住の端野《はたの》いせをモデルにして作られた。いせの息子新二《しんじ》は函館の資産家から迎えた養子であった。昭和一九年に軍人を目指して満州に渡り、関東軍石頭《せきとう》予備士官学校に入学した。ソ連軍の攻撃を受けて牡丹江《ぼたんこう》で行方不明となる。いせは新二が生きていると信じていた。昭和二五年一月にソ連から抑留者を乗せた最初の引揚船が京都府舞鶴《まいづる》港に到着する。このときから引揚船が来るたびに、いせは新二を迎えに舞鶴の岸壁に立った。昭和二九年九月に厚生省から新二の死亡認定書が発行された。いせはそれでも新二が帰ってくることを疑わなかった。

　作詞家藤田まさとは、ＮＨＫのラジオのニュースで我が子を待ち侘びるいせのことを知り、母親が息子を想う情愛と、戦争に対する憤りを感じながら「岸壁の母」を書き上げた。藤田は「人間個人の悲しみというものを基本に書いている」「百万人の歌を書いても一人の人は泣いてくれない」「一人の悲しみ、喜びを書けば、百万人の人が泣き、喜んでくれる」ということをよく教えてくれたと回想する。[17] 作曲家平川浪竜も単なる母ものではないと感じていた。実際レコードが発売されると、大衆の感動と涙を誘った。

　これを歌唱した菊池は「星の流れに」で戦争の悲惨さを訴えた。彼女は「社会派歌謡」に最適の歌声であったといえる。菊池は「岸壁の母」の録音中に何度も泣いてしまったという。レコードが完成すると、菊池はいせのもとに持参した。ところが、いせは「もらってもプレーヤーがない、息子が帰ったら買ってもらうから、それまでレコードはいらない」と断った。[18] そこで菊池は持参した蓄音機もプレゼントした。

菊池によれば、いせは会うたびに泣いていたという。いせの息子に会いたいとの願いは叶わなかった。終戦から九年が経っても、戦争の傷跡は残り続けていた。そして歌謡曲は、時代を映す鏡のごとく、当時の社会背景をくっきりと写し出していたのである。

戦争の傷跡を背負った子供たち

太平洋戦争で父母を失った子供たちを戦災孤児と呼んだ。昭和二二年七月五日から放送されたラジオドラマ『鐘の鳴る丘』は、そうした存在を社会に啓発する目的で制作された。その主題歌「とんがり帽子」（作詞：菊田一夫、作曲：古関裕而）は、童謡歌手として人気であった川《かわ》田正子《だまさこ》の歌唱によってヒットした。

『鐘の鳴る丘』は、戦災孤児が逞しく生きる姿が描かれていた。実際に終戦後の街には戦災孤児が散見された。そのなかで目についたのが、街角で靴磨きをする子供たちの姿であった。昭和二六年六月の暁テル子「東京シューシャイン・ボーイ」（作詞：井田誠一、作曲：佐野鋤）は、東京で靴磨きをして生き延びる子供を題材にしていた。「サーサ皆さん東京名物、とってもシックな靴みがき」「愉快な靴みがき」というコミカルな歌詞に、ジャズ調の軽快な明るい曲がついている。

この作品から四年後の昭和三〇年八月には宮城《みやぎ》まり子「ガード下の靴磨き」（作詞：宮川哲夫《みやかわてつお》、作曲：利根一郎）が作られた。「お父さん？　死んじゃった……、お母さん、病気なんだ」という台詞からは、父は戦死し、病気で働くことができない母に代って靴磨きで暮らしていることがうかがえる。「俺ら貧しい、靴みがき、あゝ、夜になっても、帰れない」という切ない歌詞に、ブルース調の悲しい曲がついている。

歌謡界では戦前派の歌手から戦後派の歌手へと新旧交代の時期にさしかかり、高度経済成長の夜明け前という時期であった。しかし、戦争の傷跡を背負った子供たちは少なからずおり、また戦争の辛い記憶も色濃く残っていた。作詞家野村俊夫と新進気鋭の作曲家船村徹《ふなむらとおる》は、ともに戦争で兄を失った。好景気に酔いしれて戦争の記憶を風化させてはいけないという気持ちがあった。

そうした意識から両者が作ったのが、昭和三二年三月の島倉千代子「東京だョおっ母さん」(作詞：野村俊夫、作曲：船村徹)と、同三三年三月の三宅広一「逢いに来ましたお父さん」(同)である。母親の手を引いて東京見物させる娘は、「あれが、あれが、九段坂、逢ったら泣くでしょ、兄さんも」と母親に呼びかける。野村と船村の兄に重ねていることは言うまでもない。

さらに筆者は、これら一連の曲は昭和一四年一二月の杉山美子《すぎやまよしこ》「父は九段の桜花」(作詞：梅木三郎、作曲：中山晋平)の延長線上に作られていると考えている。「父さん僕です、私です」「戦死なされた、その夜は」「九段のお宮の、お父さん」と曲中で描かれた少年や少女も、三〇歳を迎えようとしていた。昭和三〇年代前半までは戦中からの連続性で作られた歌謡曲があり、それがまた受け入れられた。

第五章　歌謡曲の新旧交代

昭和三〇年〜三九年（一九五五〜六四）

「遠ざかっていく街灯り、そっとつぶやく別れの言葉、涙の向うにテールランプがにじんでとけて行きます。「哀愁列車」三橋美智也さんです」（『超人気歌手が一堂に玉置節で40年!!』テレビ東京、一九九五年一〇月八日放送、玉置宏の曲紹介）

キングのレコード袋、ビクターのレコード袋（筆者所蔵）

望郷歌謡

神武景気（昭和二九年一二月〜三二年六月）を迎える頃、地方から都会へと上京する若者が急増した。中学校卒業後に集団就職した彼らや彼女らは、「金の卵」と呼ばれた。そうした若者たちは、将来を夢見て上京したが、父や母、恋人がいる故郷を忘れたわけではなかった。その故郷と都会とをつなぐ「ふるさと路線」、「望郷歌謡」と呼ばれるジャンルが登場する。それらは内容に違いはあるものの、歌詞に月や馬などが登場するなど、日中戦争下に前線と銃後とを結んだ戦時歌謡の手法に共通している。

「望郷歌謡」の初期の作品としては、昭和三〇年一一月の春日八郎「別れの一本杉」（作詞：高野公男《たかのきみお》、作曲：船村徹）がある。後述する「船村演歌」の原点であり、春日の「お富さん」のイメージを塗り替える一曲となった。「遠い、遠い、想い出しても、遠い空、かならず東京へ、着いたなら」「嫁にも行かずに、この俺の、帰りひたすら、待っている」という、上京した彼氏と、帰りを待ち続ける彼女の心の絆を描いている。

コロムビアが昭和三一年八月に発売した、青木光一「早く帰ってコ」（同）は、「早くコ、早くコ、田舎え帰ってコ、東京ばかりが、なんでいゝものか」と訴えかける。昭和三二年四月にマーキュリーから発売された藤島桓夫《ふじしまたけお》「お月さん今晩は」（作詞：松村又一、作曲：遠藤実《えんどうみのる》）は、田舎に残った青年の上京した彼女への片思いを描く。「リンゴ畑のお月さん、今晩は、噂をきいたら、教えておくれよなァ」と未練の叫びが聴き取れる。この初期の「望郷歌謡」には、一時的に出稼ぎ労働者として東京に出るものの、最終的には両親や恋人が住む地元へと戻る設定で描かれている。

ところが、昭和三四年九月の守屋《もりや》浩《ひろし》「僕は泣いちっち」（作詞作曲：浜口庫之助《はまぐちくらのすけ》）では、「どうしてどうしてどうして、東京がそんなにいいんだろう」と疑問を投げかけるが、「僕も行こう、あの娘の住んでる東京へ」と、好きな彼女を追いかけて故郷を捨てる決断をしている。集団就職は昭和三九年（一九六四）に約八万人とピークを迎えた。同年五月の井沢八郎《いざわはちろう》「あゝ上野駅」（作詞：関口義明《せきぐちよしあき》、作曲：荒井英一）では、間奏部分の台詞で、主人公が両親に「今度の休みには、必ず帰るから」と語っている。東京での定住を決意した若者の姿が見て取れる。一時的に上京し故郷に帰ることを前提にしていた頃と、上京して定住を決めるようになった頃と、「望郷歌謡」に描かれる若者の意識は変化している。

「ふるさと路線」の王者・三橋美智也

レコード各社で「望郷歌謡」が作られるなか、その「ふるさと路線」の王者となるのがキングの三橋美智也《みはしみちや》である。北海道出身の三橋は、子供の頃から母親に民謡と三味線を教え込まれ、民謡界の神童と呼ばれた。上京後は神奈川県の綱島《つなしま》温泉でボイラー担当として働きながら、明治大学付属中野高等学校の夜学に通っていた。ある日、民謡の弟子がキングレコードの歌手のテストを受けることになり、三橋は三味線伴奏の付き添いで出向いた。

そのとき三橋が手本で歌っていたところ、ディレクター掛川尚雄がその美声を耳にする。これが決め手となり三橋はキングの歌手として採用された。昭和二九年一月のデビュー曲「酒の苦さよ」（作詞：山崎正、作曲：山口俊郎《やまぐちとしろう》）は、三橋の魅力を引き立てるため、福島県の民謡「新相馬節」を使ったが売れなかった。翌三〇年四月に出した六枚目の「おんな船頭唄」（作詞：藤間哲郎《ふじまてつろう》、作曲：山口俊郎）でようやくヒットを果たす。民謡で鍛えた高音と、少し鼻にかかって籠った歌声とが、ほのぼのとした故郷の情景を描き出す。ここに三橋の魅力はあると言っても過言ではない。

他の民謡歌手にも真似ができない歌声は、その後の「ふるさと路線」で大ヒットを連発していく。昭和三一年五月発売の「リンゴ村から」（作詞：矢野亮、作曲：林伊佐緒）は、都会へ向かう集団就職列車を見送る青年の切なさを歌っている。同年六月発売の「哀愁列車」（作詞：横井弘《よこいひろし》、作曲：鎌多俊与《かまたとしよ》）は、上京する青年と、故郷に残る彼女とのホームの別れのシーンを描き出す。この歌の特徴は、「惚れて、惚れて」という唄い出しでサビのような高音を使って、冒頭から最高潮を迎えているところである。低い音からサビに向かって上昇していくという定石を破った。

ふるさと路線は、昭和三一年一二月の「母恋吹雪」（作詞：矢野亮、作曲：林伊佐緒）、同三二年九月の「おさげと花と地蔵さんと」（作詞：東條寿三郎、作曲：細川潤一）と続く。昭和三三年三月発売の「夕焼けとんび」（作詞：矢野亮、作曲：吉田矢健治）では「そこから東京が、見えるかい、見えたら此処《ここ》まで、降りて来な、火傷《やけど》をせぬうち、早ッコョ、ホーイホーイ」と、とんびに託して、東京で夢破れて傷つく前に帰ってこいとメッセージを送っている。昭和三五年（一九六〇）一〇月発売の「達者でナ」（作詞：横井弘、作曲：中野忠晴）は、育てた愛馬が買われて都会に運ばれる別れを描くが、これは上京していく子供たちの擬態化に他なるまい。「町のお人はョー、よい人だろうが、変る暮しがョー、気にかかる」というように、我が子に対する親の目線で作られている。

そのどれもが大ヒットした。昭和五八年（一九八三）には日本の歌手ではじめてレコード総売上げ一億枚突破という快挙を果たした。この記録は美空ひばりでも成し遂げられなかった驚異的な記録である（表12参照）。この前

表12　三橋美智也の主なヒット曲

発売年月	曲名	売上枚数
昭和30年４月	おんな船頭唄	200万枚
昭和30年９月	あゝ新撰組	110万枚
昭和30年12月	あの娘が泣いている波止場	180万枚
昭和31年４月	男涙の子守唄	120万枚
昭和31年５月	リンゴ村から	270万枚
昭和31年６月	哀愁列車	250万枚
昭和31年10月	お花ちゃん	150万枚
昭和31年12月	母恋吹雪	200万枚
昭和32年４月	一本刀土俵入り	150万枚
昭和32年９月	おさげと花と地蔵さんと	110万枚
昭和32年11月	おさらば東京	100万枚
昭和33年３月	夕焼けとんび	220万枚
昭和33年10月	赤い夕陽の故郷	150万枚
昭和34年７月	古城	300万枚
昭和35年10月	達者でナ	220万枚
昭和36年５月	武田節	150万枚
昭和36年11月	石狩川悲歌	150万枚
昭和37年５月	星屑の町	270万枚

『昭和歌謡黄金時代～春日八郎と三橋美智也～』
（NHK 衛星第2、2007年２月25日放送）から作成。

年には歌謡生活三〇周年記念曲として「冬の花火」（作詞：横井弘、作曲：鎌田俊与）という曲が作られている。「夜汽車夜汽車を、乗りつぎながら、逢いに来た町、山あいの町」ではじまる「冬の花火」を聴くと、「哀愁列車」で別れた彼女に再会するため故郷に戻ったように感じてしまう。作詞が横井弘、作曲が鎌田俊与（戦前にキングの歌手近衛八郎）というのも偶然であろうか。しかし、彼女は家庭を築いており、結婚のプロポーズはおろか、再会もかなわない。

上京しても辛い思いをして心が傷つき、故郷に戻る者もいただろう。また故郷に戻ってみたくても、身を寄せる居場所のない者もいたに違いない。三橋の「ふるさと路線」には、そうした悲哀が込められている。

職業歌謡

「金の卵」として上京して就職し、結婚して家庭を持った若者は少なくなかった。彼らや彼女たちが従事する都会の職業を題材にした「職業歌謡」が生まれた。昭和三〇年三月にコロムビアから発売された鶴田六郎「天下の為さん」（作詞：須田寅夫《すだとらお》、作曲：原伸二《はらしんじ》）は、肉体労働者を主役にしている。昭和三〇年一〇月にキングから発売された若原一郎の「ハンドル人生」（作詞：高野公男、作曲：船村徹）と、同三二年四月にコロムビアから発売された青木光一の「僕は流しの運転手」（作詞：石本美由起、作曲：船村徹）は、タクシーの運転手を題材にしている。どちらも作曲が船村徹というのも面白い。

昭和三一年三月にビクターから発売された曽根史郎《そねしろう》「若いお巡りさん」（作詞：井田誠一、作曲：利根一郎）は、夜更けの公園で語らうカップルに向かって「もしもし、ベンチでささやくお二人さん」と、優しく語りかける。家出娘や学生バイトの納豆屋に親身に接し、最後はタバコ屋で働く女性を鎌倉へデートに誘っている。現在から見れば「浜辺のロマンス、パトロール」という歌詞に時代を感じる。

戦前には警察官はサーベルを下げて「おいコラ！」と言っていたのが、警棒に替わって姿勢が一変している。昭和三三年三月には同じトリオで「白いジープのパトロール」（同）が発売された。歌い出しの「了解、了解、目標了解」は、一時は日常会話でも使われるほど流行した。さらに昭和三七年七月には「東京のお巡りさん」（同）という、つかず離れずの歌も作られた。「デモは日比谷か国会か、喧嘩に火事に通り魔家出」、「スリや密輸やダンプカー、東京のお巡りさんは忙しい」と、当時の東京の世相を織り込んでいる。

曽根史郎「若いお巡りさん」のレーベル（筆者所蔵）

「ふるさと路線」の三橋美智也も、昭和三二年八月に「僕は郵便屋さん」（作詞：山崎正、作曲：飯田三郎）を発売している。ヒットメーカーの三橋であったが、「職業歌謡」は向いていなかったようで、これは受けなかった。ヒットしたのは、昭和三二年九月に発売されたコロムビア・ローズの「東京のバスガール」（作詞：丘灯至夫、作曲：上原げんと）である。これは女性車掌を題材にしていたが、単に憧れの職業だったなどと考えるのは早計である。女性車掌は肉体労働で決して楽な仕事ではなかった。それは三番の歌詞で「酔ったお客の、意地悪さ、いやな言葉で、どなられて、ほろり落した、ひとしずく」にあらわれている。それでも「明るく明るく、走るのよ」と元気づける。

職業といった場合、一番多いのがサラリーマンである。昭和三三年八月にキングから発売された若原一郎の「おーい中村君」（作詞：矢野亮、作曲：中野忠晴）は、新婚家庭を築いた若い会社員を題材にしていた。戦前にジャズ調の流行歌や外国曲を歌唱していた中野忠晴が作曲しているため、非常にアップテンポで明るい曲である。歌い出しの「おーい、中村君」と呼びかけるのが特徴である。

しかし、一番需要のある職業だが、サラリーマンもので当たったのは「おーい中村君」だけだった。同じトリオで昭和三四年三月に、中村君の呼びかけに答える「アイョ何だい三郎君」を出した。これは同年の紅白出場曲になったものの、人々の記憶には残らなかった。「若いお巡りさん」のトリオでも、昭和三一年一〇月に「若い職長さん」（作詞：井田誠一、作曲：利根一郎）、同三二年二月に「若いサラリーマン」（同）を出したが、後年には消えてしまう。「若いサラリーマン」の表面は、当時の大卒初任給の平均額を曲名にした「一三八〇〇円」（同）をフランク永井《ながい》の歌唱で出したが、この明るい音頭調もヒットしなかった。

どの曲も故郷を捨てて都会で暮らすことを選んだ若者たちの応援歌であったといえる。辛いとき、切ないときに「望郷歌謡」で昔日の故郷を懐かしみ、「職業歌謡」で現実の都会での生活に活を入れられた。こうした歌のヒットの背景には、慰めと励ましの効果がセットになっていたからだと考えられる。

吉田正と都会派のムード歌謡

神武景気を迎えて「望郷歌謡」と「職業歌謡」とが人気になると、都会の夜の景色を歌にした「ムード歌謡」という新しいジャンルが登場した。この新しい旋律を生み出したのが、ビクターの作曲家吉田正である。吉田はシベリア抑留体験から作曲した「異国の丘」が当たったものの、その後はヒット曲を出すのに苦しんだ。

ヒット曲を生もうと模索する姿勢は、昭和二〇年代に作られた作品を聴けばわかる。前述した「霧の港のリル」は、渡久地政信のリル三部作に便乗していたし、昭和二七年四月の小畑実「ロンドンの街角で」（作詞：佐伯孝夫）は、岡晴夫の花売娘シリーズを手掛けた上原げんとの要素が強い。同年八月の宇都美清と乙羽信子《おとわのぶこ》の「あゝひろしまの鐘は鳴る」（作詞：鈴木正輝）は、佐々木俊一を髣髴とさせる。その他にも音頭調なら中山晋平、哀調を帯びた曲なら古賀政男、ジャズ調なら服部良一と、どこかで聴いたことのあるようなメロディーである。

聴けば吉田メロディーだとわかるような個性が感じられない。他者のモノマネと言われても仕方がない作曲方法からの脱却は、昭和三〇年九月の鶴田浩二《つるたこうじ》「赤と黒のブルース」（作詞：

宮川哲夫）で果たされた。四七抜き音階だが、ブルースの特徴が出ている。この後に昭和三一年三月の三浦洸一《みうらこういち》「東京の人」（作詞：佐伯孝夫）、同年四月の山田真二《やまだしんじ》「哀愁の街に霧が降る」（同）と、ムーディーな感じが漂う作品でヒットを飛ばすようになる。昭和二八年五月の鶴田「街のサンドイッチマン」（作詞：宮川哲夫）や、同年九月の三浦「落葉しぐれ」（作詞：吉川静夫）とは、まったく違う作風を見せている。

吉田の都会派歌謡の特徴は、四七抜き音階に対して、和声的短音階（G＃）と旋律的音階（F＃とG＃）を使用し、三連符を多用したことである。またふるさとと路線の早いテンポに対し、スローなブルース調で都会の雰囲気を出したところが新しかった。吉田メロディーの確立である。この後に吉田はやくざの時代劇を題材にした股旅歌謡、一〇代の若者向けの青春歌謡、リズム歌謡と展開するが、他の作曲家が思いつかなかったという点で都会派歌謡はネオンのように輝いている。

手ごたえを感じたのか、昭和三一年一〇月には鶴田浩二「好きだった」（作詞：宮川哲夫）と、同三三年八月にはそれによく似た和田弘《わだひろし》とマヒナスターズ「泣かないで」（作詞：井田誠一）を世に出した。マヒナのスチールギターの演奏を入れたことで、夜の男女の恋をよりムードのあるものに仕上げた。マヒナは、この作品を皮切りに多くの吉田作品を歌唱することになり、元祖ムードコーラスグループとなった。

吉田メロディーに欠かせない歌手が、ジャズシンガーであったフランク永井である。彼と出会ったことにより、昭和三二年三月の「東京午前三時」（作詞：佐伯孝夫）、同年一一月の「有楽町で逢いましょう」（同）という不動の名曲を生み出した。前者は聴く者に眠らない街東京というイメージを与えた。後者は佐伯孝夫が同年五月に開店した有楽町そごうの広告から題名を取った。百貨店をイメージして作詞したが、都会の大人の恋とはこうもお洒落なものかと思わせるムード感に溢れている。

そしてジャズシンガーであった松尾和子《まつおかずこ》との出会いは、男女デュエットのムード歌謡というかたちを生み出した。フランクが力道山《りきどうざん》が経営する「クラブ・リキ」で歌唱していた松尾に注目し、吉田に会わせて歌手デビューのきっかけを作った。昭和三四年七月のデビュー曲「グッド・ナイト」（同）はマヒナ、「東京ナイト・クラブ」（同）はフランクとデュエットした。そして翌三五年一月にマヒナとデュエットした「誰よりも君を愛す」（作詞：川内康範《かわうちこうはん》）は、同年の第二回レコード大賞の受賞曲となった。

フランク永井「有楽町で逢いましょう」の歌詞カード（筆者所蔵）

男女の夜の世界を演出するムード歌謡は、戦前に内務省がレコード検閲をしていた時代には考えられないものであった。しかし、まだ性の解放にはメディアや世論も厳しかった。吉田によれば「グッド・ナイト」と、昭和三五年二月に発売された松尾の「夜がわるい」（同）は、放送禁止の対象曲になったという。「夜がわるい」は「愛すると言ったのは、あなた、愛されたのは、わたし、抱きしめたのは、あなたで、許したのは、わたし、誰も、わるいんじゃない、夜が、夜がわるいのよ」と、たしかに官能的であった。第六章では「アダルト歌謡」が登場するが、それらと比べて見れば一〇年時代が早かったといえる。

そこで吉田は昭和三五年八月に松尾の「再会」（作詞：佐伯孝夫）で汚名を返上する。しかし、殺人を犯した彼氏が刑務所に収監され、その彼が出獄する日まで待ち続ける女心を歌うという、それまでの歌謡曲にはなかった衝撃的な内容であった。ちなみに、昭和四六年（一九七一）一一月に同じトリオで「再会の朝」を発売している。ここから男の刑期は一一年であったことがわかる。やっと彼に会えるという女の心情を描いている。

どれも吉田にしか書けない独特の旋律である。吉田は「どうやっても古賀先生の亜流になっちゃう」「やはり大目標は古賀政男先生だったんだね、みんなが。ところがその存在があまりにも大きすぎるんでねえ。グーッとその存在がかぶってきちゃって、抜けだすのにたいへん」と語っている(1)。戦前に服部良一が感じたことと共通している。しかし吉田は、古賀をリスペクトしながら、古賀にならないような個性を出すことに成功した。昭和四〇年代を迎えると、多くのムードコーラスグループが登場するが、吉田はその新しい世界を切り拓いたのである。

男女の発展場と別れのシーンの変化

昭和三〇年代を迎えてムード歌謡が出現したのは、吉田の奇抜なアイデアだけが理由ではなかった。その背景には夜の社交場である大人の男女の発展場が大きく様変わりしてきたことが影響している。

朝鮮戦争の特需景気の頃は、「トンコ節」「ゲイシャ・ワルツ」「野球けん」などのように、芸者が同席するお座敷が人気であった。それが神武景気以降になると、東京の銀座を中心として、全国各地の夜の街にネオン燦めくクラブやキャバレーが隆盛してくる。昭和三〇年以降に芸者歌手のスターが登場しなくなるのは、この時期に芸者とホステスとの勢力が交替したことを示している。事実、芸者に代わって松尾和子のようにクラブシンガーからレコード会社にスカウトされる歌手が出てくるようになる。キングの歌手大津美子《おおつよしこ》は、ビクターの渡久地政信を経て、キングの飯田三郎に師事しており、松尾のようなクラブシンガーではない。しかし、大津のヒット曲である、昭和三〇年一〇月の「東京アンナ」（作詞：藤間哲郎、作曲：渡久地政信）、同三三年四月の「銀座の蝶」（作詞：横井弘、作曲：桜田誠一《さくらだせいいち》）は、クラブで働く女性を主役としている。

男女の発展場だけでなく、その悲しい別れの場面にも新たな変化が見られる。昭和三二年一一月のフランク永井「羽田発七時五〇分」（作詞：宮川哲夫、作曲：豊田一雄）は、別れの場面に空港が登場した。昭和三三年七月に羽田空港（東京国際空港）がアメリカから全面返還された。先取りして作られた歌詞には午後七時五〇分が「俺を急《せ》かせる、最終便」とあるから、現在と比べると飛行機利用客が少なかったことがわかる。昭和三九年に海外旅行が自由化される前である。しかし、この作品に続いて、昭和三三年七月にキングの三船浩《みふねひろし》「夜霧の滑走路」（作詞：横井弘、作曲：飯田三郎）、同三四年一月に和田弘とマヒナスターズ「夜霧の空の終着港（エアーターミナル）」（作詞：佐伯孝夫、作曲：吉田正）が作られ、ともにヒットしている。

昭和三四年二月のフランク永井「恋のビジネス特急」（作詞：井田誠一、作曲：吉田正）も見逃せない。これは前年一一月の東京と大阪間を六時間三〇分で結ぶビジネス特急「こだま」の開通を受けて作られた。ビジネス特急は約二時間の会議を行って日帰りできるというのが売りであった。これは同時に短時間ではあるが遠距離恋愛が可能になったことを伝えていた。

別れの場面に電話が登場したのもこの頃であった。新設の東芝（東京芝浦電機）レコードから昭和三四年一一月に松山恵子《まつやまけいこ》「お別れ公衆電話」（作詞：藤間哲郎、作曲：袴田宗孝《はかまだむねたか》）が発売された。上京してきた若者と、故郷に残った若者との最後の電話であったのだろうか。全国の公衆電話は昭和一五年に約一万七二四九台であったが、同三五年には一三万三五一八台へと増加した。この頃は市内通話が一〇円で時間無制限で通話できたが、昭和四五年（一九七〇）一月三〇日から三分一〇円となった。

従来の乗り物を使った男女の別れの場面は、列車が発車する駅のホーム、船が出て行く港の波止場に限られていたが、そこに飛行機が出発する空港が登場したのである。これも高度経済成長を迎えた頃の時代を反映していた。

島倉千代子の作品変化

島倉千代子は、昭和二九年のコロムビア全国歌謡コンクールに優勝し、翌年にデビューした。コロムビアの文芸部長伊藤正憲は、島倉を売り出すため、「この世の花」（作詞：西條八十、作曲：万城目正）を歌わせようとした。ところが、万城目正は別の歌手を予定していたことと、島倉の歌唱力が低いと判断して難色を示した。コロムビア・ローズによれば、「この作品は最初、私が歌はず《ママ》だったそうです。スケジュールが合わず、結局はお千代ちゃんが歌うことになりました」という(2)。

歌手とヒット曲の運命を考えさせられる。昭和三〇年二月発売の「この世の花」がヒットすると、同年一一月に「おもいでの花」（同）、同三一年二月に「さすらいの花」（同）と続編が作られるが、その後も生き残ったのは「この世の花」だけであった。西條八十と万城目との映画主題歌の人気は変わらなかった。

島倉千代子「この世の花」の歌詞カード（筆者所蔵）

昭和三三年三月の島倉千代子「思い出さん今日は」（作詞：星野哲郎《ほしのてつろう》、作曲：古賀政男）は、大御所の古賀政男と、新人の作詞家星野哲郎との初顔合わせの作品となった。これは当時ベストセラーであったフランソワーズ・サガンの『悲しみよこんにちは』からヒントを得て作詞したが、星野は読んでいる時間がなかったため、ほとんど想像で書いたという。曲調は「目ン無い千鳥」など、古賀のテンポの速い明朗歌謡の路線である。

こうした万城目や古賀といった戦前から人気の作り方とは違った手法が出てくる。昭和三三年にコロムビアの専属作曲家となった遠藤実は、島倉千代子「からたち日記」(作詞:西沢爽)の作曲を任された。文芸部の坂田哲郎から「島倉くんはいま、ちょっとマンネリ気味だ、だからそれを打ち破るような新曲が欲しい」と頼まれた(3)。

遠藤がメロドラマ調で作ると、制作部ディレクター馬渕玄三《まぶちげんぞう》に「悪くないとは思いますが」と言われた。遠藤は西沢爽の歌詞をボロボロになるまで読み込んで、新しい手法を模索しても う一曲作った。その結果、「四分の三拍子ではじまって、そこに四分の二拍子や四分の四拍子が入るといった変拍子の曲」ができた。最終的には島倉が従来とは違った路線に挑戦することを決心し、後から作った曲の方が選ばれた。

古賀は「からたち日記」について「一つの曲の中で何回も拍子が変わってしまう。聞く人にオヤッと思わせるだけでも成功している」と述べている(4)。遠藤は「尊敬してやまない古賀政男先生」と書き残しており(5)、古賀メロディーを歌謡曲の教則本的存在と考えていた。古賀メロディーの路線を変えさせたのは、作家五木寛之《いつきひろゆき》が書いた「艶歌の竜《えんかのりゅう》」のモデルになった馬渕である。遠藤は「あのころの馬渕さんは歌謡曲が好きではなかったのかもしれない」と回想してい

る。(6)

しかし、馬渕は古賀メロディーを否定していたわけではなかった。彼は市川昭介《いちかわしょうすけ》に、島倉の「恋しているんだもん」（昭和三六年一一月、作詞：西沢爽）を「思い出さん今日は」のような路線で書くように求めている。市川はそれを意識して作曲したが、「弾きなおしてみると、つまらない曲になっていた。やっぱり、古賀先生には勝てない」「島倉千代子に似合わないメロディーを作ってやろうと開き直った」「高校時代に凝ったハワイアンで知ったシャッフルのリズムを思い浮かべ活用した」という。(7)

第一回レコード大賞―歌謡曲の新旧交代―

昭和三〇年を境として、芸者歌手が後退したことは前述したが、戦前からの音楽学校出身の歌手たちが第一線から退いていくのも同じであった。それは作詞家や作曲家たちも例外ではなかった。そのことは昭和三四年に開催された第一回のレコード大賞の行方からもうかがえる。

この年の大賞受賞曲の候補は、三月のフランク永井「夜霧に消えたチャコ」（作詞：宮川哲夫、作曲：渡久地政信）と、一一月の水原弘《みずはらひろし》「黒い花びら」であった。「黒い花びら」の作詞は永《えい》六輔《ろくすけ》、作曲は中村八大《なかむらはちだい》という、新進気鋭の若手コンビによって作られている。中村は当時ロカビリーの曲を手掛けていた。ポール・アンカの「君は我が運命（You Are My Destiny）」など、当時の最新の洋楽のテイストを取り入れているため、従来の歌謡曲にはなかった斬新な旋律である。

　中村は東宝映画『青春を賭けろ』の音楽を任され、挿入歌の作曲の締め切りを翌日に迫られていた。偶然出会った永に頼むが、永も作詞の経験はなかった。そこで永が複数の詞を作り、それに中村が曲をつけて生まれたうちの一曲が、東芝レコードで発売した「黒い花びら」であった。

　当時の売上枚数では、キングから五月に発売されたペギー葉山《はやま》「南国土佐を後にして」（作詞作曲：武政英策《たけまさえいさく》）と、七月に発売された三橋美智也「古城」（作詞：高橋掬太郎、作曲：細川潤一）とが拮抗していた。「古城」は戦前からのベテランコンビによって作られており、昭和一二年に細川潤一が作曲した戦時歌謡「あゝ我が戦友」（作詞：林柳波、歌：近衛八郎）の旋律に似た感じがする。「南国土佐を後にして」は戦時中に中国大陸に出兵した陸軍朝倉歩兵二三六連隊（鯨部隊）で歌われていたものを原曲とし、昭和二八年から二九年頃にマーキュリーの丘《おか》京子《きょうこ》、同三〇年七月にテイチクの鈴木三重子《すずきみえこ》のレコードを経たものであった。やはり新鮮さに欠けていた。

　どの曲と比較しても「黒い花びら」は色々な意味で新しかった。八分の六拍子の三連符を多用したロッカ・バラードは歌謡曲には珍しく、ハーモニック・マイナー・スケール（和声的短音階）を取り入れるなど、ジャズピアニスト中村ならではの技巧が輝いていた。レコード大賞は、これからの新しい日本の音楽の発展を祈念して創設された。そういった意味で「黒い花びら」は打ってつけであった。第一回の受賞曲は売上げ枚数ではなく、新鮮さが買われた。「黒い花びら」の「ダダダ、ダダダ、ダダダ」という三連符の響きは、昭和四〇年代には8ビートのリズムによって歌謡曲をリードしていくこととなる。この手法は後述する宮川泰《みやがわひろし》もザ・ピーナッツで実践していたが、このリズム感覚は昭和歌謡の流れを変える素因の一つとして大きかった。

浪曲の終焉

戦前に歌謡曲と並んで浪曲は人気であった。春日井梅鶯《かすがいばいおう》や広沢虎造《ひろさわとらぞう》などのスターも生まれた。しかし、高度経済成長を迎える頃には衰退した。大衆の生活様式が、和服から洋服、下駄や草履から靴、唐傘から洋傘へと急速に変化したのと重なっている。そうした雰囲気を敏感に察して、三波春夫、村田英雄《むらたひでお》、テイチクの天津羽衣《あまつはごろも》、キングの二葉百合子《ふたばゆりこ》など、浪曲界から歌謡界へと転身する者があらわれた。

シベリア抑留生活から帰国した三波は、南條文若《なんじょうふみわか》という芸名で浪曲師を再開した。ところが、客席から「浪花ぶしはチットでいいから、歌をいっぱいやっておくれ」とのリクエストが増えるようになった。[8]三波は「露営の歌」を歌った佐々木章から歌謡曲の歌唱方法を習い、昭和三二年にテイチクからデビューした。同年に「チャンチキおけさ」（七月、作詞：門井八郎、作曲：長津義司）、「船方さんよ」（同月、作詞：同、作曲：春川一夫）、「雪の渡り鳥」（一〇月、作

村田英雄「王将」のレコードジャケット（筆者所蔵）

詞：清水みのる、作曲：陸奥明《むつあきら》）がヒットし、テイチクのスター歌手となる。男性歌手が和服姿で歌唱したのは三波が初めてであった。これは短足のため洋装は似合わないという妻のアドバイスによる。

昭和三四年六月の「大利根無情」（作詞：猪又良、作曲：長津義司）は、二〇年前に田端義夫でヒットした「大利根月夜」のアンサーソングのようであった。天保水滸伝《てんぽうすいこでん》の平手造酒《ひらてみき》を題材にしている。作曲も同じ長津義司だが、違うのは間奏部分に浪曲調の台詞を入れているところだ。この手法は、昭和三二年七月の二葉「女国定《おんなくにさだ》」（作詞：山崎正、作曲：山口俊郎、台詞：不《ふ》二洋子《じようこ》）、同三五年五月の天津「お吉物語」（作詞：藤田まさと、作曲：陸奥明）にも共通する。そして三波は、昭和三九年四月に「俵星玄蕃《たわらぼしげんば》」（作詞：北村桃児《きたむらとうじ》〔三波春夫〕、作曲：長津義司）で長編歌謡浪曲というジャンルを作った。浪曲や講談調の台詞を入れた約一〇分という歌謡曲では異例の長さであった。

三波のライバル村田は、昭和三三年にコロムビアからデビューする。そのきっかけは古賀政男が歌謡界への転向を勧めたことによる。村田は、昭和三三年七月の「無法松の一生」（作詞：吉野夫二郎《よしのふじろう》、作曲：古賀政男）の後ヒットに恵まれなかった。そこで村田の担当ディレクター斉藤昇《さいとうのぼる》は、「王将」（作詞：西條八十、作曲：船村徹）を企画した。明治時代から昭和初期に活躍した将棋棋士の坂田三吉《さかたさんきち》を取り上げ、浪花の勝負師の意気地を描こうとした。

この企画を村田と斉藤から聞いた西條八十は、「あなた、いくつ？」「明治生まれでもなければ、そんな企画は思いつかない」と話した。(9) また当時の西條は、美空ひばりや島倉千代子など女性歌手の女心を美しく描くことに固執し、それらとは異なる男唄を書くことに難色を示した。村田が熱心に説得した甲斐もあり、西條は苦心して「吹けば飛ぶような、将棋の駒に、賭けた命を、笑わば笑え」という名句を創出した。

船村徹はロカビリーが流行する時代だからこそ、「いまどき誰も歌わないような曲を作りたい」と思った。昭和三六年一一月に「王将」が発売されたとき、西條は「こんな歌、売れませんよ」と語っていた。西條でも時代錯誤と感じたようだ。しかし、「王将」は大ヒットした。ヒットの要因には、後述する美空ひばりや北島三郎などに提供した難曲とは違って、意外にも素直な旋律にして歌い易かったからかもしれない。村田は同年の紅白歌合戦で「王将」を歌唱し、翌三七年の浅草国際劇場の村田英雄ショーでも「王将」は大喝采で迎えられた。

男性歌手の場合は春日八郎、三橋美智也、三波春夫、村田英雄の四天王に、フランク永井を加えた五人が昭和三〇年代の歌謡界の王者争いを繰り広げた。高度経済成長の幕開けとともに彼らが最前線に立ち、戦前からの藤山一郎、東海林太郎たちは後退した。

和製ポップスと外国曲のカバー

昭和三三年二月八日に日本劇場で第一回ウエスタンカーニバルが開催された。ウエスタンカーニバルの常連であったミッキー・カーチス、平尾昌晃《ひらおまさあき》、山下敬二郎《やましたけいじろう》は、「ロカビリー三人男」と呼ばれた。「監獄ロック」「ハートブレイク・ホテル」「ラブ・ミー・テンダー」「ダイアナ」など、エルヴィス・プレスリーやポール・アンカの歌った外国曲であった。

この頃の外国曲の流行を考えるときに訳詞家の漣健児《さざなみけんじ》を忘れてはならない。漣は新興楽譜出版社社長でありながら、多くの外国曲を訳詞した。昭和三六年一二月の飯田久彦《いいだひさひこ》「ルイジアナ・ママ」（作詞作曲：Gene Pitney、訳詞：漣健児）もその一曲である。漣の弟草野浩二《くさのこうじ》は、昭和三五年に東京芝浦電気レコード事業部に入社すると、カバーポップスを手掛けた。昭和三七年一〇月の弘田三枝子《ひろたみえこ》「ヴァケーション」（作詞作曲：Connie Francis, Hank Hunter、訳詞：漣健児）は、その後の日本のシンガーソングライターに大きな影響を与えた。

渡辺晋《わたなべしん》が創設した渡辺プロダクションは、和製ポップスや外国のカバーポップスに注目した。同社の専属タレント第一号となったのが、ザ・ピーナッツである。作曲家の宮川泰に師事したこともあり、昭和三八年四月の「恋のバカンス」（作詞：岩谷時子《いわたにときこ》、作曲：宮川泰）、同三九年九月の「ウナ・セラ・ディ東京」（同）など、宮川の作品が多い。昭和四二年（一九六七）八月の「恋のフーガ」（作詞：なかにし礼、作曲：すぎやまこういち）（四万三二五〇枚）も代表曲の一曲である。ザ・ピーナッツの魅力は、ポップスのリズム感はもとより、双子の息のあったデュオの素晴らしさだろう。

「恋のフーガ」を作曲したすぎやまは、フジテレビのディレクターであった。彼と渡辺の企画で昭和三四年六月一七日から『ザ・ヒットパレード』が放送された。渡辺プロ所属の歌手が出演し、和製ポップスや外国のカバーポップスを歌唱した。この番組に出演した中尾《なかお》ミエ、伊東《いとう》ゆかり、園《その》まりは、「スパーク三人娘」と呼ばれた。昭和三七年四月に中尾「可愛いベイビー」（作詞作曲：D.Stirling・B.Nauman、訳詞：漣健児）、同年七月に園「マッシュ・ポテト・タイム」（訳詞：タカオカンベ、作曲：シェルダン・ランド）、同年一〇月に伊東「ロコモーション」（作詞作曲：Gerry Goffin, Carole King、訳詞：あらかわひろし）と、カバーポップスをヒットさせた。

和製ポップスの最大のヒットといえば、昭和三六年一〇月の坂本九《さかもときゅう》「上を向いて歩こう」（作詞：永六輔、作曲：中村八大）である。世界的に「スキヤキ」という名で知られている。永六輔と中村八大の「六八コンビ」で作られた。「六八コンビ」は、昭和三六年四月八日からNHKで放送された『夢であいましょう』の「今月の歌」として、ジェリー藤尾《ふじお》「遠くへ行きたい」（同三七年五月）、デューク・エイセス「おさななじみ」（同三八年六月）、梓《あずさ》みちよ「こんにちは赤ちゃん」（同年七月）といったヒット曲を生んだ。「こんにちは赤ちゃん」は昭和三八年のレコード大賞を受賞した。テレビがレコードを売る時代の夜明けであった。

古賀政男から「上を向いて歩こう」を作曲するとき、「ヒットすると思って作ったの」と聞かれた中村は、「じょうだんじゃない。まったくやみくもですよ」と笑って答えた。また『夢であいましょう』の「今月の歌」についても「ふしぎですね、曲によって売れるのと売れないのとでは、たいへんな差ですよ」と首をひねった。(10)

この頃にテレビのCMソングの作曲家として頭角をあらわしたいずみたくは、その道の草分け的存在である三木鶏郎《みきとりろう》主宰の「冗談工房」に所属していた。社長に永六輔、専務に野坂昭如《のさかあきゆき》、社員にいずみ、アルバイトに五木寛之という位置づけである。昭和三八年五月には永といずみのコンビで、坂本九「見上げてごらん夜の星を」を世に出した。いずみは、ショパンの「夜想曲」第二番や、リストの「愛の夢」などクラシックの名曲で使われる六度の跳躍を用いて、ミュージカル音楽のような迫力のある旋律に仕上げた。

ここに登場した作詞家、作曲家たちは、いずれも古賀政男、古関裕而、服部良一という三大作曲家がデビューした頃に生まれた。歌謡曲のヒットメーカーとしてのバトンは子供たちの世代に渡されつつあった。事実、歌謡曲は新しい手法で作り出される曲がり角を迎えていた。

西田佐知子の記憶に残った歌

外国曲のカバー曲でヒットしたものに、昭和三六年八月の「コーヒールンバ」(作詞作曲：Jose Manzo Perroni、日本語詞：中沢清二)がある。これを歌唱した西田佐知子《にしださちこ》は、マーキュリーレコードで昭和三一年一〇月に「伊那の恋唄」(作詞：牧喜代司《まききよし》、作曲：豊田一雄)でデビューしたが、ヒット曲に恵まれなかった。ポリドールに移籍してから出した「コーヒールンバ」は西田の最初のヒット曲となり、昭和三六年の紅白に初出場することとなった。

しかし、西田の代表曲となると、「コーヒールンバ」ではなく、昭和三五年四月の「アカシアの雨がやむとき」（作詞：水木《みずき》かおる、作曲：藤原秀行《ふじわらひでゆき》）を想起する人の方が多いのではないか。この歌は当時ヒットしなかったが、時間が経つにつれロングセラーとなった。

その背景には昭和三四年から起こった安保闘争が存在した。昭和三五年六月一五日には国会議事堂構内に突入した安保反対のデモ隊と、警官隊とが衝突したときに東京大学の女子学生樺美智子《かんばみちこ》が死亡している。

この出来事と歌詞の「アカシアの雨に打たれて、このまゝ死んでしまいたい、夜が明ける、日がのぼる、朝の光りのその中で、冷たくなった私を見つけて、あのひとは、涙を流してくれるでしょうか」とが重なりあって、安保反対の世代の記憶に残る歌となったのである。西田は昭和三七年と四四年（一九六九）の紅白歌合戦、同四八年の『思い出のメロディー』（ＮＨＫ）で歌唱しており、発売から時間が経つにつれヒットした。

もともと、そうした事件よりも前に作られた「アカシアの雨がやむとき」は、社会派歌謡ではなく、西洋の若い男女の悲恋物といった感じの作風である。悲しさが増す雨によるウエット感よりも、雨が上がってさっぱりとしたドライな感じの方が強い。洋楽カバーや和製ポップスの時流に乗ったからかもしれない。西田はエキゾチックで大人のムードのある歌謡曲が適している。その意味でいうと、昭和四〇年一二月の「赤坂の夜は更けて」（作詞作曲：鈴木道明《すずきどうめい》）の方が聴いていて切ない。

御三家と青春歌謡

和製ポップス全盛期に、それとは対照的な日本調で勝負する若者が登場した。昭和三五年七月に「潮来笠《いたこがさ》」（作詞：佐伯孝夫、作曲：吉田正）でデビューした橋幸夫《はしゆきお》である。橋は作曲家遠藤実の弟子であったが、コロムビアからのデビューが難しいため、ビクターのオーディションを受けたところ合格した。そこで遠藤から吉田正のもとへと移った。

吉田は「再会」を書くと、これ以上の作品がつくれるかと悩んだ。吉田は若者向けのロックを書くか、日本調でいくか悩んだ挙句、後者でいくことに決めた。橋は呉服屋の息子だったため、和服姿で売り出した。「潮来笠」がヒットすると、昭和三五年一二月に橋幸夫「木曽ぶし三度笠」（同）、同三六年七月に「沓掛時次郎《くつかけときじろう》」（同）などの股旅ものが作られ、大映で映画化された。橋は映画にも出演したため、舞台やテレビでも三度笠に髷《まげ》、着流し姿に日本刀一本差しという姿が定着した。

その一方では昭和三七年九月に日活女優の吉永小百合《よしながさゆり》と「いつでも夢を」（同）をデュエットし、同年のレコード大賞を受賞した。昭和四一年一月の「雨の中の二人」（作詞：宮川哲夫、作曲：利根一郎）は、「いつでも夢を」と同じく明るい未来が拓けるような青春に満ち溢れた世界観である。また昭和三九年八月の「恋をするなら」（作詞：佐伯孝夫、作曲：吉田正）、同四二年五月の「恋のメキシカン・ロック」（同）などのリズム歌謡という現代的なものでもヒットを飛ばした。レコード大賞に輝いた「いつでも夢を」で女性のバックコーラスを使ってから、この手法は青春歌謡の定番となる。

コロムビアからは、昭和三八年六月に「高校三年生」（作詞：丘灯至夫、作曲：遠藤実）で舟《ふな》木一夫《きかずお》がデビューした。彼の師である遠藤は、丘の歌詞を見て「中学に行きたくても行けなかった少年時代がよみがえってきた」「憧れてやまなかった学園生活であり、その憧憬《しょうけい》の念」を込めて作曲したという(11)。この後も遠藤の作曲で同年八月の「修学旅行」（同）、九月の「学園広場」（作詞：関沢新一《せきざわしんいち》、作曲：遠藤実）などが作られた。舟木は詰襟《つめえり》の学生服姿がトレードマークとなった。

昭和三八年に新設されたクラウンレコードからは、翌三九年二月に西郷輝彦《さいごうてるひこ》が「君だけを」（作詞：水島哲《みずしまてつ》、作曲：北原《きたはら》じゅん）でデビューした。九州男児の西郷は、「維新の三傑」の一人である西郷隆盛《さいごうたかもり》から芸名を取った。西郷にちなみ、レコード番号はCW・三五、出荷枚数は三万五〇〇〇枚と縁起を担いだ。「君だけを」は王道の歌謡曲路線であったが、昭和四〇年九月の「星娘」（作詞作曲：浜口庫之助）では「イエイエイ、〳〵、〳〵」というロックンロール、同四一年七月に「星のフラメンコ」（同）では「好きなんだけど」の後に「チャチャチャ」と三拍子を入れる斬新なラテン歌謡に仕上げられている。

橋、舟木、西郷は「御三家」と呼ばれた。もう一人忘れてはならないのが、吉田門下生の三《み》田明《たあきら》である。昭和三八年一〇月のデビュー曲「美しい十代」（作詞：宮川哲夫、作曲：吉田正）は、三田をそのまま映し出していた。写真家の秋山庄太郎《あきやましょうたろう》が「日本一の美少年」と評したほどの二枚目であった。ちなみに、橋を逃したコロムビアは、ビクターが「はしを行く」のなら、こちらは「なかを渡る」という意味で中尾渉《なかおわたる》をデビューさせたが、音頭などを吹き込んだ程度で消えてしまった。

その他にも、昭和三九年六月の梶光夫《かじみつお》「青春の城下町」（作詞：西沢爽、作曲：遠藤実）、八月の安達明《あだちあきら》「女学生」（作詞：北村公一《きたむらこういち》、作曲：越部信義《こしべのぶよし》）、久保浩《くぼひろし》「霧の中の少女」（作詞：佐伯孝夫、作曲：吉田正）がヒットし、彼らは「第二の御三家」という位置づけとなった。女性歌手では、同年のレコード大賞を受賞した七月発売の青山和子《あおやまかずこ》「愛と死を見つめて」（作詞：大矢弘子、作曲：土田啓四郎）をはじめ、本間千代子《ほんまちよこ》、高石かつ枝《たかいしかつえ》が人気を獲得した。いずれも一〇代の若者で、これ以降歌手デビューの低年齢化が進んだ。当時の中学生や高校生にとってクラスメイトというような親近感があった。スターという雲の上の遠い存在から、アイドルという憧れの友達的な存在へと変わっていった。

遠藤実と歌謡曲の変化

和製ポップスのザ・ピーナッツに対抗し、昭和三四年に日本調の歌謡曲デュオとしてデビューしたのがこまどり姉妹である。流しの歌手から作曲家へと転向した遠藤実は、三味線の流しで生きてきた並木姉妹の人生に共感した。遠藤は「三味線姉妹」（作詞作曲：遠藤実）をデビュー曲に予定していた。しかし、その前に、村田英雄が二日酔いでレコーディングにあらわれないため、こまどりを呼んで村田が歌う予定であった曲を録音させた。それが昭和三四年一〇月のデビュー曲の「浅草姉妹」（作詞：石本美由起、作曲：遠藤実）となった。これがヒットし、こまどりは人気者となる。同年一一月の「三味線姉妹」、昭和三六年四月の「ソーラン渡り鳥」（同）とヒット曲を生み出す。村田が二日酔いにならなければ、こまどりが売れる機会はもっと遅くなったかもしれない。

こまどり姉妹より少し前の昭和三三年一一月に「お座敷ロック」（作詞：関沢新一、作曲：米山正夫）でデビューしたのが五月《さつき》みどりである。コロムビアは芸者歌手の神楽坂はん子が引退してから、彼女に代わる岡田《おかだ》ゆり子を昭和三三年一二月に「芸者マーチ」（作詞：西條八十、作曲：古賀政男）でデビューさせるが歌手生命は短かった。五月に期待がかかるものの、ヒットに恵まれなかった。そこで遠藤は五月の声が震える「ちりめんビブラート」と呼ばれる独特の歌声を生かした佳曲を生み出す。昭和三六年二月の「おひまなら来てね」（作詞：枯野迅一郎、作曲：遠藤実）と、同三七年一一月の「一週間に十日来い」（作詞：小島胡秋、作曲：遠藤実）である。

クラウンレコードが昭和三八年一二月に発売した「温泉芸者」（作詞作曲：越純平《こしじゅんぺい》）も遠藤

の作曲である。遠藤はコロムビアの専属作曲家であったため、専属制に配慮して作詞作曲を越純平というペンネームを使っている。同じく第一回発売の一節太郎《ひとふしたろう》「浪曲子守唄」も作詞作曲が越純平である。この曲はもともと美空ひばりを想定していたが、途中に台詞が入るために別の歌手に回すこととなった。遠藤はこの曲で内弟子の一節を売れさせようと考えた。一節は綺麗な声をしていたため、浪曲調の特徴を出すため喉を潰すように命じた。涙ぐましい努力もあって、市場の競りの掛け声のようなダミ声となった。

しかし、「浪曲子守唄」は難航する。コロムビアレコード事業部長を辞めてクラウンレコード社長となった伊藤正憲が反対したのである。カップリング予定の「お手上げ節」も、会社立ち上げ第一回発売には縁起が悪いという。そこでタイトルを「一発節」に改めたところそれがA面となり、「浪曲子守唄」はB面に回された。ところが、不思議なもので「浪曲子守唄」がヒットした。あえて悪声にするなど、音楽学校出身者が主流の時代には考えられなかった。

市川昭介と歌謡曲の変化

この時期に遠藤とともに売れっ子の作曲家となった市川昭介を忘れてはならない。彼の手による昭和三七年六月の畠山《はたけやま》みどり「恋は神代の昔から」（作詞：星野哲郎、作曲：市川昭介）は、「恋をしましょう、恋をして」という浪曲調の節回しから始まるところが特徴である。同年一二月の「出世街道」（同）は、古賀政男の「人生劇場」のような戦前からの歌謡曲の定石に沿ったかたちで作曲された。コロムビアレコード事業部長伊藤正憲は、「袴をはいたり、扇子を持ったりするのは、歌謡曲の歌手ではない」と批判した。[12] しかし、畠山は巫女姿を変えなかったため、それがトレードマークとなった。伊藤が反対した一節と畠山の事例からは、戦前からの歌謡曲の常識が崩れて、非常識であったものが支持されるという価値観の変動がうかがえる。

作詞家星野哲郎はクラウンレコードに移るが、市川はコロムビアに留まった。専属制の壁を越えて作曲したのが、畠山の「袴を抱いた渡り鳥」であった。しかし、これはお蔵入りとなり、昭和三九年一〇月にコロムビアからデビューできなかったクラウンの水前寺《すいぜんじ》清子《きよこ》「涙を抱いた渡り鳥」（作詞：有田めぐむ〔星野哲郎〕、作曲：いづみゆたか〔市川昭介〕）として発売された。水前寺は昭和四三年一一月の「三百六十五歩のマーチ」（作詞：星野哲郎、作曲：米山正夫）（二九万三一九〇枚）、同四五年一一月の「大勝負」（作詞：関沢新一、作曲：安藤実親《あんどうさねちか》）（三五万九九二〇枚）とヒットを飛ばし、紅白連続出場二二回を果たす大歌手へと成長していく。

専属制の壁がありながら星野と市川のコンビで大ヒットさせた曲がもう一曲ある。昭和三九年一〇月に発売された都《みやこ》はるみ「アンコ椿は恋の花」（作詞：星野哲郎、作曲：市川昭介）だ。

市川は星野に詞を書かせようとある作戦を試みた。市川がコロムビアの都はるみを連れて星野のもとを訪れて、彼女の歌声を聴かせた。そのとき市川は星野に「今日はネ、歌書いてもらいにきたんじゃない」「こんな歌手は二度とあらわれない。だから聞いてほしいんだ」「書かなくていいからね」と言い残して帰った。その日の深夜に星野は市川に電話をかけて「さっきの子の歌、できたよ」「せっかく書いたんだから使えよ」と話した。[13] 市川の作戦勝ちであった。

はるみの特徴は「泣き節」といわれる「こぶし」を入れた歌唱である。「アンコ椿は恋の花」だと「あんこー便りはー、あんこー便りはー、あヽ片便りー」の歌い出しの「あ」と、語尾で「ー」と伸ばすところで力むように歌う。昭和四〇年一〇月の「涙の連絡船」(作詞:関沢新一、作曲:市川昭介)(二〇〇万枚)では「今夜も、汽笛が、汽笛が、汽笛が」というところでは弱く歌うが、その後の「独りぼっちで、泣いているー」は力強く語尾に「泣き節」を利かせる。

そして「泣き節」が全体に感じられるのが、昭和四三年九月の「好きになった人」(作詞:白鳥朝詠《しらとりちょうえい》、作曲:市川昭介)である。歌詞に駅や汽車は登場しないが、そうした場所での別れの場面を描いているとわかるような高揚感のあるリズムで作られている。遠藤と市川の旋律は、船村徹のそれと比較すれば素直だが、歌唱法に「こぶし」が入るようになった。

「演歌」を生んだ船村徹

栃木県出身の船村徹は、東洋音楽学校ピアノ科を卒業し、昭和二八年に雑誌『平凡』のコンクール第一席の山路《やまじ》えり子「たそがれとあの人」(作詞:サトウハチロー)で作曲家デビューする。船村の相棒となったのが、茨城県出身の作詞家高野公男である。高野は船村に「七五調の定型では、どうやったってかないっこない」「おれは茨城弁で作詞する。おまえは栃木弁でそれを曲にしろ。そうすれば古賀政男も西條八十もきっと抜ける」と語っており[14]、従来の歌謡曲とは違う素直ではない作り方を目指していた。

昭和三〇年二月の春日八郎「別れの一本杉」は、従来の歌謡曲の「五、七、五」という定型詩のスタイルではなく、「三、三、七、五、八、五、七、五、七、一〇、五」という破調であった。破調にすると、歌は纏《まと》まりづらくなり、それにともない歌いづらくもなる。古賀と船村の違いは、破調であるか否かが大きい（古賀作品は装飾音符などを正確に歌おうとすれば難しいが、そうしなくても歌えてしまう歌い易さがある）。春日はこの曲で「お富さん」のイメージを払拭し、新しい路線に進むことができたと感じた。

これに両者は手ごたえを感じてか、昭和三〇年一二月の三橋美智也「あの娘が泣いている波止場」（作詞：高野公男）、「ご機嫌さんよ達者かね」（同）も、「三、七」「四、七」という破調で作っている。そのため「まるで、新しい畳の上を土足で歩くような作品だ」と批判する者もいた[15]。ようやく光が当たりはじめたが、盟友の高野は昭和三一年九月八日に肺結核に冒されて死去する。船村は失意に陥るものの、誰でもが口ずさめる歌謡曲に背を向けて「誰も歌わないような」歌謡曲に挑戦した。

美空ひばりの作品でも、昭和三二年九月の「青春の恋人たち」と聴き比べればよくわかる。「青春の恋人たち」は、戦前の「緑の地平線」「相呼ぶ歌」など、アップテンポで流れるように纏まりのよい古賀メロディーである。それに比べて船村の作品は破調で、従来とは違った技術力の高さを追求している。昭和三一年一一月の「波止場だよお父つぁん」(作詞:西沢爽)、同三五年七月の「哀愁波止場」(作詞:石本美由起)、同三七年一〇月の「ひばり佐渡情話」(作詞:西沢爽)によくあらわれている。

これらは歌唱力の高いひばりへの挑戦でもあった。船村は「この次は簡単に歌えない曲にしてやるぞ」という思いで作曲していた。「ひばりの佐渡情話」は、「ひばりといえども、多少は苦労するかな」と感じたほど、工夫を凝らした難曲であった。[16] しかし、どのように難しい曲を用意しても、天才ひばりは困ることなく歌い上げたという。船村は生涯に一度もひばりに勝つことができなかったと回想する。

流しのギターをしながら船村の門下となった北島三郎《きたじまさぶろう》に提供した曲も難しかった。昭和三七年六月の「ブンガチャ節」(作詞:星野哲郎)は、「キュキュキュ節」という俗曲をもとにした曲であったが、歌詞が猥褻《わいせつ》だとの理由で放送禁止曲になってしまう。そこで船村が書いたのが昭和三七年八月の「なみだ船」(同)である。冒頭部分の「涙の終わりの、ひとしずく」にしても、「なーあーみだーのーーー」と、いう感じで「こぶし」を多用する。この型破りな曲がヒットしたのも不思議だが、難しさと新しさに反応したとしか考えられない。

昭和三九年九月の大下八郎《おおしたはちろう》「おんなの宿」(同)も、少し前までは聴くことのなかった「こぶし」をきかせた歌唱法があらわれている。この歌は船村が静岡県網代《あじろ》で惚れられた半玉との悲しい恋物語から生まれた。船村はその半玉を新橋のホテルに住まわせていたが、それを知った悪い奴が「あの先生は、大酒飲みで、女グセも悪い」などと言いつけた。それがもとで半玉はホテルを去り、再び会うことはなかった。その話を聞いて星野は「なみだ旅館」を書いたが、船村は「このタイトルじゃあ、売れねぇよ」と「おんなの宿」と改題した[17]。

船村がこうした個性的で癖の強い作品を生み出した背景には、「歌謡曲の父」古賀政男への反骨意識があったと考えられる。コロムビアからクラウンに移ったディレクター斉藤昇が古賀のことを「ヒゲの大先生は、どうも気に食わねぇ」と言ったのに対し、船村は「私も同感」したという。村田英雄の担当だった斉藤と船村とが「かまわねぇからオレたちだけで、いい曲作っちゃおう」ということで、前述の「王将」が生まれた[18]。

古賀は「王将」の出来栄えは認めていたが、愛弟子の村田を自分に許可なく持っていかれたのが不満であった。古賀は「船村君と私とどっちが大事なのよ」と激怒したという。しかし、船村からすれば、ヒット曲が出ずに困っていた村田の売り出しに成功したのだから、むしろ古賀から「感謝されて当然なんじゃないか」という思いでしかなかった[19]。また船村の妻となる能《の》沢《ざわ》佳子《よしこ》も古賀の愛弟子であった。交際を知った古賀は「やっぱりダメよ船村君は。裏切られたわ」と愚痴を漏らした[20]。古賀は船村の作品を、従来の歌謡曲とは違う異端なものと感じていたが、さらにこうした個人的な感情のすれ違いが悪印象を持たせたといえる。

古賀は船村について「作曲家のなかにも〝つむじまがり〟がいないわけではない」と前置きした上で、「彼の作品はなにより個性的で変っている。逆に言えば素直でない」と評価してい

三波春夫「東京五輪音頭」のレコードジャケット（筆者所蔵）

る。古賀からすれば船村は自分たちが作ってきた歌謡曲の定石から外れていた。反対に、古賀とは違う持ち味を出して台頭した吉田正について「安心して聞くことができる」、中村八大について「センスがいい。どんどん新しいものを取り入れていく感覚は素晴らしいと思う」と評価している(21)。

この評価の差は、古賀をリスペクトして新しい歌謡曲を作ろうとした作曲家たちと、そうではなく型破りなものに挑戦した船村との違いだと考えられる。従来の歌謡曲から離れた破調の旋律に「こぶし」を入れた歌唱は、昭和四〇年代から「演歌」というジャンルとして捉えられるようになる。昭和三〇年代の船村作品はその過渡期にあったといえる。

オリンピック東京大会と「東京五輪音頭」

昭和三九年一〇月一〇日にアジア初のオリンピック東京大会が開かれた。これに向けてNHKが前年に作詞を宮田隆《みやたたかし》、作曲を古賀政男に依頼して制作したのが「東京五輪音頭」である。オリンピックの競技のように、レコード各社の競作とした。テイチクは三波春夫、キングは三橋美智也、ビクターはつくば兄弟と神楽坂浮子《かぐらざかうきこ》、橋幸夫、コロムビアは北島三郎と畠山みどり、ポリドールは大木伸夫《おおきのぶお》と司富子《つかさとみこ》、東芝は坂本九を歌い手に抜擢《ばってき》した。

古賀は昭和三五年のオリンピックローマ大会が開催された後にヨーロッパ旅行で現地を見て回っている。宮田が作詞した「四年たったら、また会いましょと、かたい約束、夢じゃない」という「東京五輪音頭」の歌詞を見たとき、古賀はそのときの風景が浮かび、一気呵成に書き上げた。古賀は各社のうち、特に民謡の王者である三橋を有力視した。東京文化会館でキャンペーンソング「海をこえて友よきたれ」（作詞：土井一郎《どいいちろう》、作曲：飯田三郎）が披露されたときに、「東京五輪音頭」を歌唱したのも三橋であった。

ところが、古賀の予想に反して実際には、三波の売上げが伸びていった。三波は「戦争とシベリア抑留生活を体験した私にとっては、本当の意味で世界平和のお祭りの音頭をとるんだ」と感じ、「力を籠《(ママ)》めて吹込みをした」という。(22) この気構えだけでなく、三橋が前年から喉の調子を悪くし、悪化を避けるため仕事を抑えていたことが勝機につながった。また他の歌手たちは、同じ曲で競争するよりも自分たちの新曲を優先していた。三波の「東京五輪音頭」は定かではないが、約一三〇万枚から一五〇万枚を売上げたといわれる。

日活では三波が出演して歌う映画『東京五輪音頭』が作られた。三波はテレビ、ラジオ、舞台でも積極的に「東京五輪音頭」を歌唱した。そしてオリンピック東京大会が閉幕してからも、「東京五輪音頭」を歌い続けた。この点が他の歌手たちと違うところであり、「東京五輪音頭」といえば三波の歌声としか結びつかなくなる。

昭和歌謡史として見逃せないのは、戦前からのイベントと音頭との連続性である。レコード産業の勃興とともに新民謡が作られるようになり、「東京音頭」によって音頭ブームが過熱したことは第一章で述べた。地域振興や観光客招致の目的から多くの音頭が量産されてきたが、オリンピック東京大会と「東京五輪音頭」は、そうした集大成であったと位置づけられる。この手法は大阪万国博覧会、沖縄海洋博覧会、宇宙科学博覧会、つくば万国博覧会へと引き継がれていく（コラム5を参照）。

（コラム5）音頭はイベントの定番曲

昭和戦後期ほど音頭が作られた時代はない。昭和歌謡に力があった時代は、そのなかから生まれた音頭も同様に燃え盛っていた。ここでは大きなイベントで作られたものを四種類紹介する。

東京晴海で昭和五三年（一九七八）七月から五四年九月まで宇宙科学博覧会が開催された。テーマは「宇宙─人類の夢と希望、わが子への愛を世界のどの子にも」という壮大なものである。晴海埠頭の会場にはロケットをはじめ、子供たちが宇宙科学に興味が湧くようなパビリオンが設置された。宇宙科学博覧会協会が主催し、総理府、外務省、文部省、科学技術庁などが後援するという力の入れようである。

このテーマソングとなったのが、「宇宙博音頭」（作詞：吉川静夫、作曲：渡久地政信、歌：橋幸夫、三沢《みさわ》あけみ）である。曲の冒頭ではシンセサイザーを使って、斬新な音で未来や宇宙を表現し、ニューミュージックを想起させる。しかし、それも最初だけで前奏の途中では短調のメロディーに転調し、昔ながらの音頭の響きへと変わる。渡久地政信の佳曲だが、「潮来笠」と「島のブルース」（昭和三八年四月、作詞：吉川静夫、作曲：渡久地政信、歌：三沢あけみ、和田弘とマヒナスターズ）とが手を組むと、こうも宇宙感がなくなるかと思う。

しかし、この路線は、昭和六〇年（一九八五）三月から九月に茨城県筑波市で開かれたつくば万博でもくり返された。つくば万博は、正式には国際科学技術博覧会という。テーマは「人間・居住・環境と科学技術」という未来志向の万博であった。このとき宣伝歌として、昭和五九年（一九八四）三月に五木ひろし「科学万博音頭」（作詞：宮本和夫、作曲：宮本英一）が作られた。このメロディーが流れたら、会場の展示で空に架かる天の川も、「長良川艶歌《ながらがわえんか》」（昭和五九年四月、作詞：石本美由起、作曲：岡千秋、歌：五木ひろし）（六七万一三五〇枚）に見えてしまうかもしれない。それほどミスマッチに感じるが、他のレコード会社も負けじと「万博音頭」を発売して対抗した。

オリンピックは万博とともに世紀の一大イベントである。オリンピックの音頭といえば前述した「東京五輪音頭」だろう。だが、ある意味でそれ以上に局地的に盛り上がり、今では人の記憶から消えてしまった幻のオリンピックのテーマとなった音頭が存在する。昭和五六年（一九八一）五月の「名古屋オリンピック音頭」（作詞作曲：佐々木忠孝、歌：川崎英世、小林真由美）である。名古屋では昭和五二年頃からオリンピックの誘致活動を展開し、次第に開催が決定されたかのような奉祝ムードに盛り上がった。そのなかで日本テレビ系の音楽会社バップが「名古屋オリンピック音頭」を制作した。ところが、同年九月三〇日に開催地は韓国のソウルと決定された。

この時点で大手レコード会社はどこも動かなかった。普通なら好機会を逃したと諦めるのではないか。しかし、音頭は毎年夏に向けて作れば売れ、全国各地の盆踊りで踊られる有力商品であり、昭和のレコード会社にとって作り甲斐があった。したがって、開催地が決まり、ソウルオリンピックの開催が近づいてくると、コロムビアが動いた。昭和六三年（一九八八）七月に「ソウルオリンピック音頭」（作詞：榊原帰逸、作曲：市川昭介、歌：原田直之《はらだなおゆき》、菊池恵子《きくちけいこ》）を発売した。開催国でもない音頭を、日本のどこで誰が踊るのだろうか。目的意識が共有できなかったこともあり、まったく普及しなかった。ちょうどレコードが寿命を迎えて、CDという新しい媒体が登場してきた頃である。昭和から平成へと変わり、この媒体の交代とともに、音頭は作られなくなっていく。

第六章　歌謡曲の細分化
昭和四〇年～四九年（一九六五～七四）

「女は誰でも夢を見る。昨日の思いがつらいほど、女ははかない夢を見る。男と女が出会いに燃えて、また消えていく「浮世絵の街」内田あかりです」（『総決算'90懐かしの歌謡曲リクエスト競演』フジテレビ、一九九〇年一二月一四日放送、玉置宏の曲紹介）

夜のヒットスタジオの宣伝広告
（『週刊平凡』1968年11月21日号）

歌謡曲の曲がり角

昭和歌謡といった場合、それは昭和時代の歌謡曲を指すと理解できる。しかし、昭和三〇年代前半までと、前章で述べた後半期の分裂過渡期を経た、本章の昭和四〇年代以降の歌謡曲とでは随分とリズムが変わってくる。そこで本章に入る前に複雑化とも多様化ともとれる歌謡曲の変化について整理する。

昭和戦前期から昭和三〇年代前半までの歌謡曲は、レコード会社専属の作詞家、作曲家、歌手の分業制により、古賀メロディーを中心とした四七（ヨナ）抜き短音階や長音階で作られるものがほとんどであった。クラシックを取り入れた古関裕而、ジャズを取り入れた服部良一、邦楽を上手く使った大村能章など、洋楽に寄るか、邦楽に寄るかという差はあるものの、彼らが作り出す共通要素は、四七抜き音階による、四分の四拍子や四分の二拍子によるダンス音楽であるフォックス・トロットが主流であった。演歌だとか、ポップスだとかという差異はなく、大きな括《くく》りで流行歌＝歌謡曲と捉えていた。

ところが、昭和三〇年代後半に船村徹のような「こぶし」を利かせた演歌、中村八大のような外国のロックンロールから派生したポップスを取り入れた和製ポップスという大きな違いが生まれた。昭和四〇年代を迎えると、演歌、グループ・サウンズ、ムード歌謡、フォーク歌謡、演歌寄りの歌謡曲、ポップス寄りの歌謡曲、ニューミュージックと、細分化される。

レコード会社の専属制は崩壊し、フリーランスの作詞家や作曲家が活躍し、プロダクション事務所や音楽出版会社の力が強くなってくる。演歌というジャンルが確立され、四七抜き短音階や長音階を基調とし、流行歌＝歌謡曲が持っていた哀愁のある暗さを引き継いでいる。したがって、古賀メロディーが演歌の源流であるという錯覚が起きてくるのである。ただし、流行歌＝歌謡曲とは異なり、「ど演歌」と呼ばれるように「こぶし」を強調したり、楽譜どおりではなく崩して歌うようなものも登場する。

これに対して、歌謡曲は4ビートから8ビートへとリズムが大きく変化していく。四分の四拍子の場合、一小節を四つのビートに分け、その一つ一つをさらに二つに分けて八分音符にする。音には強弱が生まれるため「ツッツ、チャッチャ、ツッツ、チャッチャ」となる。これがロックンロールの影響を受けた8ビートは「ズンズンズンズンズ」と八つのリズムに一定の強さを持つ。

この音感が和製ポップスとなり、演歌とは似て非なる歌謡曲の世界を作り出すこととなる。ただし、演歌の暗さや持ち味が一切ないわけではなく、それをどの程度取り入れているかで、聴取者にこれは演歌寄りの歌謡曲、これはポップス寄りの歌謡曲という差異が出てくる。また演歌か、ポップスか、フォークか、ニューミュージックか、歌手の個性やレコード会社の売り出し方によって、似たようなリズムの曲でも捉え方が変わってくる。フォークやニューミュージックの担い手たちの楽曲のなかにも、流行歌＝歌謡曲の頃から継承された哀愁は感じられる。

本章では、戦前派が支持する従来の歌謡曲と、戦後派が支持する新しい歌謡曲の世界とが交錯し、第七章で述べる両者の分離が派生する萌芽を確認し、歌謡曲が最盛期に突入する過程について考察する。

『なつかしの歌声』

昭和四〇年代を迎えると、それまで流行歌＝歌謡曲というジャンルでまとまっていたのが、色々のジャンルへと枝分かれするようになる。昭和三〇年代前半までの流行歌＝歌謡曲は「懐《なつ》メロ」というジャンルとして呼ばれ、第一次懐メロブームが起きる。そのブームの火付け役ともいえるのが、東京12チャンネル（現・テレビ東京）で昭和四〇年九月一七日から同四一年一月七日まで放送された『歌謡百年』、そして同四三年四月三日から同四九年三月三一日まで放送（同四三年九月、同四八年四月から九月まで中断）された『なつかしの歌声』である。

プロデューサーの三枝孝栄《さえぐさこうえい》は、昭和二七年にNHKに入社して音楽や演芸番組に携わり、同三九年にテレビ東京の開局とともに移籍した。構成の永来重明《えいらいじゅうめい》は、NHK文芸部を経て、フリーの構成作家になった。司会はコロムビアトップ・ライトが務めた。コロムビアトップは『なつかしの歌声』について「この番組の凄さは三〇年前のヒット曲を本人が歌っていたことではないでしょうか」と回顧している(1)。彼が言うとおり、同番組の価値は、極力カバーせず、

『なつかしの歌声・郷愁の歌まつり』（『読売新聞』1970年８月４日、夕刊）

オリジナルシンガーにこだわったことだ。

テレビ東京は『なつかしの歌声』を企画するだけではなく、全二八六回のうち一一三回分をテープに録画したため、他局にはない貴重な歌唱映像が豊富に現存する。ＮＨＫなど他局にも昭和三〇年以前の歌手の映像があるものの、それらは定番のヒット曲ばかりだ。一方でテレビ東京にはよくぞ選曲したという唯一無二の歌唱映像が残った。

ＮＨＫが出演依頼しなかった戦時歌謡の小野巡、塩まさる、波平暁男、芸者歌手の赤坂小梅、豆千代、音丸、日本橋きみ栄、照菊、さらには服部良一の妹である服部富子、「蛇姫絵

表13 『なつかしの歌声』の主な貴重映像

『なつかしの歌声』でしか残っていない主な歌唱映像

赤坂小梅	「ほんとにそうなら」
豆千代	「曠野を行く」「夕日は落ちて」「浮名三味線（お初の唄）」
日本橋きみ栄	「浮名くづし」「蛇の目のかげで」
小野巡	「祖国の護り」「音信はないか」
音丸	「船頭可愛いや」「銃執りて」「花嫁行進曲」「博多夜船」「満州吹雪」「戦線夜曲」
伏見信子	「初恋日記」
青葉笙子	「鴛鴦道中」
美ち奴	「軍国の母」「霧の四馬路」
杉狂児	「うちの女房にゃ髭がある」
志村道夫	「蛇姫絵巻」
小笠原美都子	「十三夜」
鶴田六郎	「港の恋唄」「天下の為さん」
波平暁男	「若鷲の歌」「月夜船」
鈴村一郎	「ジープは走る」
竹山逸郎	「泪の乾杯」「異国の丘」
藤原亮子	「月よりの使者」
宇都美清	「火の鳥」「ハワイ航空便」
生田恵子	「東京ティティナ」
照菊	「五木の子守唄」「与三さん」
藤本二三代	「夢見る乙女」「好きな人」
石井千恵	「吹けよ木枯し」

他局に歌手の映像はあっても『なつかしの歌声』でしか残っていない主な歌唱映像

東海林太郎	「月形半平太の唄」「お駒恋姿」「三味線やくざ」「踏絵」「春の悲歌」「湖底の故郷」「築地明石町」「戦場初舞台」「軍国舞扇」「さらば赤城よ」
藤山一郎	「浅草の唄」「燃える御神火」「上海夜曲」「なつかしの海南島」「崑崙越えて」
小唄勝太郎	「カナカの娘」「大島おけさ」「佐渡を想へば」「勝太郎くづし」「勝太郎子守唄」「新あんこ節」「濡らす旅路」「大島情話」
市丸	「伊豆の踊り子（燃ゆる黒髪）」「千鳥格子（みだれ髪）」「紅葉舟」「瑞穂踊り」「潮来情話」
伊藤久男	「父よあなたは強かった」「歌で暮せば」「白蘭の歌」「お島仙太郎旅唄」「ブラジルの太鼓」
渡辺はま子	「広東ブルース」「愛馬花嫁」「明日の運命」
松島詩子	「ガーデンブリッヂの月」「上海の踊り子」「広東の踊り子」「花の溜息」

林伊佐緒	「上海航路」「三つの恋」「恋の幌馬車」
霧島昇	「赤城しぐれ」「愛馬進軍歌」「そうだその意気」「白虎隊」
二葉あき子	「丘の細径」
塩まさる	「軍国子守唄」「母子船頭唄」
服部富子	「満洲娘」
岡晴夫	「国境の春」「港シャンソン」「広東の花売娘」「東京の花売娘」「青春のパラダイス」「啼くな小鳩よ」「あこがれのハワイ航路」
奈良光枝	「雨の夜汽車」「新愛染かつら」「愛の灯かげ」「白樺の宿」「バラ色の雲にのせて」
神楽坂はん子	「だから今夜は酔わせてネ」「見ないで頂戴お月様」「こんなベッピン見たことない」「湯の町椿」

現存しない主な歌唱映像

榎本健一	「私の青空」「エノケンのダイナ」「月光価千金」
葦原邦子	「すみれの花咲く頃」「インディアン・ラブコール」
四家文子	「銀座の柳」「タンゴを踊ろうよ」
小林千代子	「涙の渡り鳥」「旅のつばくろ」
児玉好雄	「無情の夢」「愛馬行」
酒井弘	「戦友の遺骨を抱いて」「あゝ紅の血は燃ゆる」
羽山和男	「東京カチンカ娘」
青木はるみ	「野球けん」
中島孝	「若者よ！恋をしろ」「霧の川中島」

巻」しかヒット曲に恵まれなかった志村道夫、第一回『紅白歌合戦』に出場した鶴田六郎など、民報他局でもお目にかかることのない歌手たちの歌唱映像が豊富に残っている（表13参照）。

しかし、昭和四〇年代の録画用のテープは高価で、全放送回を残すことはできなかった。残念ながら歌唱映像は残っていないが、喜劇王エノケンこと榎本健一《えのもとけんいち》、戦前の宝塚のトップスター葦原邦子《あしはらくにこ》、「トンガリ五人組」の一人である児玉好雄、「野球けん」の家元ともいうべき青木はるみが登場した放送回もあった。『なつかしの歌声』という番組がいかに凄いかがお分かりいただけるだろう。

『紅白歌合戦』に対抗する『なつかしの歌声・年忘れ大行進』

『なつかしの歌声』が毎週放送されていた昭和四三年は、偶然にも放送日に大晦日《おおみそか》が重なることとなった。大晦日といえば、現在でも続くＮＨＫの『紅白歌合戦』だが、当時は視聴率八〇%前後を取る怪物番組であった。民放各局があの手この手で裏番組を制作しても、どれも惨敗に終わった。

勝機の見えない戦と分かっていたが、東京12チャンネルは立ち向かう。通常の三〇分放送を二時間に拡大して放送することを決めた。三枝孝栄は放送前、「たまたま、大みそかが、この番組の放送レギュラーわくだったため〝紅白〟とぶつかることになったわけです。しかし視聴者からは、大みそかにこの番組の拡大版を放送してほしいという希望が非常に多いため、思い切って二時間のワイドにしました。出演の二十人は、ほとんど第一回の〝紅白〟の時と同じ顔ぶれで、みんな若い者には負けられんと張り切っています」と語っている[1]。

当時の『読売新聞』では、これを「〝紅白〟一期生対現役の勝負は?」と報じていた。その結果、紅白が七六・九%、神田共立講堂から放送された『なつかしの歌声』は、最高視聴率一八・八%、平均一一%という好成績を収めた。そこで昭和四四年の大晦日の『なつかしの歌声』は歌舞伎座に場所を移し、レギュラー放送とは別枠で『なつかしの歌声・年忘れ大行進』という三時間の特別番組を作ることとした。また東京12チャンネルの初のカラー放送となった。総力を挙げた番組作りがうかがえる。健闘の結果、『なつかしの歌声』は一〇・九%、紅白は六九・七％と紅白史上最低を記録した。

ＮＨＫの『思い出のメロディー』

『なつかしの歌声』が高視聴率を取ると、ＮＨＫも懐メロブームに目をつけ、大晦日の「紅白」に対して夏の「紅白」の放送を企画する。それが昭和四四年から令和元年（二〇一九）まで続いた『思い出のメロディー』である。ところが、週刊誌に「看板に偽りあり」と書かれるほど、新しい歌手が出ていた（表14参照）。

表14 『第１回思い出のメロディー』出演者

男性歌手	女性歌手
藤山一郎	小唄勝太郎
霧島昇	市丸
小畑実	淡谷のり子
岡本敦郎	渡辺はま子
若山彰	二葉あき子
藤島桓夫	菊池章子
高田浩吉	織井茂子
（森繁久彌）	並木路子
（春日八郎）	菅原都々子
（三橋美智也）	久保幸江
（村田英雄）	神楽坂はん子
（フランク永井）	荒井恵子
（北島三郎）	（美空ひばり）
（森進一）	
（東京ロマンチカ）	
（ダーク・ダックス）	
（デューク・エイセス）	

『読売新聞』1970年６月19日、朝刊から作成。

第一回の出演者のうち（　）で示したのは、当時の紅白に出場しており、本書で述べてきた流行歌の歌手たちと世代交代で登場してきた新しい歌手である。流行歌の歌手たちの歌声に期待していた視聴者ががっかりしたことは想像に難くない。

実際、放送終了後には、ＮＨＫに「なぜ東海林太郎が出ないのか」、「灰田さんの『燦めく星座』がききたかった」などの苦情の電話が殺到した。

しかし、ＮＨＫはオリジナルシンガ

ーにこだわらず、誰が歌ってもいいという方針を変えなかった。懐メロの元祖のテレ東も黙ってはいない。昭和四五年八月には『なつかしの歌声』の特別番組として『郷愁の歌まつり』を企画した。八月四日放送の第一回の『なつかしの歌声・郷愁の歌まつり』と、八月八日放送の第二回の『思い出のメロディー』の対決である。これを『読売新聞』は「なつメロ夏の陣」と書いている。

しかし、東京12チャンネルが「あくまでも〝その歌をオリジナルから歌った歌声〟を尊重して、出演はベテラン歌手ばかり」というのに対し、NHKが「〝歌〟をポイントにして歌手は若い第一線歌手も起用する」というように、両局の放送姿勢は大きく違っていた。(2)第一回の『思い出のメロディー』に東海林太郎、伊藤久男、ディック・ミネ、灰田勝彦などが出場していないのは、NHKの出演交渉の仕方が悪かったことも影響していた。

『なつかしの歌声』のディレクター三枝孝栄は、「ベテラン歌手のみなさんは、NHKが公共放送だからと長い間協力を惜しまなかったのに、時流に乗らなくなると冷たくあしらわれたんでしょう。今度の場合は交渉の方法が失礼だったと聞いています。客観的に見ても、NHKがいきなり〝なつメロ〟番組をやるというのはおかしな話です」と批判している。(3)

NHKは一番古い放送局にもかかわらず、オリジナルシンガーにこだわらず、また戦時歌謡や芸者歌手を積極的に取り上げなかったこともあり、昭和三〇年以前の歌手たちの歌唱映像がほとんど残っていない。

昭和天皇の侍従も見た「年忘れ」と「紅白」

昭和天皇最後の側近と呼ばれた侍従卜部亮吾《うらべりょうご》が残した「侍従日記」は、昭和四五年以降の天皇の公務や日常生活を知る上で貴重な史料である。その『卜部亮吾侍従日記』を読んでいると、卜部が大晦日に歌謡曲を楽しんでいたことがわかる。

その初出は昭和四七年（一九七二）一二月三一日で「五時ごろモーニングに着替えて前夜当直の安楽侍従と東京駅経由車にて帰宅、夜は夕食後ナツメロと「紅白」をみる、その後年越しそば」と書かれている。昭和四九年（一九七四）一二月三一日は「夜は侍医長に利根川の大鯉を御馳走になる、なつめろや「歌合戦」をみたり」とある。しばらくこうした記述は消えるが、昭和五三年一二月三一日には「夜はナツメロに続き「紅白歌合戦」を観る、終了後恒例の靖国詣で」と出てくる(4)。

おそらく日記に記載のない年の大晦日も同じように過ごしていたのではないかと思われる。そもそも天皇に仕える者の日記は、公務に際しての前例や、記憶違いから問題が起こることを防いだりする目的がある。『なつかしの歌声・年忘れ大行進』を見て、その後に『ＮＨＫ紅白歌合戦』にチャンネルを切り替えたなどというメモは、公務の役には立たない。

それらを記しているのは、過去に自分が大晦日の私的な時間をどう過ごしていたかを振り返ろうとしたからだろう。天皇に仕える侍従とはいえ、音楽の好みは一般大衆と変わりがない。

『なつかしの歌声』に偏重することなく、「紅白」も見ていることが、とても興味深い。この段階の歌謡曲は枝分かれしたとはいえ、新旧を問わず楽しむことのできるものであった。

ちなみに、昭和四三年から四九年の『昭和天皇実録』を確認したが、「ナツメロ」も「紅白」も書かれていない。しかし、元大膳課の料理人によれば、ある年の元日に昭和天皇から「昨日の紅白はどっちが勝ったの」と聞かれたという。(5) 元日の早朝に四方拝の儀式があるため、途中まで見て就寝したようだ。紅白の前に『なつかしの歌声・年忘れ大行進』を見ていたかはわからない。戦争中に皇族たちが「瑞穂踊り」をくり返し聴いていたことは前述したが、昭和天皇も歌謡曲を楽しんでいたのである。

「軍歌ブーム」と消えていく戦時歌謡

懐メロブームの到来は、同時に戦時中にヒットした戦時歌謡や、軍隊で歌われた軍歌の需要をもたらした。売れると察知した各レコード会社は戦時歌謡や軍歌のLP盤を発売する。東京12チャンネルは、昭和四四年八月三日から四六年三月二七日まで『あゝ戦友あゝ軍歌』という番組を放送した。毎回各方面に出征した芸能人を中心に、その部隊の生存者をゲストに迎え、思い出や苦労話を語る。全員で各部隊の軍歌を合唱し、思い出の戦時歌謡をオリジナル歌手が歌唱した。

昭和四五年九月二五日には『二万人の軍歌祭』（出演、東海林太郎、霧島昇）が放送され、二

「一万人の軍歌祭」（『読売新聞』1970年９月25日、夕刊）

日後の九月二七日には同じく『戦友集れ！　軍歌祭』（出演、東海林太郎、伊藤久男）が放送された。ともに日本武道館を会場にしており、軍歌や戦時歌謡を聴きに各一万人が来場している。海軍軍楽隊の内藤清五《ないとうせいご》が指揮棒を振っているのも凄い。懐メロブームを起こした東京12チャンネルのもう一つの底力を見せつけた。

戦時歌謡を懐かしみ、口ずさむ中高年が相当数いたわけである。その一人の女性は、「戦争を知らない若い人の中には、軍歌をうたう私たちをあまり好ましく思っていないばかりか、また軍歌か、といったような顔をし、あたかも私たちが戦争を懐かしんでもいるかのように、半ば軽べつ的なまなざしでながめる人もおります」「私はうたいながら〈お前さんたちになにがわかるものか、戦争をきらうのはお前さんたちよりも、この身で戦争のみじめさを、悲しさを味わっている我々のほうがはるかに強いのだ〉と思うのです」「軍歌をうたう人たちはだんだん消えてゆくでしょう。軍歌、それは、忘れ去られようとしている人たちの霊に贈る歌だと思っていただきたいのです」と述べている。(6)

戦争という苦しく過酷な時代が良かった、もう一度あの頃に戻りたいなどと思う人はいない。そうした戻りたくもない辛い時代に、自分たちを慰め、励ましてくれたのが戦時歌謡なのである。その時期に青春時代を過ごした人たちにとっては、自分たちの若い頃の思い出の歌謡曲であった。仮に戦時歌謡が戦争を煽《あお》り立てた曲であり、自分たちが歌いたくもなかったのに軍部によって強制的に歌わされたものであったならば、誰もLP盤を買おうともしなかったし、懐メロの戦時歌謡特集を見ようとはしなかっただろう。

各レコード会社が発売したLP盤はヒットし、懐メロ番組へ戦時歌謡をリクエストする視聴者は少なくなかった。そして、昭和四七年に戦後に戦争の傷跡を背負い続けた沖縄が日本へと返還されたが、その沖縄の夜の盛り場でも戦時歌謡は人気であった。昭和四八年五月の沖縄の大衆酒場では「有線放送の軍歌の大音声で明け暮れる。主人の説明では「開店以来、軍歌のリクエストが多くてね」という状況であった。(7)昭和二〇年のアメリカ軍上陸によって、沖縄県内は惨状を極めた。しかし、それとその直前まで県民が支持していた戦時歌謡とは別物なのである。

こうした違いがジローズ「戦争を知らない子供たち」（昭和四六年二月、作詞：北山修、作曲：杉田二郎）（一九万五五〇〇枚）には伝わらなくなり、昭和五〇年代半ばを迎える頃には、テレビの懐メロ番組で戦時歌謡が取り上げられなくなった。それらを歌唱した歌手（小野巡、塩まさる、波平暁男、酒井弘）たちの存在とともに忘れられていった。その背景には、テレビ局の制作者たちが戦前・戦中派から、戦後生まれへと世代交代したことが大きかった。

表15　森進一の懐メロカバー曲

古賀政男作品	佐々木俊一作品
酒は涙か溜息か	涙の渡り鳥
影を慕ひて	島の娘
緑の地平線	無情の夢
東京娘	雨の酒場
男の純情	長崎物語
女の階級	矢車草の唄
人生の並木路	明日はお立ちか
青い背広で	東京よさようなら
青春日記	月よりの使者
人生劇場	別れの夜汽車
新妻鏡	高原の駅よ、さようなら
目ン無い千鳥	白樺の小径

『森進一　影を慕いて』『森進一大全集（5）不滅の佐々木俊一作品集』（ビクター）から作成。

懐メロのカバーでも「演歌」とそれ以外とに分離

「歌謡曲の父」と呼ばれる古賀政男が作り出した古賀メロディーが演歌ではないことは、本書の序章や第一章で述べた。しかし、古賀メロディーが「演歌」と呼ばれるようになるのは、昭和四〇年代になってからである。そのきっかけの一つが、ビクターの新人歌手森進一が古賀メロディーのカバーLP盤を発売したことだ。

古賀はコロムビアの専属作曲家であり、会社の違う森がそれを録音して発売することはできない。とところが、偶然にも古賀の専属契約が切れ、次の契約更新を行う空白期間であったため、実現することができた。このとき一二曲を収録したが、「影を慕ひて」「青春日記」「男の純情」「酒は涙か溜息か」「人生の並木路」「新妻鏡」「人生劇場」という「演歌」に適したスローなテンポのものが選ばれている。ギター伴奏だけの曲は「演歌」に適していると判断したのだろう。ただそれだけでは足りないため、「緑の地平線」「東京娘」「目ン無い千鳥」「女の階級」「青い背広で」も選んでいる。

これらは「演歌」ではないのだが、森が歌唱したことにより「演歌」という認識が持たれるようになる。この古賀作品のLP盤に続いて森は、ビクターの作曲家であった佐々木俊一のカバーLP盤を出した（表15参照）。ここでもテンポの速い曲は「明日はお立ちか」「東京よさようなら」（昭和二三年八月、作詞：柴かずま、歌：灰田勝彦）、「月よりの使者」（同二四年三月、作詞：佐伯孝夫、歌：竹山逸郎、藤原亮子）、「別れの夜汽車」（同年一二月、作詞：同、歌：竹山逸郎）、「高原の駅よ、さようなら」（同二六年四月、作詞：同、歌：小畑実）にとどまっている。

このLP盤を企画した作曲家猪俣公章《いのまたこうしょう》によれば、「『無情の夢』や『月よりの使者』はともかく、『野球小僧』を例のハスキーで歌ったら、こりゃもうマンガだ」と判断し、「「野球小僧」は論外。メロディーのきれいすぎる「新雪」もはずした」という。[8] 同じような理由で「僕の青春」「桑港のチャイナ街」「アルプスの牧場」（昭和二六年五月、作詞：佐伯孝夫、歌：灰田勝彦）も収録されていない。古賀作品で「丘を越えて」や「東京ラプソディ」を選曲しなかったのも同じだろう。スローでもテンポの速い曲でも、「演歌」には暗い曲が求められた。

「目ン無い千鳥」は明朗でリズミカルであるから例外的だが、昭和四四年六月には古賀の弟子である大川栄策が歌唱して再ブレイクした。森や大川が「目ン無い千鳥」を歌うと「演歌」になってしまう。しかし、彼らがカバーした曲を、戦前からのオリジナルの歌手たちが歌うと「演歌」にはならない。大きな違いとしては、感情を込めて「こぶし」を入れて歌うか、感情を込めず「こぶし」を入れないで歌うかである。

ここに昭和三〇年代の歌謡曲の作り方や歌い方が変わる過渡期を経て、昭和四〇年代になると「演歌」と、そうでないものとの分離が進行する。

グループ・サウンズの台頭

『なつかしの歌声』の放送が開始された昭和四三年、当時の若者を夢中にさせたのがグループ・サウンズである。グループ・サウンズとは昭和三〇年代から活動していたジャッキー吉川とブルー・コメッツ、ザ・スパイダースが先駆的な存在である。それらに加えて昭和四一年から八〇組以上ものグループがあらわれた（表16参照）。「GSブーム」と呼ばれる時代の到来である。

グループ・サウンズは、ルックスがよくて可愛らしい揃いの衣装という見た目と、「テケテケテケ」というエレキギターや、ドラムの奏法が新鮮であった。ここに若者は引き寄せられた。

表16　主なグループ・サウンズの一覧

グループ名	代表曲
ジャッキー吉川とブルー・コメッツ	「ブルー•シャトー」（作詞：橋本淳、作曲：井上忠夫）
ザ・スパイダース	「夕陽が泣いている」（作詞作曲：浜口庫之助）、「バン・バン・バン」（作詞作曲：かまやつひろし）、「あの時君は若かった」（作詞：菅原芙美恵、作曲：かまやつひろし）
ヴィレッジ・シンガーズ	「バラ色の雲」（作詞：橋本淳、作曲：筒美京平）、「亜麻色の髪の乙女」（作詞：橋本淳、作曲：すぎやまこういち）
ザ・ワイルドワンズ	「想い出の渚」（作詞：鳥塚繁樹、作曲：加瀬邦彦）
ザ・ゴールデン・カップス	「長い髪の少女」（作詞：橋本淳、作曲：鈴木邦彦）
ザ・タイガース	「僕のマリー」「シーサイド・バウンド」「モナリザの微笑」「君だけに愛を」（作詞：橋本淳、作曲：すぎやまこういち）「花の首飾り」（作詞：菅原房子、補作：なかにし礼、作曲：すぎやまこういち）、「シー・シー・シー」（作詞：安井かずみ、作曲：加瀬邦彦）、「色つきの女でいてくれよ」（作詞：阿久悠、作曲：森本太郎）
ザ・カーナビーツ	「好きさ好きさ好きさ」（作詞：漣健児、作曲：Chris White）
ザ・ジャガーズ	「君に会いたい」（作詞作曲：清川正一）
ザ・テンプターズ	「エメラルドの伝説」（作詞：なかにし礼、作曲：村井邦彦）
オックス	「ガール・フレンド」「スワンの涙」（作詞：橋本淳、作曲：筒美京平）
パープル・シャドウズ	「小さなスナック」（作詞：牧ミエコ、作曲：今井久）、「別れても好きな人」（作詞作曲：佐々木勉）

レコードから作成。

このグループ・サウンズの作詞はなかにし礼、橋本淳《はしもとじゅん》、阿久悠《あくゆう》、作曲はすぎやまこういち、平尾昌晃、筒美京平《つつみきょうへい》、鈴木邦彦《すずきくにひこ》、三木《みき》たかし、川口《かわぐち》真《まこと》、都倉俊一《とくらしゅんいち》という若手のフリーランスの作家であった。

昭和四一年に世界的に人気のグループであったビートルズが来日したことは、「GSブーム」の火に油を注いだ。若者がビートルズの楽曲に惹かれたのは、従来の歌謡曲とは違った斬新な旋律にあった。「GSブーム」を担った前述の作曲家たちは、ビートルズの8ビートのリズムを取り入れた。

しかし、ビートルズのような外国のロック音楽をそのまま取り入れたわけではなく、日本人が好む歌謡曲を土台にしていた点では洋楽とは違っていた。昭和四二年にデビューしたザ・テンプターズのボーカルの萩原健一《はぎわらけんいち》は、ロックには程遠い当時の女性が好む「ソラ」の「ソ」の音に「♯」をつけた半音進行の「エメラルドの伝説」（昭和四三年六月）（四六万二〇九〇枚）に幻滅したと語っている。また少女趣味の西洋の王子さまのようなフリルのついた揃いの衣装も気に入らなかったとも振り返る。嫌々な気分で録音したのが「エメラルドの伝説」であったが、若い女性ファンの心を摑みヒットした。

この「ソラ」の「ソ」の音に「♯」をつけた半音進行のヨーロピアンな感じは、ザ・タイガースの「花の首飾り」（昭和四三年三月）（六七万六一八〇枚）も同じである。沢田研二《さわだけんじ》をメインボーカルとしたザ・タイガースは、断トツの人気を誇った。ザ・ジャガーズ「君に会いたい」（昭和四二年六月）、パープル・シャドウズ「小さなスナック」（同四三年三月）（四七万六〇枚）、ザ・ゴールデン・カップス「長い髪の少女」（同年四月）（一九万一五三〇枚）、オックス「スワンの涙」（同年一二月）（二五万五七〇〇枚）なども、曲調に哀愁があってテンポはゆったりとしている。

ムード歌謡

ムード歌謡のコーラスグループの元祖は、和田弘とマヒナスターズである。ムード歌謡とは、男女の夜の世界を描く歌詞に、吉田正が生み出したムードのある旋律をつけることから名づけられたジャンルである。彼らはハワイアングループから歌謡曲を歌唱するようになった。またムード歌謡を単独で歌っていた歌手にはフランク永井や松尾和子がおり、そうした路線を開拓した作曲家が吉田であったことは前章で述べた。マヒナは昭和三〇年代までは歌謡曲というなかの一員であったが、それが昭和四〇年代を迎えるとムード歌謡というジャンルに組み込まれていく。

ハワイアン、ジャズ、ラテン音楽を歌っていたコーラスグループは、マヒナの転向に倣ってか昭和四〇年代になるとムード歌謡へと衣更えした。

ムードコーラスグループのムード歌謡には、銀座、札幌、大阪、神戸、長崎といった地名を題名につけた歌が多い。そうした場所にはナイトクラブで働く女性がいる、ネオン煌《きら》めく歓楽街や繁華街がある。それらはご当地ソングであり、ムード歌謡とも言えるだろう。ムード歌謡ではないご当地ソングとは、ムードのある旋律ではなく、男女の夜の世界を描いていないものといっても過言ではない。そういった意味でも若者のグループ・サウンズに対し、ムード歌謡はそれよりも年齢層の高い大人たちを対象にしていた(表17参照)。

ムード歌謡のご当地ソングでは、和田弘とマヒナスターズと松尾和子がデュエットした昭和

表17　主なムードコーラスグループの一覧

グループ名	代表曲
和田弘とマヒナスターズ	「銀座ブルース」（昭和41年）
黒沢明とロス・プリモス	「ラブユー東京」（昭和41年）、「たそがれの銀座」（同43年）
沢ひろし&TOKYO99	「愛のふれあい」（昭和43年）
鶴岡正義と東京ロマンチカ	「小樽の人よ」（昭和42年）、「君は心の妻だから」「北国の町」（同44年）、
中井昭・高橋勝とコロラティーノ	「思案橋ブルース」「思案橋のひと」（昭和43年）
内山田洋とクールファイブ	「長崎は今日も雨だった」（昭和44年）、「そして、神戸」（同47年）
ハニー・ナイツ	「ふりむかないで」（昭和45年）
敏いとうとハッピー&ブルー	「星降る街角」（昭和47年）
秋庭豊とアローナイツ	「中の島ブルース」（昭和50年）
三浦弘とハニーシックス	「よせばいいのに」（昭和51年）
森雄二とサザンクロス	「足手まとい」（昭和52年）
シルヴィア、ロス・インディオス	「別れても好きな人」（昭和54年）、「それぞれの原宿」（同55年）、「うそよ今夜も」（同56年）

レコードから作成。

四一年四月の「銀座ブルース」（作詞：相良武、作曲：鈴木道明）が挙げられる。マヒナの三原《みはら》さと志《し》が「あの娘の笑顔が可愛い、ちょっと飲んで行こうかな」と歌うと、松尾が「はんとにあなたっていい方ね、でもたゞそれだけね」と返す。戦前からのデュエットは、一番が男性か女性、二番が女性か男性と、交替で歌唱し、三番が二人で共唱というのが定番であった。それが男性と女性とが会話のように歌い交わし、その交わす歌詞もどことなく意味深である。

　黒沢明《くろさわあきら》とロス・プリモスも、同じような匂いをさせて人気のムードコーラスグループとなった。昭和四一年四月の「ラブユー東京」（作詞：上原尚、作曲：中川博之《なかがわひろゆき》）（三二万七〇五〇枚）がヒットし、続く同四三年五月の「たそがれの銀座」（作詞：古《ふる》木花江《きはなえ》（星野哲郎）、作曲：中川博之）で紅白歌合戦に出場した。「ラブユー東京」は、「グループ・サウンドのように、歌謡曲のレコード売り上げを左右するのは、二十歳以下の低年齢層だが、この曲は、珍しくおとなに支持されたことで人気が上昇してきた」。ヒットの要因は「バー、キャバレーなどネオン街に音楽を流している有線放送」であった[9]。

　これはロス・プリモスに限らず、ムード歌謡が普及する聴取方法の一つとして大きな意味を持っているといえる。後述するように中高年から支持される「演歌」の聴取方法に有線放送があり、若者はそれをほとんど聴くことがない。昭和四〇年代を迎えて二〇歳以下が好むグループ・サウンズと、中高年が好むムード歌謡とに歌謡曲が分離していることは注目できる。この後時間が経つにつれ、大きく乖離していく。

　グループ・サウンズは数年で下火になって消えてしまったが、ムード歌謡は昭和五〇年代を迎えても衰えなかった。一番人気があったのは、シルヴィアと組んで再生したロス・インディオスである。昭和五四年（一九七九）九月には九〇万三六〇枚を売上げた「別れても好きな人」（作詞作曲：佐々木勉《ささきべん》）で紅白出場をはたした。これは一〇年前にグループ・サウンズのパープル・シャドウズで発売された歌である。このときは四九四〇枚しか売れなかった。エレキギターでゆったりとしたテンポで歌唱していた。それをアップテンポにしてシルヴィアとロス・インディオスとがデュエットすることで男女のムードが出るように変わった。同じ歌でもグループ・サウンズが歌うか、ムードコーラスグループが歌うかでヒットに差が出た。

ご当地ソング

ご当地ソングと名づけられた最初の作品は、昭和四一年一一月の美川憲一《みかわけんいち》「柳ケ瀬《やながせ》ブルース」（作詞作曲：宇佐英雄《うさひでお》）であった。岐阜県柳ケ瀬の流しの歌手宇佐英雄が自作した曲を、編曲家小杉仁三《こすぎじんぞう》がテンポを速くしたロッカ・バラードに直してレコード化した。ご当地ソングは、夜の盛り場での恋物語を描く傾向が強く、そのため曲調はムード歌謡が多い。クラウンレコードは地元のパチンコ店やキャバレーで流すように宣伝を行ったところ、全国に柳ケ瀬の名が広まるほどの大ヒットとなった。「ご当地ソング」と呼ばれるはしりであり、昭和四二年八月に「新潟ブルース」（作詞：山岸一二三、作曲：山岸英樹）、同四三年七月に「釧路《くしろ》の夜」（作詞作曲：宇佐英雄）（四四万四六八〇枚）と続けて作られた。

クラブのジャズシンガーを経てビクターの歌手となった青江三奈《あおえみな》は、昭和四三年一月に「伊《い》勢《せ》佐木《ざき》町《ちょう》ブルース」（作詞：川内康範、作曲：鈴木庸一《すずきよういち》）（五六万五三六〇枚）、七月に「長崎ブルース」（作詞：吉川静夫、作曲：渡久地政信）（七六万六七七〇枚）、一二月に「新宿サタデー・ナイト」（作詞：佐伯孝夫、作曲：鈴木庸一）（二一万七七八〇枚）、同四四年七月に「池袋の夜」（作詞：吉川静夫、作曲：渡久地政信）（一〇四万三八一〇枚）、同四六年六月に「長崎未練」（同）（六万二一二〇枚）などをヒットさせて、ご当地ソングの女王として君臨する。ハスキーな歌声で女性の恋に対する未練や、情念を歌い上げる。昭和五三年四月に「ふられぐせ」(作詞:千家和也《せんけかずや》、作曲:千葉毅)という同年の紅白で歌った曲があるが、ここに出てくる失恋の傷を持つ女性の姿は、青江が歌うご当地ソングにはよく似合う。

前述のようにムードコーラスグループもご当地ソングを数多く歌っている。ご当地ソングは西條八十が書くような名所古跡などの特徴よりも、男と女の結ばれることのない感傷的な物語の舞台として描かれるようになる。昭和四六年三月に五木《いつき》ひろしの「よこはま・たそがれ」(作詞:山口洋子《やまぐちようこ》、作曲:平尾昌晃)(六四万一六三〇枚)は、横浜から遠ざかった男に未練を抱く女心を歌っている。これがヒットすると、同年八月には「長崎から船に乗って」(四四万五〇一〇枚)(同)という、神戸・横浜・別府・函館・東京と回りながら、それぞれの土地で泣いている女の姿を描く。

ご当地ソングのなかで異色な作品でヒットしたのが、昭和五一年(一九七六)二月の「大阪ラプソディー」(作詞:山上路夫《やまがみみちお》、作曲:猪俣公章)(一四万八五五〇枚)である。歌唱力に定評があった関西の人気女性漫才師である海原千里《うなばらせんり》・万里《まり》が歌っている。四〇年前に発売された「東京ラプソディ」にどこか感じが似ている。それもそのはずで、作曲者の猪俣公章は古賀政男の弟子であった。昭和四〇年代に猪俣は、森進一の「港町ブルース」(昭和四四年四月、作詞:深《ふか》津武志《つたけし》、補作:なかにし礼)(一〇六万八三九〇枚)や「おふくろさん」(昭和四六年五月、作詞:川内康範)(二二万七四八〇枚)などの「演歌」の作曲家として頭角をあらわした。したがって、森のカバー曲に選ばなかった「東京ラプソディ」のようなリズミカルなポップス的な歌謡曲を書くのは自分の役割ではないと感じていた。

実際に猪俣は、ポップスは「私の分野じゃない」と思っていたが、「メロディーはポップス風に」という注文に応じて、リズム感を生かしたという。(10) 懐かしさと新しさが同居した一曲といえる。こうしたヒット曲が次のヒット曲を狙う目標となり、昭和四〇年代から昭和の終わりまで無数のご当地ソングが出現する。

ピンク映画とアダルト歌謡

東京オリンピックが終わると、祭りの後のように不景気が到来した。とくに日本映画界はテレビの普及にも押されて不況状態となった。それを打開するために登場したのが、三〇〇万円という低予算で制作できる成人向けのピンク映画である。昭和三九年にピンク映画をつくるプロダクションは一〇社であったのが、翌四〇年には約六〇社へと増加し、製作本数も三九年の九八本から四〇年には二一八本へと倍増した。

東京新宿の国際名画座では洋画を上映していた頃は一日の観客が八〇人程度であったが、ピンク映画に替えたところ一日に一〇〇〇人以上へと膨れ上がった。時代劇の人気が低迷してきた東映では、任侠映画とともに大奥マル秘シリーズ、温泉芸者シリーズなどのピンク映画を量産した。同じく日活もそれまで石原裕次郎《いしはらゆうじろう》や小林旭《こばやしあきら》などの若者向けのアクション映画や、吉永小百合などの学園青春もので人気を得てきたが、昭和四六年にはピンク映画専門の日活ロマンポルノを立ち上げた。

昭和四〇年代にピンク映画やアダルト歌謡が登場するのは、単に性への欲求だけではない。若者の間で新左翼の運動が盛んであったように、旧体制による保守的な価値観や、それによる規制や抑圧に反発する力が爆発したと考えることができる。

ピンク映画が流行するのと軌を一にして、官能的な歌詞にムード歌謡のような旋律がつけられた歌謡曲の数々が登場したのも偶然ではなかった。昭和四二年二月に伊東ゆかり「小指の想い出」（作詞：有馬三恵子《ありまみえこ》、作曲：鈴木淳《すずきじゅん》）（二万一六四〇枚）では、「あなたが噛《か》んだ、小指が痛い」と、聴いている男性がドキッとするような歌詞が登場する。有馬三恵子と鈴木淳は夫婦であったため、心が通じ合った男女の仲を描けたといえる。

このヒットに続いて、昭和四三年一月の「恋のしずく」（作詞：安井《やすい》かずみ、作曲：平尾昌晃）（七六万九五〇〇枚）も、「小指の想い出」とつかず離れずの旋律に、女性の恋心が赤裸々に浮かび上がる。しかし、外国のポップスを歌唱してきた伊東にとって、曲調も歌詞も違う色気のある歌謡曲を歌うことには抵抗があった。伊東は「セクシーとか色っぽいとか言われるのも嫌だった」と回想している。(11)

伊東の路線に対抗するかのように発売されたのが、昭和四三年二月の小川知子《おがわともこ》「ゆうべの秘密」（作詞：タマイチコ、作曲：中洲朗《なかすあきら》）（五二万九二三〇枚）である。「ゆうべのことは、もう聞かないで、あなたにあげた、わたしの秘密」「ゆうべのことは、もう聞かないで、このまま、そっと、抱いててほしい」と、二人の夜になにがあったのかを想像させる色気があった。昭和四四年一月の「初恋のひと」（作詞：有馬三恵子、作曲：鈴木淳）（三二万六四四〇枚）は、失恋した相手を懐かしむ内容だが、「光の中を、もつれるように、はずんだ胸は、熱かったわね」という甘い歌詞である。

この色気を感じさせる歌詞を有馬や安井かずみといった女性作詞家が描いているのが面白い。女性の気持ちは男性よりもわかるといった目線で書かれたところに新鮮さがあった。そして、女性歌手が歌唱するお色気路線をより開花させたのが、奥村《おくむら》チヨの恋の三部作である。奥村は昭和四四年六月の「恋の奴隷」（作詞：なかにし礼、作曲：鈴木邦彦）（五二万二五〇枚）で「悪い時は、どうぞぶってね、あなた好みの、あなた好みの、女になりたい」と、男性に従属する奴隷のような女性を艶っぽく歌い上げた。これに続けて同年一〇月の「恋泥棒」（同）（二六万六五五〇枚）、同四五年二月の「恋狂い」（同）（二一万四二三〇枚）も好評を得て、奥村には「小悪魔」との仇名がつけられるようになる。

奥村は過激な歌詞が「ショックで歌いたくなかった。『小悪魔』のキャッチフレーズをつけられて、写真撮影で笑うのは禁止。女の敵といわれてファンは男性一色でしたね」と語っている(12)。

これらのヒット曲の陰には、似たような路線の色気のある歌謡曲が沢山作られた。なかには東映や日活のポルノ映画の主演女優が歌唱したり、レコードのジャケットに女性の裸の写真を使うという男性を対象にしたものも登場した。こうした色気のある歌は、その後の山口百恵《やまぐちももえ》「ひと夏の経験」（作詞：千家和也、作曲：都倉俊一）や、おニャン子クラブの「セーラー服を脱がさないで」（作詞：秋元康《あきもとやすし》、作曲：佐藤準《さとうじゅん》）（二四万七三八〇枚）というかたちで展開していく。そうしたきっかけが昭和四〇年代前半に生み出されたのである。

任侠映画と「演歌」

東映は前述のように時代劇から、ピンク映画と任侠映画へと路線を変更した。任侠映画は、大正時代から昭和戦前期の設定が多かった。そのきっかけとなったのが、昭和三八年に鶴田浩二主演で作られた『人生劇場《じんせいげきじょう》・飛車角《ひしゃかく》』であった。これに出演した高倉健《たかくらけん》は、昭和四一年から四七年まで『網走番外地《あばしりばんがいち》』に出演し、シリーズ化された。高倉が俳優として飛躍する作品となった。高倉が歌った「網走番外地」（作詞：矢野亮、作曲：不詳）は、歌詞に反社会的な部分があるため放送禁止曲となったが、映画とともにヒットした。

これに続いて昭和四二年には高倉が主演した『昭和残侠伝《しょうわざんきょうでん》』の主題歌「唐獅子牡丹《からじしぼたん》」（作詞：水城一狼《みずきいちろう》・矢野亮、作曲：水城一狼）が大ヒットする。「義理と人情を、秤《はかり》にかけりゃ、義理が重たい、男の世界」と、侠客の意気地を描いた。大正琴を使った前奏部分は、テレビのバラエティー番組でやくざものの定番曲として使われた。

女性の任侠ヒーローとして人気を得たのが、昭和四三年から四七年まで作られた藤純子《ふじじゅんこ》主演の『緋牡丹博徒《ひぼたんばくと》』シリーズである。女やくざの緋牡丹のお竜が、父の仇を探して全国を流れ歩く。「緋牡丹博徒」（作詞作曲：渡辺岳夫《わたなべたけお》）は、「娘盛りを、渡世にかけて、張った体に、緋牡丹燃える」と、お竜の生き様が歌われる。

そして、東映がやくざ映画へと路線変更したきっかけを作った『人生劇場・飛車角』の主役を務めた鶴田浩二にもヒット曲が生まれた。昭和四五年一一月発売の「傷だらけの人生」（作詞：藤田まさと、作曲：吉田正）（八一万一三六〇枚）である。これは任俠映画で人気を得ていた鶴田をイメージして、藤田まさとと吉田正が作った。吉田と鶴田はともに戦争体験をしており、昭和元禄と呼ばれる享楽的な社会風潮と対比した内容となっている。それが歌い出しの「今の世の中、右も左も真暗闇じゃござんせんか」という台詞である。

こうした任俠映画の主題歌はどれも暗い。そして古くは楠木繁夫「人生劇場」、新しくは畠山みどり「出世街道」の旋律に似ている。どこか古い歌謡曲の匂いがする。そういう意味で、同時期にグループ・サウンズ、ムード歌謡、8ビートによる歌謡曲が登場すると、任俠映画の主題歌は、当時創出された「演歌」というジャンルに組み込まれていくことになる。レコード会社やメディアが「演歌」という用語を使い出し、このあたりから歌謡曲と「演歌」の境界線を捉えるのが難しくなっていく。

任俠映画を支持したのは学生運動に参加した大学生などの若者で、「演歌」を支持したのも彼らということになる。この頃全国の大学生たちは、大学の学費値上げに反対する運動を行った。ベトナム反戦運動も重なり、当時の若者は政治や社会のあり方に異議を唱えた。学園紛争の季節である。昭和四三年一〇月二一日には新宿に集結した約二〇〇〇人の新左翼の若者と、機動隊が衝突する「新宿騒乱」が起こった。翌四四年一月一八日から一九日には東京大学安田講堂に立てこもった学生と機動隊が衝突した。

昭和四四年の東京大学駒場祭のポスターには、当時学生で後に作家となる橋本治《はしもとおさむ》の「とめてくれるなおっかさん、背中のいちょうが泣いている、男東大どこへ行く」というキャッチコピーと、背中に入れ墨のある学生姿が描かれた。任俠映画に登場する反体制のアウトローな主役たちと、政治や社会に対抗して自己主張する学生たちとは、共感する部分があった。権力者側を映画に登場する悪いやくざ一家と重ねて、自分たちの手で世直しを図るという構図が描けた。

学生運動の若者と中高年から支持される「演歌」

昭和四〇年代から「艶歌」や「演歌」という看板が歌謡界に登場するようになる。北島三郎や藤圭子《ふじけいこ》などの宣伝文句として「演歌」は使われ始める。

「演歌」は安保反対の左翼運動を行った若者や、学生運動に参加した学生たちから少なからず支持された。昭和四二年三月の「新宿ブルース」(作詞：滝口暉子《たきぐちてるこ》、作曲：和田香苗《わだかなえ》)を歌唱した扇《おうぎ》ひろ子は、学生運動に参加した学生から「西を向いても、駄目だから、東を向いて、みた

だけよ」という歌詞に勇気づけられたと言われたことを回想している。(13)

藤圭子は、「演歌の星を背負った宿命の少女」という宣伝文句で昭和四四年九月に「新宿の女」（作詞：石坂《いしざか》まさを、みずの稔《みのる》、作曲：石坂まさを）（三七万四三五〇枚）でデビューした。浪曲家の娘として生まれた藤は、貧しく苦労して育ち、流しを経て歌手となった。プロダクションに所属せず、藤のマネージャーを務めた石坂まさをが作詞と作曲も手掛けるという、従来の専属制度によるレコード会社とは異質な存在であった。そして石坂は、新宿のレコード店やスナックなどの店舗を回る二五時間キャンペーンを企画した。

左翼運動を行う若者からすれば、レコード会社の専属制度によって歌手たちの歌が決められてしまうという、歌謡曲の文化に対して反発があった。藤圭子のスタイルは、そうした資本主義に抵抗しているように見えたため、若い支持者を獲得した。また当時の若者が「演歌」を支持したのは、学生たちの両親が好んでいた戦前からの歌謡曲の旋律とは違って、「演歌」独特の感情を込めた、「こぶし」のきいた節回しというところにある。

藤圭子を売り出す暗いイメージ戦略は功を奏し、昭和四五年四月発売の「圭子の夢は夜ひらく」（作詞：石坂まさを、作曲：曽根幸明《そねこうめい》）（七六万四五五〇枚）で紅白初出場を果たした。「十五、十六、十七と、私の人生暗かった」というのは、藤の半生をドラマ化したイメージソングである。昭和四六年一月一五日に公開された『男はつらいよ・純情篇』では、フーテンの寅こと渥《あつ》美清《みきよし》が演じる車寅次郎《くるまとらじろう》が「十五、十六、十七と、私の人生暗かった」と歌っている。「演歌」

は、政治的に反体制を主張するインテリと、世の中からアウトローとして疎外された者たちが共感できるものであったといえる。

こうした支持者によって昭和四〇年代後半に「ど演歌」ともいうべき「演歌」が爆発的にヒットする。昭和四七年五月の宮史郎《みやしろう》とぴんからトリオ「女のみち」（作詞：宮史郎、作曲：並木《なみき》ひろし）は、もともと結成一〇年を記念して、三〇〇枚を自主制作したレコードであった。それをキャバレーやスナックで働く女性に配ったところ、徐々に火がつき、三二五万六四八〇枚を売上げた。昭和歌謡第二位の売上げ記録である。

これに続き、昭和四八年一一月の殿さまキングス「なみだの操《みさお》」（作詞：千家和也、作曲：彩《さい》木雅夫《きまさお》）は、一九七万三四〇〇枚で昭和歌謡第三位の売上げ記録となった。昭和四九年七月のさくらと一郎「昭和枯れすゝき」（作詞：山田孝雄《やまだたかお》、作曲：むつひろし）も一〇〇万二〇五〇枚というミリオンヒットである。「女のみち」は保守的な女性の生き方を肯定して耐え忍ぶ解釈と、それを否定して前向きに歩く女性という二つの解釈ができる。(14) 一方で「なみだの操」は前者の解釈に限定されるが、それも旧体制を変えることが難しいことを描いているとも捉えられるし、ウーマンリブの運動が起こりはじめ、戦前のような女性が減りつつあることを懐古的に描いているとも見て取れる。

「昭和枯れすゝき」は、「貧しさに負けた、いいえ、世間に負けた、この町も追われた、いっそきれいに死のうか」と絶望感しかない。学生運動は終わっても、社会に対する理不尽な思いは残った。夜の世界で働く者やアウトローな人々も自分たちの生活と重ね合わせた。「演歌」はフォークとともに若者たちにとって、昭和三〇年代までの歌謡曲とは違った新しい音楽であった。

昭和五〇年には戦前生まれが五〇・六％、戦後生まれが四九・四％と、日本の総人口のうち「戦争を知らない子供たち」が約半数を占めるようになった。『なつかしの歌声』としての本流母体の歌謡曲と、「演歌」、「演歌」寄りの歌謡曲の絶頂期であったといえる。戦前生まれの中高年は、懐メロに代わる新曲として、「演歌」や「演歌」寄りの歌謡曲を支持するようになる。この時期に昭和歌謡の売上げの第一位から三位を占めている。戦前生まれの人口が減少するにつれ、これらの支持者は後退していったと考えられる。そして、新しいリズムによるポップス寄りの歌謡曲、フォーク、ニューミュージックなどは戦後生まれが支持し、当該期に生まれた子供たちはJ－POPへと乗り換えることになる。

なかにし礼の戦争体験から生まれた

作詞家のなかにし礼は、昭和三〇年代からシャンソンの訳詞をしていたが、俳優の石原裕次郎から勧められて歌謡曲の作詞を手掛けることとなる。そして石原プロ所属の新人黛《まゆずみ》ジュンを売り出すための歌謡曲を作ることとなった。それが昭和四二年二月の「恋のハレルヤ」（作曲：鈴木邦彦）である。この歌詞は、昭和二〇年になかにしが少年期を過ごした満州から日本に引き揚げてくる体験から浮かんできた。

歌い出しの「ハレルヤ」というのは、なかにしが避難民として着いた葫芦島《ころとう》の小高い丘からの景色を見た時の感動を、バビロン捕囚の捕囚民の気持ちになぞらえて表現したものであった。「愛されたくて、愛したんじゃない」「もえる想いを、あなたにぶっつけた、だけなの、帰らぬ、あなたの夢が、今夜も、私を泣かす」というのも、日本の生命線と期待した満州国が崩壊し、大日本帝国に寄せた夢や想いが消えたことを重ねている。その実体験の想いが、聴く者には若い女性の失恋の想いとなって伝わった。この強烈なインパクトのある歌詞だけでなく、グループ・サウンズのような8ビートのリズムのある鈴木邦彦の旋律が若者に受けた。

このヒットから二年が経った昭和四四年七月にも、なかにしは再び戦争体験を女性の恋愛感情へ置き変えた曲を生み出す。弘田三枝子「人形の家」(作曲:川口真)である。昭和三〇年代に外国カバーポップスで人気のあった弘田は、四〇年代を迎えると人気が低迷した。元気溌剌《はつらつ》でパンチのきいた彼女のイメージを刷新したのが、昭和四四年七月の「人形の家」(五七万五五〇枚)であった。弘田はイギリスの女優エリザベス・テイラーのような美しい姿に一変していた。

「人形の家」の「顔もみたくないほど、あなたに嫌われるなんて」というのは、終戦後に外務大臣から満州残留民に対して日本に帰国しなくてよいという宣告を受けた悲しみであった。「愛されて捨てられて、忘れられた部屋のかたすみ、私はあなたに命をあずけた」というのも、命をあずけた日本に、満州に残った日本人たちは捨てられたという感情が詩になっている。
「恋のハレルヤ」も「人形の家」も、非現実的な空想から生まれた歌詞ではなく、なかにしの実体験による現実的な思いから湧き出てきたものであり、他者の心を打つものがあった。しかし、聴く人たちには、女性の恋愛感情を描いているようにだけ伝わっただろう。この絶妙なバランスがヒットに繋がったといえる。また川口真がストリングス（バイオリン、ビオラ、チェロ、コントラバスの弦楽器の総称）を絡めた落ち着きのある旋律をつけた点もよかった。

「希代のヒットメーカー」筒美京平

昭和四〇年代の歌謡曲界を支えたのは、グループ・サウンズに楽曲を提供したフリーランスの作曲家たちであった。彼らが作り出す楽曲の特徴は、8ビートのリズムを生かしたところにある。ここが昭和三〇年代までの歌謡曲と、四〇年代に作り出される歌謡曲との分水嶺といえる。筒美と同世代の作曲家たちも、同じような音楽センスを持っており、一昔前までの歌謡曲の作曲家たちとは感覚も技術力にも違いがあった。

なかでも「希代のヒットメーカー」となるのが、作曲家筒美京平である。昭和四二年八月のヴィレッジ・シンガーズ「バラ色の雲」（作詞：橋本淳）（九三万二〇〇枚）に続き、翌四三年一二月にいしだあゆみの「ブルー・ライト・ヨコハマ」（同）（一〇〇万三三四〇枚）が大ヒットした。

こうした歌がヒットした理由について、筒美はそれまでの日本の歌謡曲にはなかった旋律が新しく感じられたからではないかと分析している。

筒美は最新の洋楽アルバムを数十秒聴いていく「チョイ聴き」をして、その良い要素を自身の作品に取り入れるという手法を取っていた。例えば昭和四六年六月の南沙織《みなみさおり》「一七才」（作詞：有馬三恵子）（五四万一七八〇枚）は、リン・アンダーソン「ローズ・ガーデン」をもとに作曲した。同年のレコード大賞に輝いた尾崎紀世彦《おざききよひこ》「また逢う日まで」（昭和四六年三月、作詞：阿久悠、前年のズー・ニー・ヴー「ひとりの悲しみ」が元歌）（九五万六三一〇枚）は、ビー・ジーズ「ラブ・サムバディ」を元に作曲されている。ただし、物まねではなく、筒美が手掛けることで日本人好みのまったく別物に化けてしまう。

外国人が好むポピュラー音楽と、日本人が好む歌謡曲とでは違いがある。外国の音楽をそのまま輸入してきてもヒットする可能性は少ない。そのことを筒美は熟知しており、外国の最新の流行音楽を研究しながら、それを日本人が好む新しい歌謡曲にしていった。筒美は、昭和四五年以降に年間一〇〇曲以上のシングル盤の作曲を行っている。これにアルバム収録曲が加わるわけだから、大変な量産である。そしてヒット曲も多く、オリコンチャート入りは約五三〇曲におよぶ。

昭和四〇年代の筒美作品は、青山学院大学の先輩橋本淳の作詞が多かった。いしだあゆみの「ブルー・ライト・ヨコハマ」や「あなたならどうする」（昭和四五年三月、作詞：橋本淳）（四〇万四三一〇枚）は小唄調の要素を感じる。「また逢う日まで」のようなダイナミックなバラード調や、野口五郎《のぐちごろう》「青いリンゴ」（同四六年八月、同）（一九万二二四〇枚）、欧陽菲菲《オーヤンフィフィ》「雨のエアポート」（同年一二月、同）（三三万六七三〇枚）、麻丘《あさおか》めぐみ「私の彼は左きき」（同四八年七月、作詞：千家和也）（四九万四九九〇枚）のようなアップテンポな曲調もあるが、朝丘雪路《あさおかゆきじ》「雨がやんだら」（同四五年一〇月、作詞：なかにし礼）（三二万四七八〇枚）のようなムード歌謡も書いている。そして中間的なものとして、堺正章《さかいまさあき》「さらば恋人」（同四六年五月、作詞：北山修《きたやまおさむ》）（五二万八五五〇枚）、井上順《いのうえじゅん》「お世話になりました」（同年九月、作詞：山上路夫）（一〇万四四〇〇枚）、浅田美代子《あさだみよこ》「赤い風船」（同四八年四月、作詞：安井かずみ）（四八万九二〇枚）などが位置づけられる。

筒美は、昭和四〇年以前の歌謡曲に物足りなさを感じていたが、日本の大衆は歌謡曲の哀調を帯びた旋律に魅力を感じていることを熟知していた。筒美は、麻丘めぐみの歌声について「君は中音から高音に行くところが泣き声になっていくのが良いんだよ、そこに哀愁がある」と指摘している。(15) 昭和四九年九月の「悲しみのシーズン」（作詞：千家和也）（一八万九四五〇枚）からは、その点が生かされているのがわかる。チェリッシュ「ひまわりの小径」（昭和四七年五月、作詞：林春生《はやしはるお》）（四一万二〇一〇枚）や「恋の風車」（同四九年一月、同）（三一万九五〇枚）には、フォークと歌謡曲の哀しい世界観が混在している。

アイドルに作曲した歌でも、昭和四九年九月の郷《ごう》ひろみ「よろしく哀愁」（作詞：安井かずみ）（五〇万六一〇〇枚）と、同五〇年三月の豊川誕《とよかわじょう》「汚《けが》れなき悪戯《いたずら》」（同）（九万七九五〇枚）とでは、テンポやリズムに差はあるものの、哀調を帯びた歌謡曲であることがわかる。後年に豊川は「汚れなき悪戯」について「演歌」のような曲と発言しているが、これは筒美メロディーに限られたことではなく、当時の歌謡曲の特徴なのである。後述するように歌い方や聴く者によって、ポップス寄りの歌謡曲か、「演歌」寄りの歌謡曲か、アイドルが歌う歌謡曲にも微妙な差が感じられるようになる。

こうした点は筒美自身でも回想している。自分の曲が歌謡曲からポップスの要素がより強くなった分岐点は、昭和五〇年一二月の太田裕美《おおたひろみ》「木綿のハンカチーフ」（作詞：松本隆《まつもとたかし》）（八六万七三五〇枚）であったという。都会に出て行く男性と、それを機に別れることとなった女性との心情を対話調で綴った。それまでの歌謡曲の定石を覆すほど長い歌詞であった。筒美は曲をつけるのに苦労したが、明るくリズミカルなポップス歌謡に仕上げた。この作品から橋本淳の作詞数は減り、松本隆とのコンビが増える。そして後述するシティーポップの時流を受け入れることとなる。

阿久悠の登場

阿久悠は広告代理店勤務を経て作詞家へと転向した。少年時代に美空ひばりが死ねば新聞の一面記事になるが、自分が死んでもまったく報じられることがないと感じた。この強いコンプレックスが、作詞家として活躍する原動力となった。したがって、阿久は、ひばりとは違う歌謡曲の世界観を描こうとした。

阿久のデビュー作は、昭和四二年一一月のグループ・サウンズのザ・モップス「朝まで待てない」（作曲：村井邦彦）（三万七五八〇枚）である。しかし、阿久によれば「朝まで待てない」はレコードのB面だったため、A面となった昭和四五年一月の森山加代子《もりやまかよこ》「白い蝶のサンバ」（作曲：井上《いのうえ》かつお）（四七万四九五〇枚）が職業作詞家としての事実上デビュー作であるという。

この曲が巷《ちまた》で流行っている頃、昭和四五年八月一二日に作詞家西條八十が七八歳で逝去した。この年から阿久が活躍するのは偶然であろうか。もちろん意図したわけではないが、歴史的に昭和歌謡の作詞家の王座が西條から阿久へと襷《たすき》が渡された年であったと見なせる。西條が生み出した昭和歌謡の定型詩は七五調の四行か五行というものであった。これに対して阿久は、七五調を基調にしながらも、字余りもあり、長い歌詞だと一〇行におよぶ。昭和歌謡の作曲だけでなく、作詞の仕方も大きな転換期を迎えていたのである。

昭和四五年一〇月に発売した北原《きたはら》ミレイ「ざんげの値打ちもない」（作曲：村井邦彦）（一九万八〇九〇枚）は、一四歳のときから愛した男性に捨てられた女性が、一九歳を迎えた頃に相手の男性をナイフで刺す。その年の瀬に「ざんげの値打ちもない」と自覚しながら、この惨劇までの経緯を語っている。美空ひばりの世界観には存在しない暗さがあった。レコードジャケット写真は、北原がアイドルソングを希望していたため、可愛らしい衣装を着ている。歌とイメージが合わないこともあり、発売当初の売れ行きは芳しくなかった。そこで阿久は、劇画家の上村一夫《かみむらかずお》に曲のイメージに合う絵を描かせた。それをジャケットに使ったところ徐々に売れ始めた。

大阪で日本初の万国博覧会が開かれ、「昭和元禄」と呼ばれる好景気のなかで、社会の暗い部分に光を当てた「ざんげの値打ちもない」はヒットした。この曲で名を上げた阿久は、昭和四六年に子供向けの教養番組から誕生した「ピンポンパン体操」(作曲：小林亜星《こばやしあせい》)や、同四八年に特撮ヒーローの主題歌「ウルトラマンタロウ」(作曲：川口真)も作っている。

そして昭和四八年三月にはペドロ&カプリシャス「ジョニィへの伝言」(作曲：都倉俊一)(二四万八四五〇枚)という名曲を書く。元踊り子の女性は、ジョニィと旅に出る予定であったが、二時間待っても彼は現れない。一人で生きる決意をした彼女はバスに乗って旅立った。同年一〇月にはそのアンサーソングを髣髴とさせる「五番街のマリーへ」(同)(二二万一八九〇枚)を世に送る。男性がマリーと五番街で暮らした思い出話をするが、それがジョニィではないかと感じさせる。両曲は別ものだと書き残しているが、こうしたドラマが頭のなかで描けるのだ。阿久が両曲は「無国籍ソング」と呼ばれたように、聴く者に自然と日本国内ではなく外国をイメージさせる。

阿久は昭和四六年一〇月から放送が開始された『スター誕生!』の審査員をつとめ、この番組から登場した多くのアイドル歌手の作品も手掛けた。花の中三トリオの森昌子《もりまさこ》「せんせい」(昭和四七年七月、作曲：遠藤実)(五一万四一六〇枚)、桜田淳子《さくらだじゅんこ》「わたしの青い鳥」(同四八年八月、作曲：中村泰士《なかむらたいじ》）（一五万九〇〇〇枚）をはじめ、石川《いしかわ》さゆり「津軽海峡・冬景色」（同五二年一月、作曲：三木たかし）（七二万六九一〇枚）など、次々と量産しては大ヒットにつなげた。昭和五〇年一二月の都はるみ「北の宿から」（作曲：小林亜星）（一四三万五一二〇枚）、同五二年五月の沢田研二「勝手にしやがれ」（作曲：大野克夫《おおのかつお》）（八九万三〇九〇枚）、同年一二月のピンクレディー「ＵＦＯ」（作曲：都倉俊一）と三年連続でレコード大賞を受賞するという快挙も成し遂げた。

昭和五〇年代の「演歌」ブームのなかでは、作曲家浜圭介《はまけいすけ》と二曲の名曲を生んだ。昭和五四年五月の八代亜紀《やしろあき》「舟唄」（作曲：浜圭介）は、港町の酒場で男性客がしみじみと酒を飲む姿を描いている。この男性客は心に傷を負っているのではないか。その傷口を癒すかのように「ダンチョネ節」を挿入したところに特徴がある。翌五五年四月の八代亜紀「雨の慕情」（同）は、手料理を作って恋人を待ち侘びる女心を歌い上げる。

阿久の作品には、短い時間のなかに人間ドラマが凝縮されており、歌詞に書かれていないところにまで物語を想像できる世界観が広がっている。別々の歌を一つの物語として繋げる楽しさもある。そうした歌詞に新しい作曲家たちが最良の楽曲を提供することで、大衆の心を摑んだ。

結婚生活と同棲生活との新旧価値観

昭和四〇年代は歌謡曲が枝分かれすることから曲がり角であったが、それは時代そのものが新たな価値観が生まれて社会生活が多様化する曲がり角であった。昭和四〇年代後半に創出された結婚と同棲とを描いた歌謡曲には、戦前からの価値観が色濃く残りつつ、その一方で新たな価値観が芽生えていることが読み取れる。

結婚を題材にしたヒット曲の最初は、昭和四六年一月のはしだのりひことクライマックス「花嫁」（作詞：北山修、作曲：端田宣彦《はしだのりひこ》、坂庭省悟《さかにわしょうご》）（六〇万五四五〇枚）である。「花嫁は、夜汽車にのって、とついでゆくの」「命かけて燃えた、恋が、結ばれる」「帰れない、何があっても」とあり、恋愛結婚なのかもしれないが、絶対に離婚は許されない「海辺の街」での新生活への決意が示される。これに似て瀬戸内海の小島へ嫁ぐ女性の心情と決意を描いたのが、昭和四七年四月の小柳《こやなぎ》ルミ子「瀬戸の花嫁」（作詞：山上路夫、作曲：平尾昌晃）（七四万七三〇枚）である。

フォークソングの世界からも、結婚を題材にしたフォーク歌謡が作られた。昭和四七年一月の吉田拓郎《よしだたくろう》「結婚しようよ」（作詞作曲：吉田拓郎）（四二万二二五〇枚）は、「僕の髪が肩までのびて、君と同じになったら、約束どおり、町の教会で、結婚しようよ」とある。結婚の時期を男性が握っているものの、女性のような長髪を男性がするというユニセックスな歌詞が従来の男性像とは違った感じを出している。

同じくフォーク歌謡では、昭和四九年六月のダ・カーポ「結婚するって本当ですか」（作詞：久保田広子《くぼたひろこ》、作曲：榊原政俊《さかきばらまさとし》）（三二万一七〇〇枚）がヒットした。一時的に喧嘩した女性が男性から仲直りの手紙が届いたと思って読むと、別の女性と結婚するという衝撃的な内容が記されていた。読んだ女性は彼を愛しているから、別の女性との結婚を祝福するという身の引き方をする。

昭和四五年から国鉄が個人旅行拡大キャンペーン「ディスカバー・ジャパン」を行ったところ、若い女性の旅行客が増加した。アメリカで起きたウーマン・リブが、日本でも展開され始めた。会社で働く女性の数も多くなった。しかし、「寿退社」と呼ばれたように、結婚すると仕事を辞めて家庭に入る女性がほとんどであった。結婚して家庭の主婦になるのが幸せという、戦前からの価値観は残っていた。

しかし、上記の作中からは、どれもお見合ではなく自由恋愛の末の結婚といった感じがする。「結婚するって本当ですか」は悲劇のヒロインだが、曲調は明るくて悲しさが残らない。結婚という通過儀礼によって二人の生活が始まるというのが常識であった。

この手続きを踏まず、一つ屋根の下で未婚の男女が暮らす同棲（許嫁でもない男性との性行為もある）は、まだ時代的にタブー視されがちであった。そのため歌謡曲に描かれた同棲生活は、どれも悲劇的な結末を迎え、曲調も暗く感傷的なものが多い。その最初の作品は、昭和四八年四月の大信田礼子《おおしだれいこ》「同棲時代」（作詞：上村一夫、作曲：都倉俊一）（二四万六〇〇枚）である。

劇画家上村一夫が描いた『同棲時代』がベストセラーとなり、その映画化とともに作られた。若い二人が貧しくとも愛があれば生きていけると信じる同棲生活の世界観は、昭和四八年九月のかぐや姫「神田川」（作詞：喜多條忠《きたじょうまこと》、作曲：南《みなみ》こうせつ）（八六万五四〇〇枚）でも変わりがない。四畳半フォーク歌謡として作られたが、この曲に注目して発売を勧めたのは「艶歌の竜」と呼ばれた馬渕玄三であった。その意味でいうと、曲調にこそ違いはあるが、フォーク歌謡と「演歌」とは紙一重といえる（昭和四九年一月の森進一「襟裳岬」（作詞：岡本おさみ、作曲：吉田拓郎）（四六万二三五〇枚）に如実にあらわれている）。

実際に「昭和枯れすゝき」で描かれた街を追われた二人と、「同棲時代」や「神田川」の二人とも、暗い社会のなかで置かれた境遇に大差はなかった。昭和四九年一〇月の野口五郎「甘い生活」（作詞：山上路夫、作曲：筒美京平）（四九万三五五〇枚）でも哀愁のある暗さは共通している。「二人で暮らすと、はがきで通知を、出した日は帰らない」とある。夜汽車で嫁ぐ「花嫁」の覚悟とは対照的といえる。

同棲はいけないものから、やがて結婚の試金石へと、社会の価値観はゆっくりと変化していく。タブー視する戦前派の人たちと、同棲に憧れる若者との価値観の差が生まれ始めた時期であった。昭和四〇年代は新旧の価値観が混在し、生活文化が多様化した。この時期に生まれた歌謡曲は、それらを映し出していた。

（コラム6）委託盤の帝王と女王―三鷹淳とわかばちどり―

読者の皆さんは、三鷹淳という歌手をご存知だろうか。有名曲には読売巨人軍の球団歌「巨人軍の歌」（昭和三八年三月、作詞：椿三平《つばきさんぺい》、補作：西條八十、作曲：古関裕而、歌：守屋浩、三鷹淳、若山彰《わかやまあきら》）がある。昭和九年に山口県宇部《うべ》市で生まれたため、宇部親善大使も務めている。国立《くにたち》音楽大学を卒業すると、コロムビア専属の作曲家米山正夫に弟子入りした。当時は三鷹に住んでいたため、米山から三鷹淳という芸名をつけられた。その縁からか「三鷹市民歌」も歌っている。

レコードには一般発売されない、委託盤（特販）と呼ばれるものがある。レコード会社が企画した依頼主の注文に応じて特別製造したもので、自治体歌、社歌、校歌、団体歌、新民謡などがそれらに該当する。それらをコロムビアでどの歌手よりも録音したのが三鷹である。

昭和三三年の「青森県民の歌」にはじまり、「日本テレビ技術専門学校校歌」（昭和三五年）、「日本交通公社の歌」（同三七年）、「全日空社歌」（同三八年）、「大平正芳先生のうた」（同四一年）、「東京競馬場の歌」（同年）、「飯田銀座行進曲」（同四二年）、「東京都歌」（同四三年）、「首都高速道路公団公団歌」（同四四年）、「新幹線は今日もゆ

三鷹淳（日本コロムビア提供）

わかばちどり（日本コロムビア提供）

く」（同四七年）、「税務山梨県人会の歌」（同四七年）、「木更津市農業協同組合歌」（同五二年）、「管理者養成学校校歌（セールスガラス）」（同五四年）など、数え切れないほど歌唱している。

ほとんど聴くことのできない特別な歌ばかりである。曲名を見ると、どのような曲なのか聴いてみたくなる。東京誕生一〇〇周年の記念行事として作られた「東京都歌」にしても、歌ったり、聴いたりした都民は少ないだろう。発表会が行われたときには全員で歌った社歌や団体歌も、現在では使われていなかったり、忘れ去られている場合もある。

三鷹と結婚したわかばちどり（当初は若羽ちどり）も、コロムビアで多くの委託盤を吹き込んでいる。わかばは、コロムビアの専属作曲家市川昭介の門下生としてデビューした。委託盤は、昭和四二年の「都路小唄」を皮切りに、「老人ホームの唄」（昭和四六年）、錦扇流ハワイ支部結成記念の「ハワイ州ほがらか音頭」（同五二年）、全国個人タクシー連合会創立一五周年記念の「個人タクシー音頭」（同年）などを歌唱し、三鷹とは「宇部中央銀天街音頭」（同四六年）、福島県白河市昭和町の「交通安全音頭」（同四七年）、「岐阜県立斐太高等学校白線流し」（同五三年）などをデュエットしている。

創立〇周年記念とか、市町村制〇周年記念、庁舎竣工記念など、記念イベントの企画としてレコード制作を行っている場合が多い。昭和歌謡の灯が光り輝いていたとき、大衆はなんでも歌にすることを求めた。特別な歌に帰属性を求め、皆で歌い、皆で踊り、一体感を感じた。平成に時代が変わると、こうした委託盤の制作は影を潜めてしまう。

（コラム7）ホステス歌謡とホステス歌手

中古レコード店でよく見かける委託盤が、ホステスのような女性が妖艶な感じで写るジャケットである。これを筆者は「ホステス歌手」による「ホステス歌謡」と呼んでいる。どのくらいの数が生み出されたのか、検討もつかないほどある。筆者も長年にわたって買い集めてきた。中古レコード店で発見すると、ジャケットの女性が切ない表情で「買ってください」と言っているようだ。要らないと思って店を出ると、もう二度と逢えないかもしれないと後ろ髪を引かれ、再入店して購入してしまう。気が付くと、無名な女性の無名なレコードが山のようにある。

「ホステス歌手」が歌う、「ホステス歌謡」がいつから登場したのかははっきりしない。戦前からの「芸者歌手」の時代が終わり、昭和四〇年代にムード歌謡や「演歌」が発売されてからだと考えられる。クラブやスナックなどの水商売で働く女性が、歌手として成功することを夢見て自主制作したレコードである（またはそういう雰囲気

葵美希「紀の川慕情」「追想（ストーリー）」のレコードジャケット（筆者所蔵）

小島りつ子「女の春」「いで湯町ブルース」のレコードジャケット（筆者所蔵）

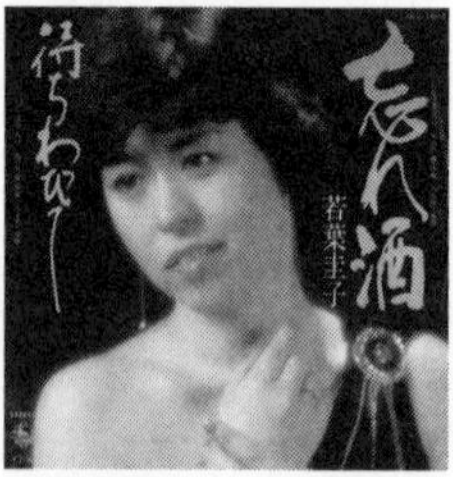

若葉圭子「忘れ酒」「待ちわびて」のレコードジャケット（筆者所蔵）

を醸し出しているレコード）。

そこで青江三奈の「三人の女」（昭和四五年一二月、作詞：山口《やまぐち》あかり、作曲：井上かつお）ではないが、お勧めの「ホステス歌手」を三名だけ紹介したい。第一位はARTBON協会の葵美希「紀の川慕情」（作詞：荊木淳己、作曲：齋藤正雄）、「追想《ストーリー》」（同）、第二位はキングの小島《こじま》りつ子「女の春」（作詞：藤間哲郎、作曲：高田充克）「いで湯町ブルース」（作詞：山野美子・藤間哲郎、作曲：同）、第三位はキングの若葉圭子「忘れ酒」（作詞：いばな宏、作曲：大河内昇）、「待ちわびて」（同）である。容姿、歌声ともに抜群だと思うが、日の目を見ることはなかった。

どれも「演歌」寄りの歌謡曲といえる。彼女たちの歌唱力は高く、アイドルの栗田《くりた》ひろみ、風吹《ふぶき》ジュン、三井比佐子《みついひさこ》など比べものにならない。歌唱力があっても「ホステス歌手」が日の目を見なかったのは、竹越《たけこし》ひろ子の「東京流れもの」（昭和四〇年九月、作詞：永井《ながい》ひろし、作曲：不詳）のようにネオン街のステージに立って名刺代わりに配布したからである。前述の宮史郎とぴんからトリオが自主制作した「女のみち」が、三二五万六四六〇枚のミリオンヒットになったのも、「ホステス歌手」の増加を助長させたと考えられる。しかし、強力なプロダクションにスカウトされるか否かが明暗を分けたといえる。

現在では各自でパソコンを使ってCDを作ることができる。「ホステス歌手」が歌う「ホステス歌謡」のレコードは、レコード会社に委託しなければ自主制作できなかった時代の産物である。

第七章　歌謡曲の栄光から斜陽
昭和五〇年～六三年（一九七五～八八）

「雨がしとしと降る夜は、あの人の面影を思い起こします。雨が静かに降る夜は、心の傷を数えます。雨足が強くなってきたようです。あの人の優しい思い出も消し去ってしまわれそうです、八代亜紀「雨の慕情」」（前掲『超人気歌手が一堂に玉置節で40年!!』、玉置宏の曲紹介）

第26回 NHK 紅白歌合戦（『NHK ウィークリーステラ臨時増刊　紅白50回』2000年1月16日号）

不滅と思われた歌謡曲の行方

昭和五〇年代を迎えると、かつての流行歌＝歌謡曲の頃には老若男女が同じ曲を聴いて楽しんでいたのが、若者向けのアイドルのポップス寄りの歌謡曲、フォーク、ニューミュージックと、中高年の「演歌」および「演歌」寄りの歌謡曲というような分離が生じるようになる。その証拠に、「露営の歌」を聴くと日中戦争、「リンゴの唄」を聴くと終戦直後、「野球けん」を聴くと特需景気、「哀愁列車」を聴くと集団就職、と誰しもが想起するような時代を映す鏡が曇り始める。キャンディーズの「春一番」や山口百恵の「横須賀ストーリー」を聴いてもロッキード事件には直結しないだろう。

高度経済成長により国民生活は一億総中流と呼ばれるように豊かになり、レコードの売上げも急増し、歌謡曲が最も輝いていた時代を迎える。それと同時に、音楽の多様化も進み、暗い世相だから暗い歌が流行るなどというステレオタイプでは捉えきれない難しさが出て来る。そして一九八〇年代を迎えると、シティーポップと呼ばれるニューミュージック路線の明るい音楽が、アイドルが歌う歌謡曲に取り入れられる。

本章では流行歌＝歌謡曲が持っていた魅力、「哀愁」や「暗さ」など、人々の心に訴えかける感傷的なメロディーが次第に薄れて、歌謡曲が先細りしていく過程を見ていきたい。

テレビの普及とレコードの拡大

昭和歌謡の売上げが昭和四〇年代から五〇年代にかけて急増しているのには、映画からテレビへと人気のメディア媒体が変化したことと、レコードの音質がモノラルからステレオへと技術が向上するのに対して価格が安くなったこと、そして国民所得が上がってレコードを入手しやすくなったことの三位一体が考えられる。

昭和三一年頃の神武景気から白黒テレビが家電の三種の神器の一つとなるが、同三九年の東京オリンピックを境にカラーテレビへと変化した。カラーテレビの値段もデラックスと呼ばれる高級品から、手ごろな大衆品までピンキリだが、昭和四〇年代前半よりも後半の方が買い易い価格帯となった（昭和四一年の松下電器嵯峨一九型で七万二五〇〇円、一六型で六万三八〇〇円、同四七年の松下電器パナカラー二〇型で一七万五〇〇〇円、一三型で七万九八〇〇円）。

それはレコードプレーヤーも同様で、スピーカーなどを組み合わせる高級品もあったが、それらが一体化したポータブルプレーヤーはテレビよりも簡単に買い求めることができた。レコード一枚の値段も、昭和四五年で四〇〇円、同五〇年で五〇〇円、同五五年で七〇〇〜六〇〇円と、戦前に比べて大幅に下がっている。

小学校教員の初任給は、昭和四〇年で一万八七〇〇円、同四五年で三万一九〇〇円、同五〇年で七万三二一六円、同五四年で九万八五九二円と、増加している。一億総中流と呼ばれるようになる生活の豊かさと、テレビ、オーディオ、レコードの価格の安定および低下とが見て取れる。こうした昭和四〇年代から五〇年代にかけて起きた背景が、歌謡曲の黄金期を作り出したのである。

この時期に放送されたテレビ番組が高視聴率であったことが示すように、当時の大衆娯楽の王様にテレビが君臨していた。そのテレビは、放送開始以前より大衆文化の花形であった歌謡曲を多用する。歌謡曲番組をはじめ、ドラマでは主題歌および挿入歌、バラエティー番組の間で歌われる歌謡曲、子供向けのアニメや戦隊ヒーローものの主題歌および挿入歌など、昭和のテレビは見ていて歌が流れないことがなかったと言っても過言ではない。

昭和歌謡の売上げ第一位の子門真人《しもんまさと》「およげたいやきくん」（昭和五〇年一二月、作詞：高田《たかだ》ひろお、作曲：佐瀬寿一《させじゅいち》）（四五三万六四〇〇枚）は、フジテレビの子供向け教育番組『ひらけ！ポンキッキ』（最高視聴率二二%）の挿入歌であった。前章で述べた「女のみち」は第二位だが、これも高視聴率で怪物番組と呼ばれたTBSのバラエティー『8時だョ！　全員集合』（最高視聴率五〇・五%）で加藤茶《かとうちゃ》がコントのなかで歌唱したことも売上げにつながっている。同じく前章で述べた「昭和枯れすゝき」も、人気のTBSドラマ『時間ですよ　昭和元年』（最高視聴率三二・四%）の挿入歌であった。昭和三〇年代から歌謡曲にテレビが影響を与え始めたことは第五章で述べたが、その関係は年を経るごとに濃厚になっていった。歌謡曲とテレビが最も輝いていた時代が到来したと言っても過言ではない。

『スター誕生！』と『君こそスターだ！』

今となっては意外に思えるが、フォークやニューミュージック系の歌手と、歌謡曲の歌手との大きな違いは、テレビの歌番組に出て歌唱するか否かであった。テレビ番組では歌謡曲が中心で、フォークやニューミュージック系の歌手はそうした番組に出る機会が少なかった。フォークやニューミュージック系の歌手の歌唱を聴くには、ライブコンサートの会場に足を運ぶか、LP盤などを買うしかない。これはテレビの力を使ってレコードの販路を広げる歌謡曲とはまったく逆の戦略であった。

昭和四〇年代を迎えると、プロダクションが乱立し、そこから多くの歌謡曲の歌手がデビューしてくるようになる。そのなかで昭和四六年一〇月三日から同五八年九月二五日まで日本テレビで放送された『スター誕生！』は多くの歌手を輩出した。この番組が生まれた背景には、ワタナベプロの社長渡辺晋と、日本テレビ制作局次長井原忠高《いはらただたか》との対立があった。

実はそれ以前に、NET（現・テレビ朝日）と渡辺との間で『あなたならOK』という番組を企画していた。ところが企画途中で月曜の夜八時は日本テレビの『NTV紅白歌のベストテン』と放送日時が重なっていることが判明した。もし二つの番組が併走するとワタナベプロ所属の歌手は『NTV紅白歌のベストテン』に出られなくなる。そこで渡辺は日本テレビ側に『NTV紅白歌のベストテン』の放送時間を変更すればよいと要求した。これに腹を立てたのが井原であった。もう日本テレビの番組にワタナベプロ所属の歌手は出演させないと言い出した。

まさに「アイドル戦国時代」の幕開けであった。井原は、ホリプロ、サンミュージック、田辺エージェンシーなどのプロダクションに協力を求め、『スター誕生！』を企画した。このオーディション番組の勝者となったアイドルは各プロダクションに所属することとなる。そのアイドルを『NTV紅白歌のベストテン』に優先的に出演させて、『日本テレビ音楽祭』の受賞対象者にする。一方でレコード原盤制作権はテレビ局側が押さえるという、お互いにメリットが生まれる方法であった。

『スター誕生！』からは森昌子、桜田淳子、山口百恵の花の中三トリオを筆頭に、石川さゆり、岩崎宏美《いわさきひろみ》、ピンク・レディー、中森明菜《なかもりあきな》、小泉今日子《こいずみきょうこ》と数多くの歌手がデビューした。さらに日本テレビ系では昭和四五年一月五日から五一年一二月二五日まで『全日本歌謡選手権』を放送していた。ここからは五木ひろし、八代亜紀、中条《なかじょう》きよし、山本譲二《やまもとじょうじ》などが生まれた。『スター誕生！』に対してフジテレビが作ったのが、昭和四八年一〇月七日から五五年三月三〇日まで放送された『君こそスターだ！』である。林寛子《はやしひろこ》、高田《たかだ》みづえ、石川《いしかわ》ひとみなどを輩出した。

テレビ局が大衆娯楽の王者となったカラーテレビを使って、日本全国からアイドルの原石を発掘する。それを見ている若者は華やかな芸能界でデビューする夢を見る。昭和四六年には八〇〇人の歌手がデビューしている。この頃から歌手の数はそれまでとは比べものにならないほど増加した。

こんなにもあった賞レース

テレビのオーディション番組を牽引《けんいん》したのが日本テレビなら、歌謡曲の格付けを決定する番組を牽引したのがＴＢＳである。当初は認知度も低かった『輝く！　日本レコード大賞』だが、昭和四四年に第一一回を生放送したところ高視聴率を取った。この放送権をＴＢＳが独占したため、それ以外の民放各社が共同して昭和四五年から『日本歌謡大賞』を始めた。毎年順番で放送するため、日本テレビ、フジテレビ、ＮＥＴ（現・テレビ朝日）、東京12チャンネル（現・テレビ東京）と、四年に一度しか高視聴率を取る放映権は回ってこない。

フジテレビは昭和四七年の『第三回日本歌謡大賞』を放送したが、次回まで待っていられなかった。フジテレビは開局一五周年記念として昭和四九年に『ＦＮＳ歌謡祭音楽大賞』を創設した。すると昭和五〇年には日本テレビが『日本テレビ音楽祭』を、ＮＥＴが『あなたが選ぶ歌謡音楽祭』を設けた。遅れをとったテレビ東京も昭和五七年（一九八二）から『メガロポリス歌謡祭』を開催している。フジテレビは『君こそスターだ！』→『夜のヒットスタジオ』→『ＦＮＳ歌謡祭音楽大賞』、日本テレビは『スター誕生！』→『ＮＴＶ紅白歌のベストテン』→『日本テレビ音楽祭』という舞台を作って新人歌手をスターへと育てようとした。

さらに面白いのは、『日本歌謡大賞』には「日本歌謡大賞讃歌」（作詞：保富康午《ほとみこうご》、作曲：広瀬《ひろせ》健次郎《けんじろう》）、『FNS歌謡祭音楽大賞』には「花咲く歌声」（同）、『日本テレビ音楽祭』には「讃歌」（作詞：阿久悠、作曲：宮川泰）と、それぞれ讃歌が作られていることだ。日本歌謡大賞とFNS歌謡祭音楽大賞が同じコンビで作られているのは偶然ではないだろう。この時代のテレビ編成で歌がいかに必要とされていたかがわかる。

ラジオ放送局でも、昭和四三年に文化放送が『新宿音楽祭』、同四八年にニッポン放送が『銀座音楽祭』、同四九年にラジオ関東が『横浜音楽祭』、同五一年にラジオ大阪が『大阪演歌まつり』を設け、それぞれ中継放送を行った。

他にも、昭和四三年に全日本有線放送連盟が『日本有線大賞』、日本有線放送連盟が『夜のレコード大賞』、同四五年にヤマハ音楽振興会が『世界音楽祭』、同四七年に東京音楽祭協会が『東京音楽祭』、同四九年に広島平和音楽祭実行委員会が『広島平和音楽祭』、福岡県飯坂《いいざか》市が『飯坂音楽祭』を設置した。有線大賞からは、小林幸子《こばやしさちこ》「おもいで酒」など「演歌」のヒット曲が生まれた。

これほど活気に満ちていた賞レース合戦も、平成六年（一九九四）までにほとんどが幕引きとなる。終章で後述するが、平成を迎えて『夜のヒットスタジオ』や『ザ・ベストテン』などの歌謡番組が視聴率低下もあって終了した。歌謡曲に取って替わるJ－POPが若者の支持を集めたため、大賞に選ばれる歌謡曲と、それ以上に大ヒットしているJ－POPとに大差が生まれ、需要と供給との矛盾が視聴率低下となってあらわれるようになった。結局、TBSが独占放送してきた『輝く！　日本レコード大賞』だけが生き残った。

山口百恵のスター性

山口百恵は「アイドル戦国時代」の頂点に君臨したといっても過言ではない国民的アイドルとなった。昭和四八年五月のデビュー曲の「としごろ」（作詞：千家和也、作曲：都倉俊一）（六万七四〇〇枚）は、山口の初々しさを売りに、清純なアイドル性を全面的に出した明るい曲であった。しかし、作曲家都倉俊一は「何か物足りないもの」を感じた。それは作詞家千家和也も同じで次回作については「もう少し考えさせてください」と言っていた。

そこで同年九月の「青い果実」（同）（一九万六二〇〇枚）で大人へのイメージチェンジを図り、翌四九年六月の「ひと夏の経験」（同）（四四万六三〇〇枚）が生み出される。「あなたに女の子の一番、大切なものをあげるわ」という、際どい歌詞にインパクトがあった。都倉は歌詞を見て「「オイオイ、マジかよ」と多少戸惑いながら作曲」する一方で、山口が「この詞をどう演じてくれるか楽しみであった」という。結果的に都倉は「結構意味深な言葉も彼女が歌うといやらしさを感じない、それでいて「意味深」なのである」と振り返る。(1)

第六章で述べたとおり、昭和四〇年代からアダルトでムードのある歌謡曲が登場するようになった。しかし、ほとんどのアイドルはアダルト路線には手を出さず、清純なイメージで売り出していた。そこに山口は切り込み、一〇代の性の解放を堂々と歌い上げた。桜田淳子の天使の明るさとは対照的に、暗い影に包まれた雰囲気も魅力があった。

この雰囲気を醸し出した楽曲が山口に作られる。昭和五〇年一二月の「白い約束」（作詞：千家和也、作曲：三木たかし）（三五万一〇〇枚）、同五一年三月の「愛に走って」（同）（四六万五四五〇枚）は、ともに2ビートの短調のリズムで作られた哀愁に満ちた佳曲である。しかし、この路線の佳曲の数々は、その後に百恵ファンを除いて忘れられてしまう。その原因は昭和五一年六月の「横須賀ストーリー」（作詞：阿木燿子《あきようこ》、作曲：宇崎竜童《うざきりゅうどう》）（六六万八〇〇枚）で再び力強い女性に路線が変わり、それ以降の阿木燿子と宇崎竜童の作品のインパクトが強くなったことによる。

当初の歌詞は冒頭が「街の灯りが写し出す」であった。宇崎は「この詞で作曲してみたが、どうもすっきりしすぎる。そこで〝これっきり〟をアタマにしたらあんな曲になっちゃった」と語っている。(2)サビの部分を冒頭に持ってきたことと、8ビートのロックの短調のリズムを取り入れた点が斬新であった。これに続いて、昭和五二年七月の「イミテイション・ゴールド」（同）（四八万四三四〇枚）、同五三年五月の「プレイバック part 2」（同）（五〇万七九二〇枚）、八月の「絶体絶命」（同）（三七万六一七〇枚）といったロックを基調とした、力強い女性像が演出される。

山口の魅力は、暗い影を背後にもつ少女から、歳を重ねるにつれ自立する強い女性への変貌が見て取れるところである。その変化する姿は若い女性たちから多くの支持を得た。一方で昭和五二年四月の「夢先案内人《ゆめさきあんないにん》」（同）（四六万七七〇枚）や、同五三年二月の「乙女座宮《おとめざきゅう》」（同）（三一万三六八〇枚）では、ロマンチックな乙女心を歌っている。彼女の姿は「観音菩薩」のような凛《りん》とした美しさがあり、若い男性ファンを虜《とりこ》にする魅力を持っていた。

山口の名曲として忘れてはならないのが、昭和五二年一〇月の「秋桜《コスモス》」（四六万四二〇枚）と、同五三年一一月の「いい日旅立ち」（五三万五五九〇枚）である。「いい日旅立ち」は、国鉄のCMソングとして採用されたものである。両曲とも、戦前から歌謡曲に登場する母ものの、親子の関係性（「いい日旅立ち」には父親も登場する）が歌われている。母子家庭で育って苦労した山口の生い立ちとも重なる。「いい日旅立ち」はアリスの谷村新司《たにむらしんじ》、「秋桜」はグレープのさだまさし、というフォーク出身のシンガーソングライターが作詞作曲している。「いい日旅立ち」は川口真の編曲によるトランペットの雄大な演奏が楽曲を引き立て、「秋桜」は羽田健太郎《はねだけんたろう》のピアノを生かした萩田光雄《はぎたみつお》の編曲技術が際立つ。フォークソングではなく、歌謡曲としてヒットするような編曲が行われている。

キャンディーズとピンク・レディー――踊る歌謡曲――

昭和五〇年代の初頭に「アイドル戦国時代」の二大女性グループとなったのが、渡辺プロダクションのキャンディーズと、アンチ渡辺プロである『スター誕生！』から誕生したピンク・

レディーである。

キャンディーズは伊藤蘭《いとうらん》（ラン）、田中好子《たなかよしこ》（スー）、藤村美樹《ふじむらみき》（ミキ）の三人で組まれた。三人は中学三年生のときにプロ歌手を養成する音楽学校で出会った。それぞれ歌手になることを夢見ていた。芸能活動は昭和四七年に歌手の後ろで踊るスクールメイツとして出発する。注目される機会はNHKの歌謡番組『歌のグランドショー』のマスコットガールとして起用されたことである。

そして昭和四八年九月に「あなたに夢中」（作詞：山上路夫、作曲：森田公一《もりたこういち》）（八万一二六〇枚）で歌手デビューする。作曲家森田公一は、三人の個性を生かしながら、美しいハーモニーを引き出そうとした。これに続いて昭和四九年四月に「危ない土曜日」（作詞：安井かずみ、作曲：森田公一）（三万七九〇〇枚）を出すが、なかなかヒットしなかった。当初メインボーカルはスーが務めていたが、昭和五〇年二月の「年下の男の子」（作詞：千家和也、作曲：穂口雄右《ほぐちゆうすけ》）からはランに交替させた。この曲は二五万九七五〇枚のヒットとなり、紅白歌合戦初出場を果たした。これで弾みをつけると、同年九月の「その気にさせないで」（同）（一〇万二九五〇枚）、一二月の「ハートのエースが出てこない」（作詞：竜真知子《りゅうまちこ》、作曲：森田公一）（一七万二二五〇枚）など、ディスコのソウルミュージックを取り入れた作品を打ち出す。

そして昭和五一年三月の「春一番」（作詞作曲：穂口雄右）は、テンポの速度がBPM一七〇と驚異的に早い。これまでになかったスピード感覚が功を奏してか、三六万二〇〇〇枚というヒットを記録した。この頃に大学生を中心とした自発的なファンクラブである全国キャンディーズ連盟（全キャン連）が組織された。昭和五一年一〇月に蔵前国技館で開かれたコンサートには、一万三〇〇〇人のファンが集まった。

キャンディーズ人気が最高潮を迎えた頃、渡辺プロの渡辺晋は作詞家喜多條忠に、キャンディーズに大人の女性の歌を書いて欲しいと要望した。一〇代の若い娘から、二〇代を迎えた大人の女性としての世界観への変更であった。こうして昭和五一年三月の「やさしい悪魔」（作詞：喜多條忠、作曲：吉田拓郎）（三九万四八〇枚）、六月の「暑中お見舞い申し上げます」（作詞：同、作曲：佐瀬寿一）、九月の「アン・ドゥ・トロワ」（作詞：同、作曲：吉田拓郎）（二八万一〇〇〇枚）が生まれた。

こうした作品が作られていた間の昭和五二年七月一七日、キャンディーズは日比谷野外音楽堂のライブ会場で突然の解散宣言を行う。このときに発言した「普通の女の子に戻りたい」は流行語となった。渡辺プロと相談の末、昭和五三年四月に解散することが決まった。「アン・ドゥ・トロワ」の詞にあるように「人は誰でも一度だけ、全てを燃やす夜が来る、アン・ドゥ・トロワ、今がその時もう戻れない」というのは、少女から大人の女性に向かってそれぞれが旅立つことを表現しているように受け取れる。

さらに大人のムードを出した昭和五二年一二月の「わな」（作詞：島武実《しまたけみ》、作曲：穂口雄右）（三九万一九二〇枚）では、ミキがメインボーカルを務めた。引退直前の昭和五三年二月の「微笑みがえし」（作詞：阿木燿子、作曲：穂口雄右）からは、これまで発売された歌のフレーズを歌詞に取り込んで、キャンディーズの歌の集大成のドラマが聴き取れる。「微笑みがえし」は全国のファンの力もあって、キャンディーズ初のオリコン売上げ一位（八二万九三九〇枚）を獲得した。

ピンク・レディーは根本美鶴代《ねもとみつよ》（ミー）と増田啓子《ますだけいこ》（ケイ）のデュオである。二人は、同じ中学校で出会い、ヤマハ音楽振興会が主催する音楽コンクールに合格する。当初はフォーク系のデュオであった。昭和五一年三月に『スター誕生！』の決勝大会を経て、歌手デビューを果たす。二人の育て親は、阿久悠と都倉俊一の名コンビである。ピンク・レディーの芸名はカクテルのように二人が一つに溶け合うとの期待から名づけられた。

阿久と都倉は、ピンク・レディーはキャンディーズのような路線で売り出すことに抵抗があったという。しかし、フォーク系では期待ができないため、過激な振付けをつけたアップテンポな歌謡曲で勝負をかけた。昭和五一年八月の「ペッパー警部」（六〇万四九八〇枚）のテンポはBPM一三〇と早く、8ビートで作られている。二〇年前にヒットした前述の曽根史郎「若いお巡りさん」の要素を取り入れているところも興味深い。

昭和五二年三月の「カルメン'77」（六六万三〇〇〇枚）は、金管楽器を多用したブラス・ロックを取り入れたが、演奏を合せるのが難しい演奏家泣かせの曲となった。昭和五二年六月の「渚のシンドバッド」（一〇〇万二八〇〇枚）は、都倉が一九六〇年代にアメリカで活躍したビーチ・ボーイズのカリフォルニアサウンドをモデルに作曲した。

都倉によれば、ピンク・レディーの作品のうちでも、8ビートの感覚が一番強く出ているのが、昭和五二年九月の「ウォンテッド」（一二〇万八六〇枚）だという。一二月の「UFO」（一五五万三八九〇枚）は、「ユー・エフ・オー」と読むか、「ユーフォー」と読むかで議論となったが、都倉は「ユッフォ」という発音を選んだ。前奏部分にシンセサイザーを使って新しさを出した。

昭和五三年三月の「サウスポー」（一四六万三六〇枚）は、王貞治《おうさだはる》が七五六号のホームランを打ち、世界記録を塗り替えた話題から生まれた。その後、高校野球などの応援音楽として長く使われるようになる。昭和五三年六月の「モンスター」（一一〇万二〇五〇枚）は、夏は暑気払いに怖がらせようとの企画から作られ、これに続いて九月に「透明人間」（八八万六二七〇枚）が発売された。ピンク・レディーは、この後に阿久と都倉のコンビの曲から離れて、アメリカに進出してから人気が低迷し、昭和五六年三月に解散した。

ピンク・レディーの特徴は8ビートのリズムだけでなく、土《ど》居《い》甫《はじめ》の振付けによるダンスパフォーマンスにあった。全国の子供たちは、テレビで四回から五回も見れば覚えてしまった。キャンディーズやピンク・レディーを視聴した子供たちは、それらのリズムとは異なる「演歌」の世界から距離を置いていく。しかし、哀感を帯びた旋律という点では共通していた。

岩崎宏美の歌唱力

『スター誕生！』の辛口審査員の松田《まつだ》トシから歌唱力を認められたのが岩崎宏美である。昭和五〇年四月のデビュー曲「二重唱（デュエット）」（一四万四〇〇枚）から「ロマンス」（七月）（八八万六八〇〇枚）、「センチメンタル」（一〇月）（五七万二九五〇枚）、「ファンタジー」（同五一年一月）（三九万三三五〇枚）、「シンデレラ・ハネムーン」（同五三年七月）（一四万五八九〇枚）など、作詞阿久悠、作曲筒美京平のディスコサウンドが続いた。これは昭和五二年にアメリカでジョン・トラボルタが出演した映画『サタデー・ナイト・フィーバー』がヒットし、一九六〇年代以来のディスコブームが起こるのを先取りしていた。昭和五二年七月の「熱帯魚」（作詞：阿久悠、作曲：川口真）（二六万八四九〇枚）は筒美作品ではなかったが、ディスコブームに乗ったリズムである。

この頃に岩崎が歌った曲のほとんどが、ディスコで踊れるような感じであった。こうした流れに一石を投じたのが、同年九月の「思秋期《ししゅうき》」（作詞：阿久悠、作曲：三木たかし）（四〇万三八五〇枚）である。三〇代の阿久にとって、岩崎の一〇代最後の思い出作品を書くのは難しかったという。これに作曲家三木たかしは昭和歌謡の哀感の魅力と、彼女の持つ歌唱力の高さを生かしたダイナミックな旋律をつけた。

岩崎によれば、悲しい旋律に感情がこみ上げて涙が出てしまい、レコーディングでは何度も失敗してしまったという。その後も、ディスコサウンドの名残が感じられる「女優」（昭和五五年四月、作詞：なかにし礼、作曲：筒美京平）（一三万二八八〇枚）などの佳曲もあるが、「思秋期」によって岩崎の作風は変わり、昭和五七年五月の「聖女《マドンナ》たちのララバイ」（作詞：山川啓介《やまかわけいすけ》、作曲：木森敏之《きもりとしゆき》、John Scott）（八〇万四二二〇枚）のヒットを生み出す。日本テレビ系の『火曜サスペンス劇場』の初代エンディングに使われたこともヒットの要素であった。ここからテンポの速い曲よりも、スローなバラード系の曲が増えていく。

この流れについて初期のヒット曲を手掛けた筒美は、二作目の「ロマンス」のB面となった「私たち」（作詞：阿久悠、作曲：筒美京平）の方をA面にすれば、もっと早く「思秋期」や「聖女たちのララバイ」に行きついたはずだと分析している。この頃のアイドルは、オーディション番組を勝ち上がり、さらにボイストレーニングを受けていたから、歌唱力がそれなりにあった。しかし、戦前からの淡谷のり子、藤山一郎などが評価する岩崎のような歌手は珍しかった。岩崎は戦前の音楽学校で勉強をした歌手たちの歌唱力を持ちながら、8ビートの新しいリズムの歌謡曲を歌いこなせる数少ない歌手の一人といえる。

昭和歌謡の父・古賀政男の逝去

山口百恵、キャンディーズ、ピンク・レディー、岩崎宏美と、四者四様に違うアイドルであっても、彼女たちが歌唱するヒット曲の多くは短調の哀愁のあるメロディーである。これが歌謡曲の味わいだと思うが、その原点・源流を生み出したのは「歌謡曲の父」と呼ばれる古賀政男だ。その古賀メロディーの生みの親は、昭和五三年七月二五日に七三歳で天国へと旅立った。当時の新聞各紙や週刊誌でその死が大きく取り上げられ、政府からは国民栄誉賞が贈られた。

古賀メロディーが凄いのは、何十年の歳月が経っても変わらない不変性と、それがどの時代でも大衆に支持されてきたところである。古賀の場合、昭和一〇年代にヒットしなかった歌を題名と歌詞を変えて発売している。昭和四九年六月の五木ひろし「浜昼顔《はまひるがお》」（作詞：寺山修《てらやましゅう》司《じ》）（三九万四五〇枚）は同一一年七月の藤山一郎「さらば青春」（作詞：佐藤惣之助）、同五二年七月の島倉千代子「ひろしまの母」（作詞：石本美由起）は同一一年一月の木村肇《きむらはじめ》「風に吹かれて」（作詞：玉川映二〔サトウハチロー〕）と同じ曲である。

歌謡曲は流行歌と呼ばれていたように、時代の変化によって流行りの旋律が変化していく。通常ならば四〇年も経過した歌が新曲として売れる見込みは低い。しかし、古賀の場合はヒットするのである。古賀メロディーの人気とは、昭和初期から日本人が哀愁のある暗い旋律を好んできた証拠といえる。

音楽研究者の小泉文夫《こいずみふみお》は、『歌謡曲の構造』で「古賀政男さんのメロディが、一世を風靡して、その時代が今日まで及んでいます。その影響が終わりますと、新しい時代になってきます。依然として五音音階に固執するならば、やはりエオリア短調か二六抜き短音階を中心とした行き方に、これからは移っていくのではないでしょうか」と指摘している。[3] 8ビートの曲が主流となって、四七抜き音階から自然短音階や二六抜き音階に変わっても、古賀メロディーが持つ短調の哀愁のある部分は引き継いでいたのではないか。

その証拠の一つとして、サザンオールスターズの桑田佳祐《くわたけいすけ》は、日本人の音楽家の演奏について、「打ち合わせしてやってもさ、本気になってやれるのは、もう古賀政男しかないでしょ、日本人って」と語っている。[4] これは今のままだと、外国のミュージシャンのコピーをいくらやっても限界があるという裏返しの発言である。しかし、「俺は歌謡曲が好きだった」という桑田は、[5] ロックを求めながらも、それを歌謡曲に取り入れた。桑田は、日本人が好む歌謡曲、その原点であり極みが古賀メロディーであったと感じていた。

歌謡曲に近づくニューミュージック

昭和五〇年を前後にして作詞、作曲、歌唱を行うシンガーソングライターが若者から支持される。シンガーソングライターは、歌謡曲とは違った新しい音楽に挑戦したため、当時はそれらをニューミュージックと呼んだ。

しかし、シンガーソングライターのヒット曲を聴いてみると、これは歌謡曲ではないかと思うような作品が少なくない。その理由を探ると、シンガーソングライターたちが「演歌」や歌謡曲を意識して作っていたことがわかる。昭和五〇年五月の小坂恭子《こさかきょうこ》「想い出まくら」（作詞作曲：小坂恭子）（八五万三二五〇枚）は、昭和五七年に佳山明生《かやまあきお》と日野美歌《ひのみか》の競作で大ヒットした「氷雨《ひさめ》」（作詞作曲：とまりれん、昭和五二年一二月の佳山のデビュー曲）（七九万三六〇〇枚）と大差がない。

小坂はヒット曲がなかったため、井上陽水《いのうえようすい》の歌などを歌っていた。そこでヒット曲が欲しいということで作ったのが「想い出まくら」であった。小坂は「マイナーの単純なメロディーに乗せたわけだが、音域を狭くしてだれにでも歌えるようにしたことと演歌っぽいフィーリングが、有線放送を聴く夜の歌謡曲ファンに受けた」という。(6)

昭和五二年九月に「夢色ヒコーキ」（作詞作曲：久保田育子《くぼたいくこ》）でデビューした久保田育子は、当時各地の学園祭に呼ばれた人気者であった。自作の明るい「夢色ヒコーキ」はニューミュージックという感じがするが、翌五三年三月の「翔びなさい」（作詞：阿久悠、作曲：丹羽応樹《にわまさき》）は哀愁に満ちた歌謡曲にしか聴こえない。

丹羽応樹は、昭和一三年七月の上原敏「波止場気質《はとばかたぎ》」（作詞：島田磬也）や、同三五年四月の藤島桓夫「月《つき》の法善寺横丁《ほうぜんじよこちょう》」（作詞：十二村哲《とにむらてつ》）などを作曲した飯田景応の娘である。偉大な父を尊敬する丹羽は、「演歌離れによって、新しい日本の音楽がつくられるという論には、あまり同調できません」と話している。(7) とても格調の高い佳曲だが、久保田とともに忘れられてしまった。

ニューミュージックと歌謡曲の路線の違いは、昭和五三年三月の五輪真弓《いつわまゆみ》「さよならだけは言わないで」（作詞作曲：五輪真弓）（二六万三九一〇枚）にもあらわれている。五輪は「私はフォークとかニュー・ミュージックの枠に入っていたけれど、実はジャンルの中に閉じ込められるのが嫌いで、その立ち位置に偏りたくない、抜け出したいと思って、あの曲を作ったんです」と語っている。(8) この路線が昭和五五年八月の「恋人よ」（同）の大ヒット（九六万一四五〇枚）に繋がった。この曲は五輪のプロデューサーが事故死し、その葬儀で傷心の妻の姿を見たときに浮かんだというレクイエムであった。淡谷のり子は「恋人よ」を気に入り、自分のステージでも歌唱していた。

この時期にはニューミュージックの女王である中島《なかじま》みゆきと松任谷《まつとうや》由実《ゆみ》も歌謡曲を手掛けている。中島の真骨頂は、昭和五〇年九月の「アザミ嬢のララバイ」（作詞作曲：中島みゆき）（七万八六〇〇枚）、同五二年九月の「わかれうた」（同）（七六万九一〇〇枚）など、女性の心情を描く文学的な歌詞と、悲しみからこみ上げる力強さを聴かせるところだ。この点は、昭和五二年一一月の桜田淳子「しあわせ芝居」（同）（三六万四五六〇枚）や、同五八年一月の柏原芳恵《かしわばらよしえ》「春なのに」（同）（三三万四一〇〇枚）などの楽曲提供で歌謡曲ファンの期待に応えた。

中島とは対照的に松任谷は、明るく外国ポップスの匂いがする。しかし、昭和五一年六月の三木聖子《みきせいこ》「まちぶせ」（作詞作曲：荒井由実《あらいゆみ》）（六万八六五〇枚）、同五八年四月の原田知世《はらだともよ》「時をかける少女」（作詞作曲：松任谷由実）（五八万七三三〇枚）、同六〇年一一月の研《けん》ナオコ「帰《き》愁《しゅう》」（同、松任谷の昭和五四年の曲のカバー）では、歌謡曲の持つ感傷的な世界観を描いている。「まちぶせ」は石川ひとみのカバーの方でブレイクした。

そしてサザンオールスターズの桑田佳祐は、字余りの歌詞で歌いづらいという歌謡曲の常識を打ち破ったが、昭和五五年七月に高田みづえ「私はピアノ」(作詞作曲：桑田佳祐、三月発売のサザンのアルバム収録曲のカバー)(四九万二九八〇枚)、同五七年九月に研ナオコ「夏をあきらめて」(同、サザンの七月発売曲のカバー)(三七万六八三〇枚)、中村雅俊《なかむらまさとし》「恋人も濡れる街角」(同)(四七万七一八〇枚)という歌謡曲の名曲を残した。

歌謡曲とは違ったニューミュージックと呼ばれた新しい音楽を志向したシンガーソングライターたちも、歌謡曲を作るとなれば、どうすれば売れるか、大衆が好む楽曲になるかを心得ていたといえる。つまり、歌謡曲の魅力を知っているからこそ、それと対峙《たいじ》するような独自の楽曲を生み出せたといえるのではないか。

名編曲家の萩田光雄と船山基紀

昭和歌謡史を振り返ると、ともすれば忘れられてしまうのが編曲家の存在である。編曲家の大きな仕事は前奏、間奏、後奏など、歌唱メロディーではない部分を作曲することと、全体の楽曲に使う楽器編成のアレンジである。つまり、作曲された同じ曲であっても、編曲家の匙《さじ》加減で、「演歌」、歌謡曲、フォークへと変幻自在にすることができる。編曲家は昭和初期の奥山貞吉や仁木多喜雄《にきたきお》に始まるが、昭和五〇年代の名手といえば萩田光雄と船山基紀《ふなやまもとき》が両巨頭といえる。

萩田と船山はヤマハ音楽振興会の出身であり、最初はヤマハのポピュラーソングコンテスト（ポプコン）の応募曲の編曲を手掛けていた。そしてアイドルを中心とした歌謡曲の編曲を数多く担当する。こうした経験から、歌謡曲とは異なるフォークソングやニューミュージックを求める音楽家たちの志向性と、レコード産業として売れる歌謡曲との差異を熟知していた。

シンガーソングライターの渡辺真知子《わたなべまちこ》を売り出したのは船山であった。昭和五二年一一月の「迷い道」（作詞作曲：渡辺真知子）（六一万三二五〇枚）と、同五三年四月の「かもめが翔んだ日」（作詞：伊藤《いとう》アキラ、作曲：渡辺真知子）（四五万九六〇〇枚）は、船山が編曲している。渡辺は「「迷い道」の最後の「迷い道くねくね」もそうですが、「かもめが翔んだ日」にもちょっと歌謡曲の雰囲気があって、「港を愛せる男に限り悪い男はいないよなんて」ってフレーズも、私のちょっと歌謡曲のノリを確立させたんだと思います」と語っている(9)。

渡辺は「迷い道」を中近東風のエキゾチックな旋律で作曲した。それをピアノソロのデモテープで聴いた船山は、フォークではなくポップスになるように編曲した。船山は「この頃の私は、ソニーでも山口百恵さんのアレンジを手がけていて、私の頭はフォーク的なものから離れていた」という。そして渡辺の場合は「「ニュー・ミュージック歌謡」とでも呼ぶべきアレンジをしている。ヤマハのような（筆者註：ヤマハのポプコンの山場曲）作りではなく、そこに意図して歌謡曲的な味付けを施し、もう少し大衆音楽に寄せていこうという思惑があった」と述べている(10)。

こうした考え方は、船山の先輩である萩田も同じであった。シンガーソングライターの久保《くぼ》田早紀《たさき》の事例からは、そのことがよくわかる。久保田のLP全曲集を聴くと、歌謡曲とは対峙したニューミュージックの音楽路線を追求しているのがわかる。しかし、久保田の代表作となったのは昭和五四年の「SANYOテレビ　タテ7」のCMに使われた「異邦人」（作詞作曲：久保田早紀）（一四四万四八二〇枚）である。これをヒットさせるため、萩田はダルシマーという民族楽器や、ハープなどの楽器を使って、派手な編曲を行った。萩田は、「私のアレンジに関しては、久保田早紀さん本人からは疎まれているかもしれないと、今も思っている。そもそも楽曲がああいうものではなかったのだから」と回想する。(11)

この曲がヒットした後の昭和五五年九月の「九月の色」（作詞作曲：久保田早紀）（二万二八九〇枚）は、太田裕美「九月の雨」（昭和五二年九月、作詞：松本隆、作曲：筒美京平）（三五万五八二〇枚）、八神純子《やがみじゅんこ》「みずいろの雨」（昭和五三年九月、作詞：三浦徳子《みうらよしこ》、作曲：八神純子）（五八万八四七〇枚）と同じような歌謡曲の匂いに溢れている。この点について萩田は「彼女本来の持ち味を出しつつ、歌謡曲寄りのアレンジを施した。「九月の色」（80年）という曲は、太田裕美さんの「九月の雨」のパロディーのような仕上がりになったが、ストリングスが走って、ちょっとエスニック・ディスコというか派手にしている」と書いている。(12)

女子大生のデュオあみん「待つわ」（作詞作曲：岡村孝子《おかむらたかこ》）は、昭和五七年のヤマハポピュラーソングコンテストの大賞受賞曲である。これもあみんの個性が聴けるLP盤の各曲と比べると、極めて歌謡曲といった感じがする。萩田によって前奏冒頭にフォークギターの難しいフレーズがつけられた。好きな相手が振られる日まで待つという、切なさと強さとが哀感で包まれている。歌謡曲ファンの心を摑んだ「待つわ」は、一〇八万九七九〇枚の大ヒットとなり紅白出場を果たした。萩田はこの曲がここまでヒットするとは思わなかったという。フォークやニューミュージックであれば、若者を中心とした一部分のファン層に支持者は限られる。しかし、それを歌謡曲寄りに編曲し、歌謡曲として売り出すことによって、幅広い購買力を勝ち取ることができた。

どこからが「演歌」、どこからが歌謡曲

アイドルの曲でも山口百恵の「ひと夏の経験」を演歌という人はいない。しかし、同じような際どい歌詞を織り込んだ西川峰子《にしかわみねこ》の「あなたにあげる」（昭和四九年七月、作詞：千家和也、作曲：三木たかし）（五五万六〇〇〇枚）は演歌という人もいるだろう。また「演歌歌手」としてのイメージが持たれているため、石川さゆり「十九の純情」（昭和五一年四月、作詞：阿久悠、作曲：三木たかし）（五万七五〇枚）を演歌だという人もいるかもしれない。しかし、両曲を作曲した三木たかしは、「私は演歌が嫌いです。どうしても好きになれない」と明言する。[13] したがって、両曲は歌謡曲であって「演歌」ではない。8ビートならポップス寄りの歌謡曲になるかといえば、木村友衛《きむらともえ》「浪花節だよ人生は」（昭和五六年、作詞：藤田まさと、作曲：四方章人《よもあきと》）

（四一万二二三〇枚）は演歌の部類に入れられてしまうだろう。

この点はシンガーソングライターが作った哀愁のある曲でもいえる。山口百恵を例にすると、「横須賀ストーリー」のようなロックの歌謡曲を演歌と感じる人は少ないだろう。「いい日旅立ち」の哀愁も、フォークの歌謡曲であり演歌とは感じないかもしれない。しかし、同じフォークの歌謡曲でも「秋桜」はどうだろうか。

編曲家萩田光雄は、布施《ふせ》明《あきら》「シクラメンのかほり」（昭和五〇年四月、作詞作曲：小椋《おぐら》佳《けい》）（一〇五万一六〇〇枚）を編曲するときに、サビ終わりの「惜しむだろう」の部分を、元の「Eマイナーから B7になる箇所を Sus4から B7」へと変えたと技術的に述べている。変更理由は「元のままだと演歌チックに聴こえてしまう」からであった。また梓みちよ「小心者」（昭和五五年八月、作詞作曲：中村泰士）でも「ギリギリ演歌になりそうでならない線をいっている曲だ。演歌にしようと思えばできたかもしれない」と回想している。[14]

編曲家船山基紀も、五木ひろし「愛しつづけるボレロ」（昭和五七年三月、作詞：阿久悠、作曲：筒美京平）（一二万七五二〇枚）の編曲について、「演歌の中にポップス寄りの色を入れたい時に、私のようなタイプのアレンジャーに話が来るのだ」と語っている。[15]筒美が「演歌」の作曲を引き受けるのだろうか。五木という名前と歌唱法の先入観では「演歌」と思うかもしれない。

このように音楽的に微妙な僅差でしか、ポップスに寄るか、「演歌」に寄るかという境界線を聞き分けるのが難しい歌謡曲も存在したのである。そして、それを誰がどう歌唱するかでも、また変わってくる。作曲家鈴木邦彦は、「歌詞の違う同じメロディー（短い曲）を森進一、布施明、小柳ルミ子という三人の歌手に歌わせてみたのである。その結果、聴いている人はまさか三人が同じメロディーを歌っているとはわからなかった」という。「森進一の独特な節まわし、布施明の巧みな唱法、そして小柳ルミ子のさわやかな歌声」によって、それぞれ違う歌に聴こえてしまう。

鈴木は、この違いを「こぶし」の使い方の違いだと分析する。「こぶしと言うと一般的にはすぐに演歌を思い浮かべてしまうが、決してそうではない。ただ残念なことに、アイドル歌手と呼ばれる若手はこの味に乏しい」「日本では演歌、ポップス、フォークというのが歌謡曲の中の「三大ジャンル」だと思うが、もう一つのフォークにも彼らなりのいろいろなこぶしがある。日本のフォークのメロディー自体はごく日本的だが、外国ふうのこぶしを使った表現方法を採用している歌手が少なくない。この辺が実はいわゆるポップス歌手がフォーク勢に押されている原因とも言える」と分析している。(16)

シンガーソングライターの村下孝蔵《むらしたこうぞう》「初恋」（昭和五八年二月、作詞作曲：村下孝蔵）（五二万五八〇〇〇枚）や「踊り子」（同年八月、同）（八万六一七〇枚）は、青春の切ない日々を想起させる哀愁に溢れた名曲である。村下が歌うとフォークソングのように聴こえるが、こぶしを利かせて歌ったら「演歌」になってしまうかもしれない。「こぶし」の使い方の違いによって、聴こえ方が変わってくるようになった。もともとは「歌謡曲」であったのが、レコード会社の売り出し方の戦略によって「演歌」よりの歌謡曲と、ポップス寄りの歌謡曲とに大きく分かれてしまった。しかし、テンポが早く(古くは四分の二拍子や四分の四拍子のフォックス・トロット、新しくは8ビート)、哀愁のある点は両者に共通し、ここに「歌謡曲」の要素が残っているといえる。

歌謡曲・演歌・ニューミュージックの分離

昭和五〇年代を迎えると、音楽の好みの分離は進み、価値観の相違を埋めることが難しくなってくる。作曲家都倉俊一は「影響されたアーチストは違っても、子供の頃にこのロックンロールを聴いて育ったかどうかで、その音楽性が決定的に違う」「4ビート世代と8ビート世代とではっきりとその音楽的志向が違うのである」と指摘している(17)。

昭和五四年四月から六月にかけて『読売新聞』の読者投稿記事欄では、歌謡曲をめぐる意見が衝突した。一八歳の女子学生は「ピンクレディー、西城《さいじょう》秀樹《ひでき》らがポップス歌謡曲の健在ぶりを見せているが、レコード、LPの売れ行きは中島みゆき、甲斐《かい》バンド、柳《やなぎ》ジョージ、ゴダイゴ、アリスなどが上位にランクされ、ベスト一〇に歌謡曲は一枚もない。私たちヤングにとってはうれしい限りだ」「日本人の心は演歌と言われ、酔って歌うのは必ず演歌だと思われているけれど、それは中年のオジサマたちの錯覚というもので、私たちのように小さなころから

フォークを聴いて歌って育った年代には無縁ってこと」と主張する。(18)

これに対して二九歳の主婦は「演歌もGSもニュー・ミュージックもそれぞれ人の心を打つすばらしいものだと思う」と述べて、一六歳の頃に「GSに夢中だった私は〝演歌なんて！〟とバカにしていた」が、「だんだん年をとっていくと演歌もいいなあ」と感じるようになったと広い視座で応えた。(19)

両者の意見に対して保守的なのが、七二歳無職の男性である。「丘を越えて」「青い山脈」「函館の女《ひと》」（昭和四〇年一一月、作詞：星野哲郎、作曲：島津伸男《しまづのぶお》）、「星影のワルツ」（昭和四一年三月、作詞：白鳥園枝《しらとりそのえ》、作曲：遠藤実）（一七〇万七七九〇枚）など、戦前から昭和四〇年頃までの歌は「いつ聞いてもいい」が、「最近のように粗製乱造は困る。むやみやたらに作るからクズばかり出てくる」と、(20)８ビート時代の歌謡曲を痛罵《つうば》する。

これを偏見だと二二歳の無職の女性は応戦した。「年齢のいった方に理解しがたい歌でも、今の時代、今の人たちには受け入れられているのです。いい歌の基準は時代により変わります。自分の好みに合わないから悪い歌、ときめつけることは出来ません。現代の若い人も年老いたらやはり昔の歌を懐かしむことでしょう」という。(21)

女子学生と老人男性は、それぞれの世代の狭い価値観によるぶつかり合いである。両者に応戦した二人の女性は、音楽の多様性や世代の違いを理解した広い価値観を共有すべきだと訴える。どちらにしても、昭和三〇年代前半までのように老若男女が一つの歌謡曲を共有することが難しくなったのである。

そのことを一七歳の男子高校生が雄弁に語っている。「最近、歌謡曲の世界がとても難しくなっているように思います。ふっと口ずさめる歌が減って高い技巧を持ったものが増えているような気がしてなりません」という。(22) 子供も老人も「口ずさめる歌が減って」、多様化したジャンルの「高い技巧を持ったものが増えて」きたのである。

平成時代のJ-POPよりも一〇年以上前に、すでに歌うことが困難だと感じる若者がいたことは注目に値する。後述するように、この頃から歌詞に英語が混在してシティーポップが登場してくる。

シティーポップの不思議な新鮮味

シティーポップの明確な概念はないが、AOR（アダルト・オリエンテッド・ロック）という大人向けの洗練されたロックと、フュージョンのテンション・コードやブラックコンテンポラリー（ブラコン）の16ビートで装飾されているところに特徴がある。七〇年代までのアイドル歌謡と大きく違うのは、悲しい歌も明るく聴こえるという新しいサウンドにあったのではなかったか。歌謡曲とシティーポップの大差を、昭和五〇年九月の研ナオコ「愚図《ぐず》」（作詞：阿木燿子、作曲：宇崎竜童）（二七万二三五〇枚）と、同五八年一一月の杏里《あんり》「悲しみがとまらない」（作詞：康珍化《カンチンファ》、作曲：林哲司《はやしてつじ》）（四二万二九八〇枚）で比較してみよう。

「愚図」の主人公の女性は、友人から好きな相手を聞かされると、三枚目を演じながら両者の仲立ちを買って出る。しかし、彼女もその相手の男性に片思いであった。本当の自分の思いを打ち明けることもできず、身を引くという悲恋ものである。この歌詞にブルース形式の旋律がつくと、とても立ち直れないような悲しみが伝わってくる。

これに対して「悲しみがとまらない」では、主人公の女性が友人の女性に交際相手の彼氏を会わせたところ、それがきっかけとなって彼氏を奪われてしまうという悲劇である。ただ、どのようにして彼氏を奪われることになったか、「愚図」のように女性が自分を責めることはしない。最後まで彼氏を奪われてしまって「悲しみがとまらない」という事実だけが伝わってくる。

本来ならば「愚図」の彼女どころではない「悲しみ」のはずだが、全体的にカラッとしていて、胸をしめつけられる感じがしない。「I Can't Stop The Loneliness」という一四の音数を七の音符数で示した英語符割りで始まるところも、悲しさを抑止する効果をもたらしている。研ナオコが悲しげな表情で歌うのに対し、杏里は笑みを浮かべながら歌う点でも違いがある。

もう一つアダルト歌謡とシティーポップを、昭和六〇年前後に不倫をテーマにして作られた、立花淳一《たちばなじゅんいち》「ホテル」（作詞：なかにし礼、作曲：浜圭介〔昭和六〇年二月の島津ゆたかのカバー曲が一六万一九九〇枚〕）、テレサ・テンの「愛人」（作詞：荒木《あらき》とよひさ、作曲：三木たかし）と、小林明子《こばやしあきこ》「恋に落ちて」（二九万九四七〇枚）（作詞：湯川《ゆかわ》れい子《こ》、作曲：小林明子）（九五万五三六〇枚）で比べてみよう。

昭和五九年二月に発売された「ホテル」では、身勝手な男性と、ひたむきで弱い姿の女性が強調されて描かれている。「ホテルで逢って、ホテルで別れる、小さな、恋の幸せ」「あなたの黒い電話帳、私の家の電話番号が、男名前で、書いてある」「奪えるものなら、奪いたいあなた」と、とても子供に聴かせられるものではないアダルトな歌謡曲である。

昭和六〇年二月の「愛人」は「たとえ一緒に街を、歩けなくても」「わたしは待つ身の、女でいいの」と、このような控え目な女性がいたらという男性願望の女性像が描かれる。アダルトなポップス寄りの歌謡曲であり、耐え忍ぶ女性の心情を描く。哀調を帯びた旋律が魅力的である。

「恋に落ちて」は、昭和六〇年八月から放送された不倫をテーマにしたドラマ「金曜日の妻たちへⅢ」の主題歌となった。「Darling, I want you、逢いたくて、ときめく恋に、駆け出しそうなの」と恋愛感情が抑えられない一方、相手に電話をかけようとして「ダイヤル回して、手を止めた、I'm just a woman Fall in love」と我に返る。「あなたが欲しいの」や「恋に落ちた女です」とすると「演歌」のようになってしまう。ここを英語の歌詞にしているところが、アメリカンポップスを好む湯川れい子らしい。結ばれない愛だとわかっても、シティーポップの旋律により、明るい希望がかすかに見える。

哀調を帯びた旋律で悲しみや辛さを訴える歌謡曲と、それらを感じさせないシティーポップの違いが浮かび上がる。

この頃に不倫をテーマにした歌謡曲が生まれた背景には、それまでタブー視されてきたものがタブーではなくなってきた社会変化が読み取れる。昭和三〇年代には男性と女性がお互いに夜のムードを醸し出すデュエットソングが登場し、四〇年代のアダルト歌謡ではタブー視されていた女性が男性を誘う際どい歌詞が氾濫《はんらん》した。昭和四〇年代には裏文化であったものが、五〇年代半ば以降には表文化へと変わってきてしまった。お色気路線や同棲生活が歌謡曲の題材として当たり前になると、今度はもっと刺激的で手の届かないものを求めるしかない。そのタブーな題材が不倫であったのではないか。歌謡曲の題材が行きつくところまで行きついたといえる。

シティーポップに哀愁はないか？

ニューミュージックが歌謡曲に取り入れられた松田聖子《まつだせいこ》の世界に入っていくと、そこは明朗で新鮮な匂いで一杯という感じがする。昭和五五年七月の「青い珊瑚礁《あおいさんごしょう》」（作詞：三浦徳子、作曲：小田裕一郎《おだゆういちろう》）（六〇万一七二〇枚）、一〇月の「風は秋色」（同）（七九万五七九〇枚）、同五六年四月の「夏の扉」（作詞：三浦徳子、作曲：財津和夫）（五六万八〇八〇枚）、七月の「白いパラソル」（作詞：松本隆、作曲：財津和夫）（四八万八二〇〇枚）、一〇月の「風立ちぬ」（作詞：松本隆、作曲：大瀧詠一《おおたきえいいち》）、同五七年一月の「赤いスイートピー」（作詞：松本隆、作曲：呉田軽穂《くれだかるほ》（松任谷由実〕）（五〇万一五〇枚）、四月の「渚のバルコニー」（同）（五一万三七五〇枚）などは、英語歌詞に英語音をつけた部分が頻出する。最大のヒットとなった昭和五八年八月の「ガラスの林檎《りんご》」（作詞：松本隆、作曲：細野晴臣《ほそのはるおみ》）（八五万七三九〇枚）も例外ではない。シティーポップの旗手たちの作曲技術により、悲しさよりも爽やかさが勝っている。

シティーポップに哀愁はまったくないと考えるのは単純である。寺尾聰《てらおあきら》の昭和五五年八月の「シャドー・シティ」（作詞：有川正沙子《ありかわまさこ》、作曲：寺尾聰）（五四万二二二〇枚）や、同五六年二月の「ルビーの指環《ゆびわ》」（作詞：松本隆、作曲：寺尾聰）（一三四万八九〇枚）には、彼のサウンドのような独特の声の響きと、哀愁とがよく合わさっている。昭和五六年九月の泰葉《やすは》「フライディ・チャイナタウン」（作詞：荒木とよひさ、作曲：海老名泰葉《えびなやすは》）（五万六三二〇枚）、同五八年一一月の安全地帯《あんぜんちたい》「ワインレッドの心」（作詞：井上陽水、作曲：玉置浩二《たまきこうじ》）（七一万四四二〇枚）、同五九年一〇月の同上「恋の予感」（同）（四三万五五九〇枚）には、歌謡曲の哀愁が色濃く滲《にじ》む。

こうした共通点は、来生《きすぎ》たかおの作品を聴けばわかる。昭和五三年からフジテレビ系で放送された『翔《と》んだカップル』の主題歌であったＨ２Ｏ「僕等《ぼくら》のダイアリー」（作詞：来生えつこ）には、歌謡曲の持ち味が残っている。その点は、昭和五六年一一月の薬師丸《やくしまる》ひろ子《こ》の角川映画の同名主題歌「セーラー服と機関銃（夢の途中）」（作詞：来生えつこ）（八六万四六七〇枚）と、同五七年七月の原田知世のフジテレビ系ドラマ『セーラー服と機関銃』の主題歌「悲しいくらいほんとの話」（作詞：来生えつこ）（五万七〇六〇枚）にも共通する。新しいサウンドなのだが、とても懐かしい歌謡曲の香りがする。来生メロディーの三分間の世界は、彼の姉の来生えつこが支えている。

　このコンビで作ったのが、中森明菜の昭和五七年五月の「スローモーション」（一七万四四五〇枚）、一一月の「セカンド・ラブ」（七六万五六一〇枚）である。山口百恵に代わるような哀愁が魅力といえる。その魅力に溢れた昭和五九年一月の「北ウイング」（作詞：康珍化）（六一万四二〇〇枚）は、シティーポップの旗手の一人である林哲司が作曲している。中森のセカンドシングル「少女A」（作詞：売野雅勇《うりのまさお》、作曲：芹澤廣明《せりざわひろあき》）（三九万五五〇〇枚）が大ヒットすると、二〇年前にアイドルであった五月みどりが「熟女B」（作詞：なかにし礼、作曲：中村泰士）を出して話題となった。「アイドル戦国時代」の山が動いたと言っても過言ではない。

　シティーポップで忘れられないのが、杉山清貴《すぎやまきよたか》＆OMEGA TRIBEと、カルロス・トシキをボーカルにした1986 OMEGA TRIBEである。両者とも歌詞の一部分に英語歌詞が使われている。昭和五八年四月の「SUMMER SUSPICION」（二七万一[redacted]二六〇枚）から同六〇年一一月の「ガラスのPALM TREE」（二〇万五六〇枚）まで、作詞は康珍化、作曲は林哲司のため、林が中森明菜に提供した楽曲と共通して歌謡曲の哀愁が残っている。この点は昭和六一年（一九八六）五月の1986 OMEGA TRIBE「君は１０００％」（作詞：有川正沙子、作曲：和泉常寛《いずみつねひろ》）（二九万三二二〇枚）も一緒である。爽やかさと哀愁の配合が絶妙な感じがする。

「演歌」に組み込まれた歌謡曲

今では「演歌」と一括りにされてしまう歌謡曲だが、この頃は元気であった。アイドルの歌謡曲やシティーポップと対峙するように存在感を示していた。その背景には中高年の間で昭和五〇年頃からカラオケブームが到来したことが大きい。昭和五二年一二月一五日の『読売新聞』では、どのような歌を歌唱しますかという質問に対して、四二歳のA氏はさくらと一郎「昭和枯れすゝき」、三七歳のC氏は東海林太郎「名月赤城山」と答えている。「カラオケ・ブームといいますが」「おとなの歌が歌いたい」という。

ここからは戦前生まれの三〇代以上の懐メロを聴いて育ってきた人たちが、新しい「演歌」を求めるようになったことがうかがえる。東京12チャンネル（現・テレビ東京）の『なつかしの歌声』が昭和四九年三月に終了し、同五三年一〇月から『演歌の花道』を開始したのも偶然ではないだろう。

昭和五〇年一二月の都はるみ「北の宿から」は翌年のレコード大賞を受賞した。二六抜き音階でつくられていたが、作曲者小林亜星はヒット曲の秘訣として、歌い出しは平坦なリズムをくり返し、サビの部分で一か所だけ高い音の山を築くことだと話している。

大人の恋愛を歌った世界観は根強い人気があった。昭和五三年二月に渥美二郎《あつみじろう》「夢追い酒」（作詞：星野栄一、作曲：遠藤実）（一八一万九七八〇枚）は、渥美の地道なプロモーション活動によって成功した作品である。昭和五五年二月に都はるみ「大阪しぐれ」（作詞：吉岡治《よしおかおさむ》、作曲：市川昭介）（一一四万五七〇〇枚）という同系統の曲がヒットした。この頃に「演歌」で紅白歌合戦で実力を伯仲させたのが、五木ひろしと八代亜紀である。

五木は昭和五四年一〇月に「おまえとふたり」（作詞：たかたかし、作曲：木村好夫《きむらよしお》）（九一万六七一〇枚）、翌五五年八月に「ふたりの夜明け」（作詞：吉田旺《よしだおう》、作曲：岡千秋《おかちあき》）（三六万六七一〇枚）で二年連続紅白歌合戦のトリをとった。五木に対して「演歌の女王」と呼ばれた八代亜紀は、昭和五四年五月に「舟唄」（作詞：阿久悠、作曲：浜圭介）（三八万四一六〇枚）、翌五五年四月に「雨の慕情」（同）（五六万八七一〇枚）、という酒場や裏町の情景が浮かんでくる名曲を世に出した。

古賀政男に見いだされた小林幸子は、昭和三九年六月に「ウソツキ鷗《かもめ》」（作詞：西沢爽、作曲：古賀政男）がヒットしたものの、その後は鳴かず飛ばずであった。その苦労の甲斐があり、昭和五四年一月に「おもいで酒」（作詞：高田直和《たかだなおかず》、作曲：梅谷忠洋《うめたにただひろ》）（一三八万三一一〇枚）で返り咲いた。昭和五五年六月の竜鉄也《りゅうてつや》「奥飛騨慕情《おくひだぼじょう》」（作詞作曲：竜鉄也）（一四八万四五四〇枚）は失恋の傷心を抱えた悲しい旅路、同五七年八月の大川栄策「さざんかの宿」（作詞：吉岡治、作曲：市川昭介）（一二〇万九四七〇枚）は不倫の旅路を描く。

これらの歌の多くに「酒」や「宿」が出て来る。未成年が共感するには難しい。二〇代であっても「過去とゆう名の、改札ぬけて」（「ふたりの夜明け」）という人生経験や、「愛しても愛しても、あゝ他人《ひと》の妻」（「さざんかの宿」）などの許されぬ熟年の恋を嚙《か》みしめるには早熟と言えそうである。また不幸な男女が苦労して、幸せを手に入れようとする物語も少なくない。「シラケ世代」から「新人類」と呼ばれた若者たちが、「芸のためなら、女房も泣かす」（「浪花恋しぐれ」昭和五八年五月、作詞：たかたかし、作曲：岡千秋、歌：都はるみ、岡千秋）（七〇万三〇一〇枚）ような浪花節の生活など堪《た》えられないに違いない。

これらの「演歌」は人生の山坂を越えてきた中高年層を対象にしていることがうかがえる。昭和五九年九月の都はるみ「夫婦坂《めおとざか》」（作詞：星野哲郎、作曲：市川昭介）（三八万四〇四〇枚）の「この坂を、越えたなら、しあわせが、待っている、そんなことばを、信じて、越えた七坂、四十路坂」は、その典型的な例である。また昭和五九年の芦屋《あしや》雁《がん》之助《のすけ》の「娘よ」（作詞：鳥井《とりい》実《みのる》、作曲：松浦孝之）（七九万七六五〇枚）は、喜劇俳優の異色作という話題性から人気となったが、やはり中高年が好むゆったりとした旋律が支持された理由だろう。歌詞では「嫁に行く日が、来なけりゃいいと、おとこ親なら、誰でも思う」と、娘が嫁ぐ日の父親の心境を歌っていた。一〇代や二〇代の心情ではない。

こうしたブームの波に乗って、市川昭介は前述の曲に加えて、昭和五五年二月に森昌子「故郷《ふるさと》ごころ」（作詞：山田孝雄）（二万五四一〇枚）や、同五六年二月に北原由紀《きたはらゆき》「かしこい女じゃないけれど」（作詞：千家和也）（一四万一五七〇枚）など、昔ながらの歌謡曲を下敷きにしながら、リズムやテンポはアイドルが歌う歌謡曲のような新しい部分を加えた心地のよい佳曲を量産している。市川の作風が「ど演歌」にならないのは、昭和四八年一二月の城《じょう》みちる「イルカに乗った少年」（作詞：杉《すぎ》さとみ、作曲：林あきら）（九万二四五〇枚）を作曲してヒットした実績から裏づけられる。林あきらは、市川の別名だ。つまり8ビートのポップス寄りの歌謡曲を作れる技術力がある。

ヒットはしなかったが、船村徹も昭和四三年一月に「スナッキーで踊ろう」（作詞：三浦康照《みうらやすてる》、歌：海道《かいどう》はじめ）など8ビートのリズム歌謡を書いている。しかし、船村が古賀政男の「影を慕ひて」から「悲しい酒」の流れを継承して、昭和五一年一〇月のちあきなおみ「矢切《やぎり》の渡し」（作詞：石本美由起〔昭和五八年二月の細川たかしのカバー曲が一〇二万五四六〇枚〕）などの「演歌」を量産したのに対し、市川は古賀の「緑の地平線」から「青春の恋人たち」の流れを継承した歌謡曲を多く作っているという違いが見て取れる。

そして昭和五九年に「演歌」で人気絶頂期を迎えたのが「浪花節だよ人生は」である。この曲は昭和五一年に小野由紀子《おのゆきこ》が最初に歌唱したが、それを聴いた浪曲師の木村友衛が自分の人生と重なるような歌詞に感銘を受けて、作詞者の藤田まさとにレコード録音の許可を懇願した。木村が昭和五六年にレコード化したところ、徐々に流行り出した。これに目をつけた各レコード会社はそれぞれ「浪花節だよ人生は」を録音し、一四社の競作となった。

「浪花節だよ人生は」は、若者に人気の8ビートで作曲された。だが、「演歌」に組み込まれた歌謡曲の多くには、古賀メロディーでも多い四七抜き音階が使われている。つまり戦前からの歌謡曲に接してきた世代にとっては、抵抗がなく聴くことのできる新曲であったわけだ。

一方で、田中康夫《たなかやすお》『なんとなくクリスタル』や、渋谷系の雑誌『ビックリハウス』でトレンド情報を得ていた若者たちは、こうした世界観にはなじまず、最新のシティーポップを選んだ。本来、日本人が好きであった歌謡曲は、中高年が好む「演歌」と、若者が好むシティーポップを経た「J－POP」とに大きく二極化していくようになる。

ポップス寄りの歌謡曲と「演歌」寄りの歌謡曲

平成以降に「J－POP」が登場するまで、中高年が好む「演歌」寄りの歌謡曲を避けようとした場合、ポップス寄りの歌謡曲が若者に大きな役割をはたしていた。昭和五八年に読売新聞社が二〇代以上三〇〇〇人を対象に「ことしを代表する、とあなたが思う日本の歌手の名を男性、女性、それぞれ一人ずつあげて下さい」という全国世論調査を行った(23)。

その結果、一位の男性は細川《ほそかわ》たかし、女性は松田聖子であった。一〇代の若者を対象としていないため、ニューミュージックやアイドルが少ない。しかし、男性の五位に田原俊彦《たはらとしひこ》、七位に近藤真彦《こんどうまさひこ》、女性の一位に松田、三位に中森明菜が「演歌」勢を抑えている（表18参照）。二〇代では細川、田原、沢田研二、中森、岩崎宏美を選び、四〇代では三位に八代亜紀、四位に北島が浮上する。六〇代では都はるみが支持された。やはり中高年は「演歌」寄りの歌謡曲を好み、若手はポップス寄りの歌謡曲を好む傾向がわかる。

同年にはＮＨＫでも「紅白歌合戦」出場歌手の選考データとなる好きな歌手の世論調査が発表された。全国三〇〇地点の七歳以上の三六〇〇人に好きな歌手男女三人をあげてもらった。男性は五木ひろし、女性は松田聖子が一位となった。男性の五位に近藤真彦、六位に田原俊彦、八位にシブがき隊、女性の四位に中森明菜、六位に岩崎宏美が入った。これらは若手が選んでいると考えられる。四〇代以上では「演歌」寄りの歌謡曲が支持されている。多少順位の差はあっても、読売新聞社の調査と大差はない。

アイドルに生き続けた歌謡曲

昭和五〇年代後半を迎えると、シティーポップのような明るいポップス歌謡がアイドル曲に

表18　人気歌手の世論調査結果

読売新聞の世論調査結果

順位	男性歌手	女性歌手
1位	細川たかし	松田聖子
2位	五木ひろし	都はるみ
3位	大川栄策	中森明菜
4位	森進一	八代亜紀
5位	田原俊彦	森昌子
6位	北島三郎	美空ひばり
7位	近藤真彦	岩崎宏美
8位	沢田研二	川中美幸
9位	郷ひろみ	小林幸子
10位	三波春夫	島倉千代子

NHKの世論調査結果

順位	男性歌手	女性歌手
1位	五木ひろし	松田聖子
2位	細川たかし	森昌子
3位	北島三郎	都はるみ
4位	森進一	中森明菜
5位	近藤真彦	八代亜紀
6位	田原俊彦	岩崎宏美
7位	千昌夫	川中美幸
8位	シブがき隊	島倉千代子
9位	郷ひろみ	小林幸子
10位	大川栄策	石川さゆり

『読売新聞』1983年11月28日、夕刊、『朝日新聞』1983年12月2日、夕刊から作成。

表19　1980年代後半のアイドルと明るい楽曲

歌手名	曲名
松本伊代	「センチメンタル・ジャーニー」昭和56年10月 （作詞：湯川れい子、作曲：筒美京平）
堀ちえみ	「潮風の少女」昭和57年３月（作詞作曲：松宮恭子）
早見優	「夏色のナンシー」昭和58年４月 （作詞：三浦徳子、作曲：筒美京平）
井森美幸	「瞳の誓い」昭和60年４月 （作詞：康珍化、作曲：林哲司）
おニャン子クラブ	「セーラー服を脱がさないで」昭和60年７月 （作詞：秋元康、作曲：佐藤準）
小泉今日子	「なんてったってアイドル」昭和60年11月 （作詞：秋元康、作曲：筒美京平）
岡田有希子	「くちびる Network」昭和61年１月 （作詞：Seiko、作曲：坂本龍一）
山瀬まみ	「メロンのためいき」昭和61年３月 （作詞：松本隆、作曲：呉田軽穂）
菊池桃子	「Say Yes!」昭和61年９月 （作詞：売野雅勇、作曲：林哲司）
南野陽子	「吐息でネット。」昭和63年２月 （作詞：田口俊、作曲：柴矢俊彦）
チェッカーズ	「あの娘とスキャンダル」昭和60年３月 （作詞：売野雅勇、作曲：芹澤廣明）
シブがき隊	「スシ食いねェ！」昭和61年２月 （作詞：岡田冨美子・S.I.S.、作曲：後藤次利〔TZ〕）
少年隊	「ＡＢＣ」昭和62年11月 （作詞：松本隆、作曲：筒美京平）
光 GENJI	「パラダイス銀河」昭和63年３月（作詞作曲：飛鳥涼）

レコードから作成。

も多く聞かれる（表19参照）。

希代のヒットメーカー筒美京平は、昭和五四年二月のジュディ・オング「魅せられて」（作詞：阿木燿子）（一二三万五一六〇枚）でレコード大賞を受賞した。この曲までは自身で編曲を行ってきたが、これ以降は編曲のエンジニアに任せることが増えるようになった。昭和五七年一〇月には編曲家船山基紀によって、AOR歌謡の稲垣潤一《いながきじゅんいち》「ドラマティック・レイン」（作詞：秋元康）（三一万四四一〇枚）を世に出す。船山が同年から一年間アメリカでミュージックシーケンサーなどの機械打ち込みを修業し、フェアライトCMIを使いこなすと、昭和六〇年一月にC−C−B「Romanticが止まらない」（作詞：松本隆）（五一万六七五〇枚）や、一二月に少年隊《しょうねんたい》「仮面舞踏会」（作詞：ちあき哲也《てつや》）（四七万八〇一〇枚）などのヒット曲を出した。

船山によれば、筒美の「曲調にも変化が見られ、打ち込みをイメージしたメロディーを書いてくるようになった」という。(24)新しい時代の旋律についていこう、一歩前を歩こうと努力する筒美の姿が見える。この踏ん張りが、歌謡界のヒットメーカーとしての存在感を見せつけた。昭和六〇年一一月の斉藤由貴《さいとうゆき》「情熱」（作詞：松本隆）（一七万八三二〇枚）は、七〇年代歌謡曲の懐かしさを感じさせる。

これぞ歌謡曲のアイドルとして、高田みづえを忘れてはならない。昭和五二年三月の「硝子《ガラス》坂《ざか》」（作詞：島武実、作曲：宇崎竜童）（三一万六一〇枚）から、同五七年九月の「ガラスの花」（作詞作曲：谷村新司）（一〇万二〇枚）、同六〇年四月の「チャイナ・ライツ」（作詞：康珍化、作曲：筒美京平）（三万六七九〇枚）まで歌謡曲の香りが終始消えなかった。

そのなかで昭和五六年一一月の「夢伝説―ペルシャン・ブルー―」（作詞：竜真知子）（九万七一九〇枚）を作曲した馬飼野康二《まかいのこうじ》は、昭和五七年九月の「ひとり街角」（作詞：三浦徳子）（一五万四〇二〇枚）、同五八年一一月「艶姿《あですがた》ナミダ娘」（作詞：康珍化）（三四万七九二〇枚）で小泉今日子を売り出し、同六三年一〇月にはCMで使われて広く知られた由紀《ゆき》さおり「ゆらゆら」（作詞：魚住勉《うおずみべん》）を作っている。

高田のような昭和五〇年代前半のデビュー組とは違って、後半組になると松田聖子のような明るい楽曲が多くなってくる。シンセサイザーを使った打ち込み録音によるキラキラとした明るい曲が溢れるなかでも、昭和五七年一一月の堀《ほり》ちえみ「とまどいの週末」（作詞作曲：森雪之丞《もりゆきのじょう》）（一一万四二七〇枚）や、同六二年一一月の酒井法子《さかいのりこ》「夢冒険」（作詞：森浩美《もりひろみ》、作曲：西木栄二《にしきえいじ》）（六万九〇五〇枚）は、歌謡曲の哀愁が溢れている。両曲ともデビューから四枚目のシングルであり、明るいポップスから哀愁のある路線に変えてマンネリ化を避けたと考えられる。

若者から人気のあったロックバンドのチェッカーズも、昭和五八年九月の「ギザギザハートの子守唄」（作詞：康珍化、作曲：芹澤廣明）（三九万六四六〇枚）、同五九年五月の「哀しくてジェラシー」（作詞：売野雅勇、作曲：芹澤廣明）（六六万一九〇〇枚）、同年一一月の「ジュリアに傷心」（同）（七〇万二九九〇枚）など、昭和歌謡に適した哀調が魅力的である。ニューミュージックが歌謡曲に近づいたように、ロックもそのままでは一部のファンに限られるため、歌謡曲仕立てにしたのだろう。

その点でいうと、ハーフのアイドルとしてデビューし、ロックへと傾斜していったアン・ルイスの「六本木心中」（昭和五九年一〇月、作詞：湯川れい子、作曲：NOBODY）（二九万五六四〇枚）や「あゝ無情」（同六一年四月、同）（七万三一〇枚）も同じであり、哀調を帯びた歌謡曲とロックのハーフと位置づけられる。最近では女子高生のダンスで再ブレイクした荻野目洋子《おぎのめようこ》の「ダンシング・ヒーロー（Eat You Up）」（昭和六〇年一一月、作詞作曲：TONY BAKER, ANGELINA

KYTE、日本語詞：篠原仁志《しのはらひとし》（三二万四四六〇枚）は外国曲であり、後のJ－POPのさきがけと位置づけられることもある。しかし、昭和六〇年一〇月の「六本木純情派」（作詞：売野雅勇、作曲：吉実明宏《よしみあきひろ》）（二六万一二四〇枚）に重ねて考えると、やはり日本人が好む歌謡曲の哀調のある旋律であるといえる。

ローラースケートのパフォーマンスで人気を誇ったジャニーズ事務所のアイドルの光《ひかる》GENJIは、昭和六二年（一九八七）一一月に「ガラスの十代」（作詞作曲：飛鳥涼《あすかりょう》）（六六万七八〇枚）で、青春のはかなさを哀愁いっぱいに歌い上げた。翌六三年一〇月には南野陽子《みなみのようこ》「秋からも、そばにいて」（作詞：小倉《おぐら》めぐみ、作曲：伊藤玉城《いとうたまき》）（二七万一〇二〇枚）も、胸に切なさが残る佳曲である。折しも昭和天皇が吐血し、容体悪化が「ニュース速報」としてテレビに登場するようになった。昭和時代が幕を降ろそうとしていたとき、こうした哀愁のある旋律は昭和歌謡が終わりを迎えるレクイエムであったのかもしれない。

アイドルが歌うポップス寄りの歌謡曲は、昭和六〇年頃から圧倒的にシティーポップの影響を受けた明るい曲に押されて、五〇年代前半までの哀調を帯びた暗い曲が少なくなる。一方で「演歌」寄りの歌謡曲や、「演歌」には依然として暗い曲調が量産されていく。元号が平成に変わり、J－POPが台頭する以前に、ポップス寄りの歌謡曲から哀調を帯びた旋律は後退し、J－POPへ橋渡しをする明るい曲調だけが生き残る準備に入っていたと考えられる。

（コラム8）よく聴くとそっくりな歌

歴史はくり返されると言うが、昭和歌謡のなかにはどこかで聴いたような昔の曲が新曲として売り出されることがある。それを探し出すのも、昭和歌謡の楽しみ方といえる。

昭和四三年三月に発売されたパープル・シャドウズの「小さなスナック」に注目すると、これとは別の曲だが同系統で作られている歌を見つけることができる。一曲目は、昭和四九年九月の有田美春「小さなブランコ」（作詞：岡田冨美子《おかだふみこ》、作曲：都倉俊一）である。有田は『全日本歌謡選手権』を一〇週勝ち抜いてキングからデビューした。二曲目は、昭和五八年一二月のわらべ「もしも明日が…。」（作詞：荒木とよひさ、作曲：三木たかし）（九六万九六四〇枚）である。「もしも明日が…。」は、テレビ朝日の「欽ちゃんのどこまでやるの！」から誕生した。この三曲を続けて聴くと、同じような感じがする。グループ・サウンズ、アイドル、バラエティー番組のユニットと三者三様に違うが、メロディーラインは酷似している。つまりどの路線で歌わせてヒットさせるかという違いに過ぎない。

これと同じような現象は、昭和三六年一一月の島倉千代子「恋しているんだもん」

と、同五〇年三月の西川峰子「ふたりの秘密」（作詞：千家和也、作曲：三木たかし）（一六万四四〇〇枚）でも聴き取れる。両曲を聴き比べてもらえばわかるがよく似ている。三木は以前ヒットした曲の要素を取り入れて作れば売れるのではないかと感じたのかもしれない。

つまり、昭和五〇年代まで、一〇年以上前の曲を大きく変えなくてもヒットの要素があったということだ。昭和時代の人たちにとって歌謡曲の好みに変化がなかったあらわれともいえる。こうした現象は一九八〇年代半ば以降に確認しづらくなり、作り出される旋律そのものが大きく変わってしまった。

（コラム9）渡辺宙明、水木一郎、堀江美都子の特ソンとアニソン

子供たちの聴覚を、従来の童謡から大きく変えることになったのが、テレビから生まれた特撮ヒーローソングとアニメソングである。作曲家渡辺宙明《わたなべちゅうめい》は、東京大学文学部心理学科に在学中からクラシックの作曲家團伊玖磨《だんいくま》に師事した。昭和三〇年代には多くの映画音楽を手掛けた。作曲家人生の転機となったのが、昭和四六年の特撮もの『人造人間キカイダー』の音楽であった。これが功を奏して、翌年にアニメ『マジ

ンガーZ』（作詞：東文彦《あずまふみひこ》〔小池一夫《こいけかずお》〕、作曲：渡辺宙明）を作曲することとなる。これ以降、『太陽戦隊サンバルカン』（昭和五六年）、『大戦隊ゴーグルファイブ』（同五七年）などの戦隊もの、「ギャバン」（同五七年）、「シャイダー」（同五九年）などの宇宙刑事ものなど、東映の特ソンの多くを手掛けている。

「マジンガーZ」を歌唱した水木一郎《みずきいちろう》は、昭和四三年にコロムビアから歌謡曲の歌手としてデビューしたがヒット曲に恵まれなかった。ところが、昭和四六年にアニメソングの「原始少年リュウが行く」（作詞：石森章太郎《いしもりしょうたろう》、作曲：大塩潤〔渡辺岳夫〕）を歌ったところ好評を得る。その後、昭和四八年に「バビル二世」（作詞：東映二、作曲：菊池俊輔《きくちしゅんすけ》）、同五三年に「宇宙海賊キャプテンハーロック」（作詞：保富康午、作曲：平尾昌晃）など、一〇〇〇曲のアニソンや特ソンを吹込み、「アニメソングの帝王」と呼ばれるようになった。

水木の一年遅れでデビューした「アニメソングの女王」が堀江美都子《ほりえみつこ》である。昭和五〇年に「あかるいサザエさん」（作詞：株式会社エイケン、作曲：渡辺宙明）、同五一年に「キャンディ・キャンディ」（作詞：名木田恵子《なぎたけいこ》、作曲：渡辺岳夫）、同五四年に「花の子ルンルン」（作詞：千家和也、作曲：小林亜星）などヒット作は少なくない。昭和六二年に渡辺宙明が作曲し、水木と堀江がデュエットした『破邪大星《はじゃたいせい》ダンガイオー』の主題歌「CROSS FIGHT！」（作詞：大津あきら、作曲：渡辺宙明）は傑作である。

水木と堀江の声楽家に引けを取らない声量が発揮されている。

8ビートや16ビートで作曲された渡辺の楽曲は「宙明サウンド」と呼ばれる。どれも子供たちをワクワクさせる、非常に活気に満ちたものである。筆者は古関裕而の戦時歌謡に対して、渡辺は平和な時代の新しい戦時歌謡を生み出したと位置づけたい。哀愁を帯びながらも、力強いところが共通する。また渡辺は古関が尊敬した山田耕筰の孫弟子にあたる。

渡辺は新しいサウンドを生み出したが、日本古来の音楽とロックとの共通性として「二六抜き短音階」を意識し続けて作曲していた点には留意を要する。そして渡辺や水木が、特ソンやアニソンがJ－POPとは異なる分野であると自覚していたことも見逃せない。このような観点から考えると、特ソンやアニソンは、歌謡曲から派生した子供向けの歌謡曲であったと位置づけられる。

終章　昭和歌謡は輝いている

「老いたる者には過ぎにし青春の郷愁《きょうしゅう》を、若人《わこうど》には呼べど去《い》にて再び帰り来たらぬ古《いにしえ》の幻を、「昭和歌謡大全集」いよいよお別れです」

（前掲『昭和歌謡大全集』コロムビア・トップのエンディング挨拶）

写真左上から時計回りに、中森明菜（ワーナーミュージック・ジャパン提供）、松田聖子、南野陽子（以上、ソニー・ミュージックレーベルズ提供）、小泉今日子（ビクターエンタテインメント提供）

1990年のJ－POPという大波

J－POPという用語は、昭和六三年一〇月一日に開局したFMラジオ局「J－WAVE」から生まれたといわれる。洋楽を専門に放送していた同局が、洋楽の影響を受けたとわかるような曲や、洋楽と同じような曲を流した。J－POPという言葉が浸透するのには時間がかかったが、少なくとも九〇年代後半までにはCDショップにJ－POPというコーナーが作られ、歌謡曲は演歌とともに「歌謡曲・演歌」という別のコーナーに移された。CDショップによってはJ－POPしか扱わないところも増えた。

歌謡曲や演歌が後退した原因には、エイベックスなど新興勢力のレコード会社と、放送局が仕掛けたメディアイベントによってJ－POPを持ち上げたことが大きいだろう。テレビの音楽番組の出演歌手は、J－POPが占め、ラジオ番組でも歌謡曲や演歌を取り上げないところが増えた。こうした状況にレコード会社も便乗して、J－POPを売り出していく。実際に、小室哲哉《こむろてつや》の作品群、ロックユニットのB'z、バンドのMr.Childrenなどは、驚異的なCD枚数を売り上げた。

折しも、カラオケボックスが全国に普及し、中高年が歌詞カードを片手に「演歌」を歌っていた時代から、若者がテレビ画面の歌詞に合わせてJ－POPを歌う時代へと移行していた。

いつの時代も若者は新鮮な文化を吸収し、それがトレンドであると主張する。まさに大正時代の若者が筑前琵琶、義太夫、浪花節といった邦楽を好んでいたのに、昭和時代を迎えて歌謡曲に乗り換えたのと同じである。昭和から平成へと変わって若者は歌謡曲からＪ－ＰＯＰへと再び乗り換えたと見るのが自然ではないか。

昭和歌謡番組とショーレースの終焉

ＴＢＳの『ザ・ベストテン』は平成元年九月二八日に放送を終了した。日本テレビの『歌のトップテン』は、『ＮＴＶ紅白歌のベストテン』『ザ・トップテン』を引き継いだものの、平成二年（一九九〇）三月二六日に幕を下ろした。フジテレビの『夜のヒットスタジオ』は、『夜のヒットスタジオＤＥＬＵＸＥ』『夜のヒットスタジオＳＵＰＥＲ』と曜日や時間帯を変えながら続けたが、平成二年一〇月三日に最終回を迎えた。

平成元年九月二七日に『夜のヒットスタジオＤＥＬＵＸＥ』が終わり、一〇月一八日の『夜のヒットスタジオＳＵＰＥＲ』に引き継がれるとき、演歌専門の『ヒットスタジオ演歌』、ロック・ニューミュージック専門の『ヒットスタジオＲ＆Ｎ』、洋楽専門の『ヒットスタジオInternational』の三系統に拡充分離された。これにより「ＳＵＰＥＲ」には演歌の歌手はほとんど登場しなくなる。番組の分散化は視聴率の回復につながらなかった。

『夜のヒットスタジオ』が昭和六〇年四月に『夜のヒットスタジオＤＥＬＵＸＥ』へと移行す

る際に、演奏の指揮者がダン池田《いけだ》から三原綱木《みはらつなき》へと交代した。この頃からグループなどは自分たちで演奏し、バックバンドの演奏は以前よりも減った。歌謡曲の火力を弱めた要素には、八〇年代後半からのバンドブームもあった。さらにテレビ番組でバックバンドによる生演奏からカラオケ演奏への移行は、歌謡曲が弱体化したことを示していた。

昭和歌謡の三番組が終わったとき、テレビ東京の『演歌の花道』とテレビ朝日の『ミュージックステーション』は生き残った。しかし、『演歌の花道』は「演歌歌手」だけが出演し、J-POPを主軸とする『ミュージックステーション』に「演歌歌手」が出演することはない。「ベストテン」や「トップテン」は人気投票や売上げ成績がよければ、アイドルとともに「演歌歌手」が登場した。J-POPと演歌の中間に立つ歌謡曲は、どちらの番組からも締め出されてしまった。中高年と若者が同じ時間帯に楽しめる『夜のヒットスタジオ』のような時代が終わりを遂げてしまったことがわかる。

テレビの歌謡番組の衰退は、歌謡曲の賞レースにも影響した。TBSの『輝く！レコード大賞』に対抗するため、民報各局やラジオ放送局などが創設した賞レースも相次いで終了した。『FNS歌謡祭』は名前だけ残したが、賞レースの要素はない。皮肉にも『輝く！レコード大賞』だけが生き残った。しかし、『輝く！レコード大賞』も、平成二年度からJ-POP部門と、演歌・歌謡曲部門とに分離された。この部門別は大賞のジャンル分けでレコード会社との認識に違いが出たため、平成五年には廃止された。部門別は消えたものの、それは元に戻ったことを意味していない。むしろ歌謡曲という一枚岩で捉えることができなくなったあらわれであった。

　昭和時代の幕開けとともにレコード産業から生まれた歌謡曲が、時代の幕引きにより衰退したのは偶然ではない。平成という新たな時代の幕開けとともに、J－POPという歌謡曲とはまったく作り方やリズムの異なる新ジャンルが生み出されたのである。

歌謡曲が枝分かれした結末

　昭和四〇年代から六〇年代まで歌謡曲が枝分かれした。レコード会社の戦略かもしれないが、昭和三〇年代までの歌謡曲が「懐メロ」、グループ・サウンズ、ムード歌謡、リズム歌謡、アイドル歌謡、フォークソング、ニューミュージック、演歌、シティーポップなどとジャンル分けされて登場したが、それらのなかには母体である歌謡曲の血が脈々と流れていたのである。

　何より、「歌謡曲の父」である古賀政男が作り出した日本人が好む四七抜き音階の旋律が生き続けたことがその証拠だ。自然的短音階や二六抜き音階といった手法に変わっても、歌謡曲というヒット要素は変わることがなかったのである。そこから大きく離れようと努力して「演歌」と「ニューミュージック」が生まれたが、そうした子供は冒険の旅が終わると、しばしば親元の歌謡曲という故郷に帰省した。そしてまた新たな冒険への旅へ出発したりした。

　中高年向きの「演歌」に寄るか、若者向けのポップスに寄るかの差はあったが、歌謡曲はそれらを統合する存在感を示していた。現在では「演歌」「フォーク」「ニューミュージック」とジャンル別にされているが、昭和時代に作られたそれらを聴いてみると、歌謡曲と大差はない。底には日本人が好む歌謡曲の哀調を帯びた旋律が流れていた。そのことは第六章や第七章で述べたとおりである。

しかし、平成時代に「演歌」は歌謡曲から離れて「演歌」らしさの独特の世界観を築き、それとは正反対の立場として「ニューミュージック」が「シティーポップ」を経て、外国のポップスのようなJ－POPに発展していくと、歌謡曲はそれらよりも古い昭和時代の音楽となるか、「演歌」と同じものと認識される音楽となっていった。

筒美京平の限界

J－POPという用語が登場するのと入れ替りに、希代のヒットメーカーであった筒美京平の新曲が激減する。J－POPは歌謡曲だと主張する研究者もいるが、もし同じものであったとしたら、なぜ一九七〇年代から活躍してきた作曲家たちがJ－POPのヒット曲を量産化していないのかという疑問が生じる。

筒美によれば、昭和六二年六月の少年隊「君だけに」（作詞：康珍化、作曲：筒美京平）（二八万七五〇〇枚）までで、その頃からバンドブームが起こり、平成二年を迎えると「流行歌作家というのがなくなる」ようになったという。[1] 約二〇年間にわたってヒットメーカーとして君臨したが、デビューから最初の一〇年はわりと楽にできたが、後半の一〇年はかなり考えながらやったと語っている。後半はニューミュージックやシティーポップとの対峙を指しているだろう。

しかし、J－POPは手に負えなかった。筒美は「いつでも時代が先に行って、時代が作家を選んでいくっていうことだなってつくづく思いました」と、(2)ヒット曲を生むため時代を先取りした音楽を作ってきたが、それよりも時代の変化の流れの方が早く、追いついていけなくなった限界を語っている。J－POPと歌謡曲とでは、全然作り方が違うことがうかがえる。

そして平成九年（一九九七）頃には、子供の頃に嫌いであったという昭和二〇年代の歌謡曲に対する思いにも変化があらわれた。筒美は「歌謡曲を本当に嫌いであったかと言うと、それは違うと思う」「今とても好きですもの。例えばあの頃聴いた美空ひばりの曲、つい歌っちゃったりするんですよ。でもその頃は嫌だと思っていた」と語っている。(3)古賀政男、古関裕而、服部良一、万城目正といった、先輩たちが作り出した歌謡曲をリスペクトしていたことに気がついたのである。

そして筒美は「古い曲（自分が作った曲）でもし田舎かなんか行って、誰かが口ずさんでいたとしたら、それが一番の幸せ」という遺言を残している。(4)筒美が作曲を始めた頃に古賀政男は、「山奥の温泉場などで、世にいれられなかった私の曲を、青年が口笛で吹いて通ったりすると『ありがとう』と後ろ姿に手を合わせたくなる」と書いている。(5)昭和歌謡のバトンを受け渡した希代のヒットメーカーは、不思議にも同じ感情で結ばれていたのである。

阿久悠の「昭和歌謡」への想い

平成へと元号が変わって、職業作詞家たちも活躍の場を失った。なかにし礼は「私の作った歌は、昭和という時代を映す鏡でもあった」と自負しながら、「平成に変わった瞬間、自分が歌を作る必然が失われたように感じた」と書き残している。(6) 西條八十からバトンを受け取った作詞家阿久悠も例外ではなかった。晩年の阿久は、大きく時代が変わったことについて、自分の生い立ちからの思い出を多く書き残している。そのなかで「誰が歌謡曲を殺したか」という遺言がある。

阿久は、「歌謡曲とは趣味趣向によって細分化したジャンルではなく、おそろしくフトコロの広い、器の大きい物なのだ。要するに、アメリカンポップスもロックも音として呑み込み、それに日本の現代を切り取り、日本人の心を躍らせ泣かせる詞を付けた、歌の総合文化であった。それは完全な和製に仕上げるということである」「その歌謡曲が、今死にかけている。誰が歌謡曲を殺したかと、刺激的なタイトルにしたのは、あまりの無残さに危機を感じたからである。歌謡曲を真ん中にドンと座り、右翼に伝統的演歌、左翼に輸入加工のポップスというバランスの筈であったのが、真ん中がスポッと抜け落ちてしまった」と述べている。(7)

そして阿久は「たぶん人々が、歌を歌いたがるが、歌を聴きたがらなくなったからだと思う。

聴いて楽しむ慣習が見事になくなった」「「聴き歌」がなくなったのは、みんなが歌う人になり、自分が歌えるかどうかが作品評価の基準になってきたからだと思う。ということは、プロ歌手の圧倒的表現力や、プロ作家の革新的創作力などは、むしろ邪魔になる。ただ気持ちよく歌いやすいものを選ぶ」と結論づけている(8)。

つまり阿久は、聴取者の好みを凌駕《りょうが》する「聴き歌」としての歌謡曲が求められなくなったと言っているのだろう。平成時代がそれを要求しなくなった。しかし、そうは言うものの、歌謡曲ほど歌いやすいものはなかったのではないか。例えば、阿久が作詞した藤圭子の歌は口ずさめても、娘の宇多田《うただ》ヒカルの歌を口ずさむのは容易ではない。四つ打ち系のダンスミュージックに乗せて、英語の歌詞を使いながら歌う必要がある。歌謡曲ではなく、洋楽そのもののJ－POPといえる。

むしろ、単純で歌い易い歌謡曲ではなく、「こぶし」を多用する歌い難い「演歌」や、早いテンポの楽曲に英語を織り交ぜた長い歌詞を詰め込んだJ－POPに魅力を感じるようになってしまった。昭和までの歌謡曲よりも新鮮な楽曲と、それを歌いこなすテクニックを楽しむようになってしまったともいえる。音楽を聴いて楽しむ人たちがいなくなったわけではないが、聴く対象として歌謡曲を選ばなくなった。

どちらにしても、歌謡曲を否定するかたちで六〇年代から頭角をあらわして発展してきた「演歌」と、九〇年代に歌謡曲「演歌」を否定するかたちで登場したJ－POPが、平成という時代の主流となってしまった。昭和四〇年代から主流であったポップス寄りの歌謡曲や「演歌」寄りの歌謡曲は、ほとんど作られなくなる。

ニューミュージックも歌謡曲に聴こえてしまう

J―POPが登場し、レゲエ、ヒップホップ、テクノ、四つ打ち系のダンスミュージックなどの新しいリズムが若者の間で親しまれると、昭和時代のニューミュージックの世界で活躍したシンガーソングライターたちの新曲も古く懐かしい歌謡曲のように聴こえてしまう。本来は歌謡曲に対抗して新しい音楽を追求していたはずなのに、皮肉というか不思議な感じがする。それほど、平成以降と昭和の大衆音楽は変化してしまったのである。

例えば、平成四年六月の「三都物語《さんとものがたり》」（作詞：多夢星人〔谷村新司〕）（一三万一二〇枚）と、同二七年（二〇一五）九月の「北陸ロマン」（共唱：仲間由紀恵《なかまゆきえ》）は、谷村新司がJRのCMソングとして作ったものだが、その原点である国鉄のCMソングとして採用された山口百恵「いい日旅立ち」に付かず離れずといった感じがする。

ニューミュージック界の女王である松任谷由実の楽曲を歌謡曲扱いすると、彼女のファンからはお叱りの声が寄せられるかもしれない。だが、平成五年七月の「真夏の夜の夢」（一四三万二四五〇枚）や、同六年（一九九四）一〇月の「春よ、来い」（一一六万四四三〇枚）は、歌謡曲好きにはたまらない佳曲である。「春よ、来い」は、昭和歌謡の王道である四七抜きで作られているため、どこか哀愁があって懐かしい感じがする。

松任谷のライバル的存在である中島みゆきも例外ではない。平成六年五月の「空と君のあいだに」（一四六万六一三〇枚）や、同一二年（二〇〇〇）七月の「地上の星」（一一一万五九八九枚）など、力強い旋律が耳に残るが、どれも歌謡曲のように歌い易い。現在では運命的な恋愛ソングの名曲となっている平成六年二月の「糸」（一五万九一一〇枚）も、研ナオコの愛唱歌ということが歌謡曲を物語っている。

これらと同じようなことはサザンオールスターズの桑田佳祐の楽曲でもいえる。平成四年七月の「涙のキッス」（一五四万九一四二枚）や、同六年一〇月の「祭りのあと」（八一万九五〇枚）などは、歌謡曲ファンでも口ずさむことができる。桑田の曲は厳密な音楽理論で分析すれば、歌謡曲とは一線を画すポップスであるかもしれない。しかし、高齢者であっても平易に歌うことができるという意味でいうと、歌謡曲の要件を満たしているのである（平成以降に桑田が作曲した全曲という意味ではない）。

やはり昭和四〇年代後半に新しい楽曲を模索して技術力を磨いて人気の歌謡曲に対抗した世代と、平成以降にJ－POPが全盛となってから登場した若手作家とでは作り出す大衆音楽に求めるセンスの違いがあらわれているのだと思う。したがって、谷村、松任谷、桑田たちが作り出す楽曲は、どこか昭和時代の懐かしさを感じさせる。

ちなみに、令和時代の若者には昭和時代の歌謡曲が演歌に聴こえるのだから驚いてしまう。

実際、テレビでジュディ・オング「魅せられて」を聴いた若者が「演歌」だと言っているのを見たことがある。また最近、大学で二人の男子学生が「「かもめが飛んだ日」という演歌を知っている？」「知らない」と話し合っているのも耳にした。ジュディ、筒美京平、渡辺真知子、船山基紀が聞いたら、がっかりするに違いない。

しかし、現実にZ世代と呼ばれる今の若者が聴くと、昭和時代のほとんどの曲が演歌に感じられてしまう恐れがある。それぐらいJ－POPは大衆音楽の聴力を変えてしまったのだ。

歌謡曲は健在

昭和歌謡というのに対して平成歌謡という言葉はしっくりこない。しかし、耳をそばだてて探してみると、平成時代にも歌謡曲は作られていた。例えば、平成七年（一九九五）六月の由紀さおり「赤い星青い星─天文カラットの星から─」（作詞：荒木とよひさ）は歌謡曲である。これは昭和四〇年代に黛ジュンの「恋のハレルヤ」や奥村チヨの「恋の奴隷」を手掛けた鈴木邦彦が作曲している。NHK「みんなのうた」に選ばれ、平成九年には福島市の「古関裕而音楽祭」の金賞を受賞した。

昭和歌謡が好きな人なら嫌うはずのない佳曲だが、まったく話題にもならなかったし、ヒットもしなかった。戦前に歌謡曲を嫌って「国民歌謡」を制定したNHKが、推奨曲として選んでいるところにも時代を感じる。つまり、平成を迎えて歌謡曲が影を潜めたことで、そうした旋律が抒情歌のように懐かしい味わいを出したといえる。

しかし、日本人が歌謡曲を嫌いになったわけではない。それは平成九年七月のKinKi Kids「硝子《ガラス》の少年」（作詞：松本隆）が一七九万一五一四枚の大ヒットになったことからわかる。これは山下達郎《やましたたつろう》がミリオンヒットを打ち出すため、昭和時代の筒美京平がジャニーズのアイドルに提供してきた楽曲を意識して作曲した。つまり、メディアがきっかけを与えさえすれば、依然として歌謡曲にはヒット要素が潜在しているのである。

それでいうと、NHKの力によって大ヒットしたのが、平成一一年（一九九九）三月の速水けんたろう、茂森《しげもり》あゆみ「だんご3兄弟」（作詞：佐藤雅彦《さとうまさひこ》、作曲：内野真澄《うちのますみ》、堀江由朗《ほりえよしろう》）である。子供向けの番組『おかあさんといっしょ』から生まれ、二九一万八二二〇枚を売上げた。しかし、これは昭和四四年に大ヒットした皆川《みながわ》オサム「黒ネコのタンゴ」（同年一〇月、作詞作曲：Mario Pagano、訳詞：見尾田みずほ）（二二三万四六七〇枚）の焼き直しのようなタンゴのリズムであった。両曲は厳密に言えば歌謡曲ではなく、童謡に組み込まれるだろう。しかし、社会的に一世を風靡した流行歌という意味で、あえて取り上げる。「だんご3兄弟」がヒットしたのは、「黒ネコのタンゴ」の懐かしさをリバイバルした点である。

昭和四〇年代の懐メロブームのときに、霧島昇がカルメン・マキの「時には母のない子のように」（昭和四四年二月、作詞：寺山修司、作曲：田中未知《たなかみち》）（六二万一七〇〇枚）をカバーしたり、昭和四四年二月に東海林太郎が「吹雪の国境」（作詞：朝吹薫［東海林太郎］、作曲：森一也《もりかずや》）、同五〇年五月に渡辺はま子が「ヨコハマ・パレード」（作詞：佐伯孝夫、作曲：渡久地政信）などの新曲を発表したのと同じである。新曲であっても、それらは懐メロと変わりのない旋律としてオールドファンに受け入れられた。

平成になって若者のJ－POP、中高年の演歌とに分かれると、中間的な歌謡曲は昭和の懐メロ的な存在へと追いやられてしまった。令和五年（二〇二三）五月にもブルーベリーソーダ「天使が通る」（作詞：秋元康、作曲：柳沢英樹《やなぎさわひでき》）という佳曲が作られている。薬師丸ひろ子が歌唱する来生たかおや呉田軽穂（松任谷由実）の作品であったり、三木たかしがアイドルに提供した作品群を混ぜたような懐かしい感じに満ち溢れている。

最近ではZ世代と呼ばれる昭和を知らない若者の間で昭和歌謡が見直されている。それは古賀メロディーからはじまる日本人が好む旋律を、消し去ることができないことを証明しているように思える。根っこの部分で歌謡曲を嫌う人はいないように感じる。「演歌」はかつての浪花節のように風前の灯と化したが、歌謡曲は再び松明の炎のように再燃するかもしれない。「演歌」やポップスが母体である歌謡曲に戻る時代は来るだろうか。

あとがき

昭和歌謡に関する書籍は、これまで数多く出版されてきた。しかし、歴史学の専門的な研究手法により日本史研究者が書いた昭和歌謡史は一冊も存在しない。そこで、日本史研究の専門的な立場から、昭和歌謡を愛してきた筆者なりの昭和歌謡史を書きたいと思った。

筆者は、アイドル、歌謡曲、演歌が拮抗する一九七〇年代後半から八〇年代に、幼少期を過ごした。そして、青年期を迎えて本格的に音楽を聴く頃に、時代は昭和から平成へと変わり、歌謡曲とは違う曲調が増えていった。折しもレコードからCDへと移り変わり、レコード店や図書館からレコードの姿が消えていった時期である。

この前後には、筆者が接することができた昭和の生活文化がどんどん消えていった。自宅の黒電話はクローバーホンに変わり、駅の券売や改札は自動化され、伝言板も取り払われた。中学や高校で着たいと思っていた学ランは、女子生徒のセーラー服とともにブレザーへと変わっており、着ることが簡単ではなかった。文化の発達により生活は便利になった。しかし、なぜ筆者の好きな昭和のデザインや媒体が消えてしまうのか、残念でならなかった。

平成以降の時代に逆行し、いつまでも昭和を生きてやると思い始めたのが中学生の頃である。

同級生は歌謡曲に代わる平成の新曲に飛びついたが、筆者は昔の若者が好んだ歌を聴こうと思った。そして、それを聴いて楽しいと思えば将来自分は歴史研究者に向いている（昔の時代の人々の価値観が理解できるから）、聴いてつまらないと思えば歴史研究者に向いていないと考えた。そこで選んだのが、昭和初期の大衆から絶大な支持を得ていた『古賀政男全曲集』であった。

これがとても心地がよかった。戦時中の曲が含まれていなかったため、次に『日本の軍歌』というCDを買ったら、今度は作曲家古関裕而の魅力に嵌《はま》ってしまった。そして、中学三年生を迎えた日に、テレビ東京開局記念特別番組として放送された『昭和歌謡大全集』を見て、カラーで動く東海林太郎や小唄勝太郎などの姿に興奮したことは忘れられない。ここから、この番組の素材である『なつかしの歌声』の歌唱映像が好きになり、高校一年生からはCD化されていない曲を聴くため、SP盤を中心にレコードを収集するようになった。

このように昭和歌謡に愛情を注いできたことが、令和時代を迎えてようやく結実する。きっかけは、古関裕而をモデルにしたNHKの朝の連続テレビ小説『エール』の風俗考証を担当し、その前に彼の評伝を執筆したことである。筆者は、古関先生が天国で、鬼籍に入った作詞家・作曲家・歌手の方々に、筆者を紹介および推薦してくださっていると感じる。

このドラマ『エール』を契機に、時代考証や風俗考証という黒子役から、『武田鉄矢の昭和は輝いていた』（BSテレ東）などのメディアに昭和歌謡史の歴史解説者として出演するようになった。日本コロムビア株式会社からは松平晃、ミス・コロムビア、テイチクエンタテイメントからは東海林太郎など、選曲や解説をしたCDを発売することができた。大学の「歴史学」の授業では昭和歌謡史を講義し、『刑部たけ平の昭和の歌声』(毎月二〇日配信)というYoutube番組にも出演している。昭和歌謡に詳しい落語家の林家たけ平氏とは、好きな歌手や楽曲など重なる部分が多く、何時間でも話していられる。

こうした活動に力を入れているのは、リアルタイムで知らない世代に、昭和歌謡の魅力を伝え、それを後世に残し続けていきたいからである。最近、松田聖子、中森明菜など一九八〇年代の昭和歌謡が若者の間で人気だと聞く。子供の頃に筒美京平の作品をはじめ、聖子や明菜の歌を聴いて育った筆者が、それらのルーツ探しに遡っていって昭和歌謡全般が好きになっていることからすると、今の若者たちにも同じ感覚を持ってもらえるのではないかと感じている。その期待が時代錯誤でないことは、実際に筆者の大学の講義をきっかけに、藤山一郎、霧島昇、渡辺はま子、豆千代を好きになる学生が出ていることが証明している。なかには松平晃のレコードを買って聴いている卒業生も存在する。本書が直接授業で接することができない若者の目にとまり、昭和歌謡に興味を持ってもらえる機会になれば幸甚である。

最後に、中央公論新社の吉田亮子氏は、拙著『古関裕而』に続いて本書の企画および編集を担当してくださった。原稿を推敲する頃からは、吉田氏を引き継いだ工藤尚彦氏に構成および編集上で色々とお世話になった。また東京藝術大学大学史史料室非常勤講師学術研究員の仲辻真帆氏には、音楽の専門的な立場からご助言を賜った。日本コロムビア株式会社の衛藤邦夫氏、斉藤徹氏、冬木真吾氏は、一般公開されていない貴重な史料を特別に閲覧および使用させていただく上で便宜を図ってくださった。古関裕而のご子息古関正裕氏、江口夜詩のご令孫江口直哉氏には、貴重な写真を提供していただいた。皆様の協力がなければ、本書は違ったものになっていたかもしれない。この場を借りて心より御礼申し上げる。

拙著『古関裕而』の刊行は、偶然にも生誕一一〇周年の年であった。今年は昭和歌謡の父、古賀政男生誕一二〇周年である。この記念の年に本書を完成できたことも不思議な縁を感じる。

二〇二四年七月二五日　古賀政男逝去の日に筆を擱《お》く

刑部芳則

参考文献

〈未刊行史資料〉
古関裕而「鐘よ鳴り響けのインタビュー」福島市古関裕而記念館所蔵
「番組確定表」NHK放送博物館所蔵
「吹込台帳」日本コロムビアレコード株式会社所蔵
「レーベルコピー」日本コロムビアレコード株式会社所蔵

〈刊行史料〉
小田部雄次『梨本宮伊都子妃の日記』小学館、一九九一年
御厨貴、岩井克己監修『昭和天皇最後の側近卜部亮吾侍従日記』一、朝日新聞社、二〇〇七年
「売上實数ヨリ見タル流行歌「レコード」ノ變遷」（『SPレコード』三五、一九九九年一二月）
『出版警察報』龍溪書舎、一九八一年～八二年

〈自伝〉
阿久悠『歌謡曲の時代―歌もよう人もよう―』新潮社、二〇〇四年
阿久悠『昭和と歌謡曲と日本人』河出書房新社、二〇一七年
「あの人はいま―小野巡―」（『月刊七八』一九七六年六月）
「あの人はいま―豆千代―」（『月刊七八』一九七六年一二月）
「あの人はいま―橋本一郎―」（『月刊七八』一九七七年六月）
「あの人はいま―塩まさる―」（『月刊七八』一九七七年一〇月）
淡谷のり子『わが放浪記』日本図書センター、一九九七年
石本美由起「音楽と人生」（『久留米大学法学』一五、一九九二年一二月）
猪俣公章『酒と演歌と男と女』講談社、一九九三年
「歌―作家―その生命　佐々木俊一を考察する」（『月刊七八』一九七六年六月）
江口夜詩「今昔歌謡裏話」二、一五（『デイリースポーツ』一九五五年）
江口夜詩「松平晃君の想い出」（『なつメロ』七、一九七〇年五月）
遠藤実『夢追い人』日本図書センター、二〇〇四年
遠藤実『涙の川を渉るとき―遠藤実自伝―』日本経済新聞出版社、二〇〇七年
近江俊郎『浮いて沈んでまた浮いて―芸能界よもやま話四〇年―』近代映画社、一九七六年

萩田光雄『ヒット曲の料理人―編曲家・萩田光雄の時代―』リットーミュージック、二〇一八年
春日八郎『どしゃ降り人生』日本図書販売出版れいめい、一九七二年
桑田佳祐『ロックの子』講談社、一九八五年
古賀政男『我が心の歌』展望社、一九六五年
古賀政男『歌はわが友わが心』潮出版社、一九七七年
小篠綾子、菊池章子『青春ラプソディ』たる書房、一九九六年
西條八十『唄の自叙伝』日本図書センター、一九九七年
島田磬也『裏町人生』創林社、一九七八年
清水瀧治『レコード会社』東京ライフ社、一九五七年
玉置宏『玉置宏の昔の話で、ございます』小学館、二〇〇四年
ディック・ミネ『八方破れ言いたい放題』政界往来社、一九八五年
渡久地政信『渡久地政信自伝　潮騒に燃えて』サザンプレス、一九九〇年
都倉俊一『あの時、マイソングユアソング』新潮社、二〇〇八年
なかにし礼『わが人生に悔いなし―時代の証言者として』河出書房新社、二〇一九年
並木路子『「リンゴの唄」の昭和史』主婦と生活社、一九八九年
服部良一「ブギウギ談義あれこれ」(『オリジナル盤による懐かしの針音　笠置シヅ子』日本コロムビア、一九八五年)
服部良一「ブギウギ誕生」(『文藝春秋　春の増刊・花見読本』一九五〇年三月)。
服部良一『ぼくの音楽人生』日本文芸社、一九九三年
藤崎世津子『歌声は希望をのせて―私の歩んだ戦後歌謡史―』書肆フローラ、二〇〇〇年
二葉あき子『人生のプラットホーム―歌ひと筋に生きて―』東京新聞出版局、一九八八年
船村徹『演歌巡礼―苦悩と挫折の半生記―』講談社、一九八三年
船村徹『酒・タバコ・女そして歌』東京新聞出版局、一九九二年
船村徹『歌は心でうたうもの―私の履歴書―』日本経済新聞出版本部、二〇〇二年
船村徹『魂の響き―のぞみ―』潮出版社、二〇一三年
船山基紀『ヒット曲の料理人―編曲家・船山基紀の時代―』リットーミュージック、二〇一九年
星野哲郎『歌、いとしきものよ』集英社、一九八四年
丸山鐵雄『ラジオの昭和』幻戯書房、二〇一二年
三波春夫『すべてを我が師として』映画出版社、一九六四年
三波春夫『歌藝の天地』ＰＨＰ研究所、一九八四年

渡辺宙明述、小林淳編『作曲家渡辺宙明』ワイズ出版、二〇一七年
渡辺はま子『あゝ忘られぬ胡弓の音―渡辺はま子フォト自叙伝―』戦誌刊行会、一九八三年

〈刊行書籍〉

小川近五郎『流行歌と世相』日本警察新聞社、一九四一年
奥山弘『「艶歌の竜」と歌謡群像』三一書房、一九九五年
『輝く！日本レコード大賞公式インタビューブック』シンコーミュージック・エンタテイメント、二〇一九年
『キングレコードの六十年』キングレコード株式会社、一九九一年
桑原高良『「人生は歌とともに」初代コロムビア・ローズ物語』上毛新聞社、二〇〇九年
軍司貞則『ナベプロ帝国の興亡』文藝春秋、一九九二年
『紅白五〇回―栄光と感動の全記録―』NHKウイークリーテレビステラ臨時増刊、二〇〇〇年一月一六日号
三枝孝栄編、永来重明著『流行歌の昭和史　なつかしの歌声』日本音楽出版、一九七〇年
三枝孝栄編、永来重明著『流行歌の昭和史　続なつかしの歌声』日本音楽出版、一九七一年
『社団法人日本レコード協会五〇年史』日本レコード協会、一九九三年
『昭和―二万日の全記録―』一～一九、講談社、一九八九～九三年
『昭和の日本のこころ古賀政男　わが歌は永遠に』平凡出版株式会社、一九七八年
白鳥省吾『現代歌謡百話』東宛書房、一九三六年
『SINGLE CHART-BOOK COMPLETE EDITION 1968～2010』オリコン・エンタテインメント、二〇一二年
高木圀夫『高木東六ファンタジア―永遠の調べ―』文園社、二〇〇二年
『筒美京平の記憶』ミュージック・マガジン増刊号、二〇二二年三月
テイチク株式会社社史編纂委員会編『レコードと共に五十年』テイチク株式会社、一九八六年
東京一二チャンネル編『あゝ戦友あゝ軍歌』東京十二音楽出版、一九七一年
『日本コロムビア外地録音ディスコグラフィー―朝鮮編―』人間文化研究機構連携研究「日本コロムビア外地録音のディスコグラフィー的研究」プロジェクト、二〇〇八年
『日本コロムビア一〇〇年史』日本コロムビア、二〇一二年
日本ビクター五〇年史編集委員会編『日本ビクター五〇年史』日本ビクター株式会社、一九七七年

早津敏彦『灰田有紀彦／勝彦―鈴懸の径―』サンクリエイト、一九八三年
日向二郎「流行歌と新体制―流行歌の総決算―」（『月刊楽譜』二九―一二、一九四〇年一二月）
福田俊二、加藤正義編『昭和流行歌総覧―戦前・戦中編―』拓殖書房新社、一九九四年
福田俊二、加藤正義編『昭和流行歌総覧―戦後編―』拓殖書房新社、一九九四年
吉田信「国民歌と大衆歌曲（上）―作曲家と作品を語る―」（『音楽之友』二―三、一九四二年三月）

〈研究書〉

有馬学『日本の歴史二三―帝国の昭和―』講談社、二〇〇二年
刑部芳則『古関裕而』中公新書、二〇一九年
金子勇『吉田正―誰よりも君を愛す―』ミネルヴァ書房、二〇一〇年
金子龍司『昭和戦時期の娯楽と検閲』吉川弘文館、二〇二一年
貴地久好、高橋秀樹『歌謡曲は死なない』青弓社、二〇〇〇年
倉田喜弘『日本レコード文化史』東京書籍、一九七九年
小泉文夫『歌謡曲の構造』冬樹社、一九八四年
古茂田信男、島田芳文、矢沢寛、横沢千秋著『新版日本流行歌史』上・中・下、社会思想社、一九九五年
佐藤良明『ニッポンのうたはどう変わったか―［増補改訂］J-POP進化論―』平凡社、二〇一九年
舌津智之『どうにもとまらない歌謡曲―七〇年代のジェンダー―』晶文社、二〇〇二年
柴崎祐二編『シティポップとは何か』河出書房新社、二〇二二年
園部三郎『日本民衆歌謡史考』朝日選書、一九八〇年
園部三郎、矢沢保、繁下和雄編『日本の流行歌』大月書店、一九八〇年
高護『歌謡曲―時代を彩った歌たち―』岩波新書、二〇一一年
永嶺重敏『「りんごの唄」の真実―戦後初めての流行歌を追う―』青弓社、二〇一八年
朴燦鎬『韓国歌謡史―一八九五―一九四五―』邑楽舎、一九八七年
藤井淑禎「歌謡曲のなかの〈故郷〉」（『故郷の喪失と再生』青弓社、二〇〇〇年五月）
細川周平『近代日本の音楽百年・三―レコード歌謡の誕生―』二〇二〇年
輪島祐介『創られた「日本の心」神話―「演歌」をめぐる戦後大衆音楽史―』光文社新書、二〇一〇年

〈研究論文〉
刑部芳則「東京音頭の創出と影響―音頭のメディア効果―」（『商学研究』三一、二〇一五年三月）
刑部芳則「古関裕而の新民謡と地域振興」（『総合文化研究』二九―三、二〇二四年三月）

〈CD解説書〉
刑部芳則「日本の女性に寄り添ったミス・コロムビア（松原操）の美声が甦る名曲集」（『ミス・コロムビア（松原操）―永遠の歌声―』日本コロムビア、二〇二二年）
刑部芳則「松平晃の美声が甦る名曲集」（『松平晃―永遠の歌声―』日本コロムビア、二〇二二年）
刑部芳則「「淡谷のり子の世界」の魅力」（『淡谷のり子の世界―別れのブルース―』日本コロムビア、二〇二三年）
刑部芳則「「笠置シヅ子の世界」の魅力」（『笠置シヅ子の世界―別れのブルース―』日本コロムビア、二〇二三年）
刑部芳則「「服部良一の世界」の魅力」（『服部良一の世界―青い山脈―』日本コロムビア、二〇二三年）
刑部芳則「「渡辺はま子の世界」の魅力」（『渡辺はま子の世界―蘇州夜曲―』日本コロムビア、二〇二三年）

〈新聞・雑誌〉
『朝日新聞』一九二九年～八八年
『岩手日報』一九三四年
『映画と音楽』九三八年～三九年（牧野守監修『戦前映像理論雑誌集成』一六～一八、ゆまに書房、一九八九年）
刑部芳則「知られざる東海林太郎」上（『秋田魁新報』二〇二一年八月一七日）
『音楽新聞』一九三七年～四〇年
『音楽之友』一九四二年
『音楽文化』一九四四年
『歌謡文藝』一九四七年
『キネマ旬報』（『映画旬報』改題）一九三七年～四一年
『キング』一九三九年
「古賀メロディーは生きている」（『週刊読売』一九六八年一〇月二五日号）
『コロムビア時報』一九四一年～四二年
『コロムビアニュース』一九三一年～三七年
『サンデー毎日』九三八年一〇月九日号
『週刊ポスト』二〇一四年一二月二六日号
『スポーツ報知』二〇一八年一二月二九日
『東京タイムズ』九五〇年
『東京日日新聞』一九四一年
『日蓄時報』一九四二年～四四年

『報知新聞』一九三八年
『読売新聞』一九二九年〜八八年

〈映像・音声資料〉

「希代のヒットメーカー作曲家筒美京平」BSプレミアム、二〇一一年五月二九日放送
霧島昇と杉浦幸雄の対談（『花も嵐もふみ越えて』日本コロムビア、一九七九年）
「小島一慶のザ・ヒットパレード」TBSラジオ、一九九七年一一月二六日放送
「昭和歌謡黄金時代―春日八郎と三橋美智也―」NHK衛星第二、二〇〇七年二月二五日放送
「武田鉄矢の昭和は輝いていた」BSテレ東、二〇一九年五月三一日放送、二〇二一年一一月一九日放送
「ビッグショー」NHK、一九七八年一二月一九日放送
「HIT SONG MAKERS―栄光のJ-POP伝説―」BSフジ、二〇〇五年一月一日放送
『森進一　影を慕いて』ビクター、一九六八年
『森進一大全集（五）不滅の佐々木俊一作品集』ビクター、一九六九年

〈インターネット記事〉

「fraglab」第一五〇回：伊東ゆかり（https://frag-lab.com/special_interview/150_01.html）。
「ORICON NEWS」二〇二三年四月二一日（https://www.oricon.co.jp/news/2275955/full/）。

註

はじめに

(1) 貴地久好、高橋秀樹『歌謡曲は死なない』青弓社、二〇〇〇年、二二頁。
(2) 舌津智之『どうにもとまらない歌謡曲—七〇年代のジェンダー—』晶文社、二〇〇二年、八頁。

序章

(1) 古賀政男『我が心の歌』展望社、一九六五年、五七頁。
(2) 同右、五五頁。
(3) 淡谷のり子『わが放浪記』日本図書センター、一九九七年、八六頁。

第一章

(1) 『読売新聞』一九二九年八月四日、朝刊。
(2) 白鳥省吾『現代歌謡百話』東宛書房、一九三六年、一一四頁。
(3) 西條八十『唄の自叙伝』日本図書センター、一九九七年、一〇八～一〇九頁。
(4) 古賀政男『歌はわが友わが心』潮出版社、一九七七年、一二〇頁。
(5) 江口夜詩「松平晃君の想い出」(『なつメロ』七、一九七〇年五月)。
(6) 星野哲郎『歌、いとしきものよ』集英社、一九八四年、八七頁。
(7) 前掲『唄の自叙伝』一七六頁、一八〇頁。
(8) 『岩手日報』一九三四年一月一〇日、夕刊、一月一二日、夕刊。
(9) 「あの人はいま」一四・豆千代(『月刊七八』一九七六年十二月)。
(10) 「夕日は落ちて・豆千代さん」(『西美濃わが街』二二、一九七九年三月)。
(11) 前掲「あの人はいま」一四・豆千代。
(12) 前掲『我が心の歌』一五〇頁。
(13)～(14) ディック・ミネ『八方破れ言いたい放題』政界往来社、一九八五年、一五頁。
(15) 同右、二二二頁。
(16) 『出版警察報』八三号、一九三五年八月(『出版警察報』龍溪書舎、一九八一年)
(17) 『音楽新聞』一五七号、一九三七年七月。
(18) 同右、一六〇号、一九三七年八月。
(19) 「「だまっててね」昭和十二年五月二十日発行、私議発行ノ右レコード、将来コレガ製作ヲ中止絶版致様本日警告処分ヲ相受ケ候ニ就キテハ、之ガ主旨ヲ遵守履行可仕候。万一再製ノ場合ハ如何様ノ御処分相受クルモ異議無之候条、此段始末書及提出候也。昭和十四年五月」(「レーベルコピー」コロムビアレコード株式会社所蔵)。
(20) 『朝日新聞』一九三七年三月一四日、東京夕刊。
(21)～(22) 「非常時円盤風景」(『サンデー毎日』一九三八年一〇月九日号)。
(23) 「あの人はいま—橋本一郎—」(『月刊七八—SPなつかしの歌—』一九七七年六月)。

第二章

(1) 「鐘よ鳴り響けのインタビュー」福島市古関裕而記念館所蔵。
(2) 服部良一『ぼくの音楽人生』日本文芸社、一九九三年、一四七頁。
(3) 島田磬也『裏町人生』創林社、一九七八年、二〇二頁。
(4) 前掲『わが放浪記』一二一頁。
(5) 『キング』一九三九年八月号。
(6) 『朝日新聞』一九三九年三月一一日、東京夕刊。
(7) 同右、一九三九年一月一八日、東京夕刊。
(8) 同右、一九三九年三月七日、東京夕刊。
(9) 同右、一九三九年三月一一日、東京夕刊。
(10) 同右、一九三九年一月一八日、東京夕刊。
(11) 同右、一九三九年五月九日、東京夕刊。
(12) 前掲『流行歌と世相』二〇〇頁。
(13) 『報知新聞』一九三八年九月八日、朝刊。
(14) 霧島昇と杉浦幸雄の対談(『花も嵐もふみ越えて』日本コロムビア、一九七九年、収録)。
(15) 『音楽新聞』二二二号、一九三八年一〇月。
(16) 『朝日新聞』一九三六年六月一三日、大阪朝刊。
(17) 同右、一九三七年七月三日、東京朝刊。
(18) 前掲『音楽新聞』二二二号。
(19) 前掲『流行歌と世相』一九七頁。
(20) 早津敏彦『灰田有紀彦/勝彦—鈴懸の径—』サンクリエイト、一九八三年、一六五頁。
(21) 前掲『我が心の歌』四二頁。
(22) 二葉あき子『人生のプラットホーム―歌ひと筋に生きて―』東京新聞出版局、一九八八年、三四頁。
(23) 前掲『歌はわが友わが心』一六三頁。

第三章

(1) 奥野保夫「邦楽レコード時評」(『音楽新聞』二九一号、一九四〇年一一月)。
(2)~(3) 日向二郎「流行歌と新体制―流行歌の総決算―」(『月刊楽譜』二九―一二、一九四〇年一二月)。
(4) 前掲『我が心の歌』一八三頁。
(5) 吉田信「国民歌と大衆歌曲(上)―作曲家と作品を語る―」(『音楽之友』二―三、一九四二年三月)。
(6) 『東京日日新聞』一九四一年三月一日、朝刊。
(7) 小田部雄次『梨本宮伊都子妃の日記』小学館、一九九一年、二六二頁。
(8) 「湖畔の宿」は「情報局から発売禁止の命令が出た」(三枝孝栄編、永来重明著『なつかしの歌声』日本音楽出版株式会社、一九七〇年、二五八頁)などとある。
(9) 『季刊七八』八〇号、一九九〇年一二月。郡修彦「服部良一作品をめぐる話題あれこれ」(『SPレコード』三四号、一九九九年一〇月)、毛利眞人『幻のレコード』(講談社、二〇二三年)でも、「湖畔の宿」は発禁になっていないことを指摘している。
(10) 前掲『我が心の歌』一八二頁。
(11) 前掲『灰田有紀彦/勝彦』一七七頁。
(12) 高木圀夫『高木東六ファンタジア―永遠の調べ―』文園社、二〇〇二年、三八~三九頁。
(13) 前掲『わが放浪記』一三六~一三八頁。
(14) 「古賀メロディーは生きている」(『週刊読売』一九六八年一〇月二五日号)。
(15) 藤崎世津子『歌声は希望をのせて―私の歩んだ戦後歌謡史―』書肆フローラ、二〇〇〇年、一八八頁。
(16) 『音楽之友』二―一二、一九四二年一二月。
(17) 『音楽文化』二―二、一九四四年二月。
(18) 『朝日新聞』一九四四年六月一一日、朝刊。

第四章

(1) 並木路子『「リンゴの唄」の昭和史』主婦と生活社、一九八九年、一五〇頁。
(2) なかにし礼『わが人生に悔いなし―時代の証言者として』河出書房新社、二〇一九年、三二頁。
(3) 服部良一「ブギウギ誕生」(『文藝春秋 春の増刊・花見読本』一九五〇年三月)。
(4) 服部良一「ブギウギ談義あれこれ」(『オリジナル盤による懐かしの針音 笠置シヅ子』日本コロムビア、一九八五年)。
(5) 近江俊郎『浮いて沈んでまた浮いて―芸能界よもやま話四〇年―』近代映画社、一九七六年、一七三~一七四頁。
(6) 江口直哉氏所蔵。
(7)~(8) 江口夜詩「今昔歌謡裏話」二、一五(『デイリースポーツ』一九五五年)。
(9) サトウハチロー「見たり聞いたりためしたり」(『東京タイムズ』一九五〇年一月二三日)。
(10) 渡久地政信『渡久地政信自伝 潮騒に燃えて』サザンプレス、一九九〇年、一二〇頁。
(11) 同右、一五〇頁。
(12) 渡辺はま子『あゝ忘られぬ胡弓の音―渡辺はま子フォト自叙伝―』戦誌刊行会、一九八三年、一一八~一一九頁。
(13) 同右、一二五頁。
(14) 春日八郎『どしゃ降り人生』日本図書販売出版れいめい、一九七二年、二〇四頁。
(15) 同右、二三七~二三八頁。
(16) 同右、二四五頁。
(17) 「ビッグショー」NHK、一九七八年一二月一九日放送。
(18) 『朝日新聞』一九八二年四月十七日、夕刊。

第五章

(1) 『昭和の日本のこころ古賀政男わが歌は永遠に』平凡出版株式会社、一九七八年、九四頁。
(2) 桑原高良『「人生は歌とともに」初代コロムビア・ローズ物語』上毛新聞社、

二〇〇九年、七七頁。
(3) 遠藤実『夢追い人』日本図書センター、二〇〇四年、一四一～一四二頁。
(4) 前掲『歌はわが友わが心』二一〇頁。
(5) 前掲『夢追い人』一四一頁。
(6) 遠藤実『涙の川を渉るとき―遠藤実自伝―』日本経済新聞出版社、二〇〇七年、一三七頁。
(7) 奥山弘『「艶歌の竜」と歌謡群像』三一書房、一九九五年、一〇五頁。
(8) 三波春夫『すべてを我が師として』映画出版社、一九六四年、二一二頁。
(9) 船村徹『酒・タバコ・女 そして歌』東京新聞出版局、一九九二年、一二七頁。
(10) 前掲『我が心の歌』二二一頁。
(11) 前掲『夢追い人』一五三頁。
(12) 前掲『「艶歌の竜」と歌謡群像』一三四頁。
(13) 前掲『歌、いとしきものよ』一六六頁。
(14) 船村徹『歌は心でうたうもの―私の履歴書―』日本経済新聞出版本部、二〇〇二年、八二頁、前掲『酒・タバコ・女 そして歌』一一二頁。
(15) 船村徹『演歌巡礼―苦悩と挫折の半生記―』講談社、一九八三年、六五頁。
(16) 船村徹『魂の響き―のぞみ―』潮出版社、二〇一三年、二二〇頁、二二二頁。
(17) 前掲『酒・タバコ・女 そして歌』一五九頁。
(18) 同右、一二七頁。
(19) 前掲『演歌巡礼』一五四頁。
(20) 同右、一六七頁。
(21) 前掲『歌はわが友わが心』二〇九～二一〇頁。
(22) 三波春夫『歌藝の天地』PHP研究所、一九八四年、一四四頁。

第六章

(1) 『テレビ東京三〇年史』株式会社テレビ東京、一九九四年、三六頁。
(2) 『読売新聞』一九六八年一二月二五日、夕刊。
(3) 同右、一九七〇年六月一九日、朝刊。
(4) 『週刊明星』一九六九年八月一七日号。
(5) 御厨貴、岩井克己監修『昭和天皇最後の側近卜部亮吾侍従日記』一、朝日新聞社、二〇〇七年、一〇六頁、一五三頁、二四二頁。
(6) 『週刊ポスト』二〇一四年一二月二六日号。
(7) 『朝日新聞』一九七七年六月二日、朝刊。
(8) 同右、一九七三年五月二三日、朝刊。
(9) 猪俣公章『酒と演歌と男と女』講談社、一九九三年、一二七頁、一三三頁。
(10) 『読売新聞』一九六七年一二月一二日、夕刊。
(11) 前掲『酒と演歌と男と女』二〇一頁、二〇七頁。
(12) 「fraglab」第一五〇回：伊東ゆかり（https://frag-lab.com/SPecial_interview/150_01.html）。
(13) 『スポーツ報知』二〇一八年一二月二九日。
(14) 「武田鉄矢の昭和は輝いていた」BSテレ東、二〇二一年一月一九日放送。
(15) 前掲『どうにもとまらない歌謡曲』一〇七～一一一頁参照。
(16) 『輝く！日本レコード大賞公式インタビューブック』シンコーミュージック・エンタテイメント、二〇一九年、七八頁。

第七章

(1) 都倉俊一『あの時、マイソングユアソング』新潮社、二〇〇八年、二三～二五頁。
(2) 『読売新聞』一九七七年三月一四日、夕刊。
(3) 小泉文夫『歌謡曲の構造』冬樹社、一九八四年、七〇頁。
(4) 桑田佳祐『ロックの子』講談社、一九八五年、一九七頁。
(5) 同右、四五頁。
(6) 『読売新聞』一九七五年一〇月二〇日、夕刊。
(7) 同右、一九七八年一二月一〇日、朝刊。
(8) 「ORICON NEWS」二〇二三年四月二一日（https://www.oricon.co.jp/news/2275955/full/）。
(9) 船山基紀『ヒット曲の料理人―編曲家・船山基紀の時代―』リットーミュージック、二〇一九年、一〇二頁。
(10) 同右、七六～七七頁。
(11) 萩田光雄『ヒット曲の料理人―編曲家・萩田光雄の時代―』リットーミュ

ージック、二〇一八年、五四頁。

(12) 同右、一三〇頁。

(13) 前掲『歌、いとしきものよ』二四四頁。

(14) 前掲『ヒット曲の料理人―編曲家・萩田光雄の時代―』四七～四八頁。

(15) 前掲『ヒット曲の料理人―編曲家・船山基紀の時代―』一七九頁。

(16)『読売新聞』一九七六年一一月二一日、朝刊。

(17) 前掲『あの時、マイソングユアソング』三六～三七頁。

(18)『読売新聞』一九七九年四月一〇日、夕刊。

(19) 同右、一九七九年四月一七日、夕刊。

(20) 同右、一九七九年六月七日、夕刊。

(21) 同右、一九七九年六月二三日、夕刊。

(22) 同右、一九七九年五月一日、夕刊。

(23) 同右、一九八三年一一月二八日、夕刊。

(24) 前掲『ヒット曲の料理人―編曲家・船山基紀の時代―』一五二頁。

終章

(1)「HIT SONG MAKERS―栄光のJ-POP伝説―」BSフジ、二〇〇五年一月一日放送。

(2)「希代のヒットメーカー作曲家筒美京平」BSプレミアム、二〇一一年五月二九日放送。

(3)「小島一慶のザ・ヒットパレード」TBSラジオ、一九九七年一一月二六日放送。

(4) 前掲「希代のヒットメーカー作曲家筒美京平」。

(5) 前掲『我が心の歌』二〇頁。

(6) 前掲『わが人生に悔いなし』八二頁。

(7)～(8) 阿久悠『昭和と歌謡曲と日本人』河出書房新社、二〇一七年、二二四頁。

刑部芳則（おさかべ・よしのり）

1977年（昭和52）東京都生まれ．中央大学大学院博士後期課程修了．博士（史学）．現在，日本大学商学部教授．東海林太郎音楽館学術顧問，専攻は日本近現代史．

著書『洋服・散髪・脱刀』（講談社選書メチエ，2010），『明治国家の服制と華族』（吉川弘文館，2012，日本風俗史学会江馬賞受賞），『京都に残った公家たち』（吉川弘文館歴史文化ライブラリー，2014），『三条実美』（吉川弘文館，2016），『帝国日本の大礼服』（法政大学出版局，2016），『公家たちの幕末維新』（中公新書，2018），『古関裕而』（中公新書，2019），『セーラー服の誕生』（法政大学出版局，2021），『洋装の日本史』（集英社インターナショナル新書，2022）ほか

昭和歌謡史《しょうわかようし》
中公新書 *2818*

2024年 8 月25日発行

著　者　刑部芳則
発行者　安部順一

本文印刷　三晃印刷
カバー印刷　大熊整美堂
製　　本　小泉製本

発行所　中央公論新社
〒100-8152
東京都千代田区大手町 1-7-1
電話　販売 03-5299-1730
　　　編集 03-5299-1830
URL https://www.chuko.co.jp/

Published by CHUOKORON-SHINSHA, INC.
Printed in Japan　ISBN978-4-12-102818-1 C1273

中公新書刊行のことば

一九六二年一一月

いまからちょうど五世紀まえ、グーテンベルクが近代印刷術を発明したとき、書物の大量生産は潜在的可能性を獲得し、いまからちょうど一世紀まえ、世界のおもな文明国で義務教育制度が採用されたとき、書物の大量需要の潜在性が形成された。この二つの潜在性がはげしく現実化したのが現代である。

いまや、書物によって視野を拡大し、変りゆく世界に豊かに対応しようとする強い要求を私たちは抑えることができない。この要求にこたえる義務を、今日の書物は背負っている。だが、その義務は、たんに専門的知識の通俗化をはかることによって果たされるものでもなく、通俗的好奇心にうったえて、いたずらに発行部数の巨大さを誇ることによって果たされるものでもない。現代を真摯に生きようとする読者に、真に知るに価いする知識だけを選びだして提供すること、これが中公新書の最大の目標である。

私たちは、知識として錯覚しているものによってしばしば動かされ、裏切られる。私たちは、作為によってあたえられた知識のうえに生きることがあまりに多く、ゆるぎない事実を通して思索することがあまりにすくない。中公新書が、その一貫した特色として自らに課すものは、この事実のみの持つ無条件の説得力を発揮させることである。現代にあらたな意味を投げかけるべく待機している過去の歴史的事実もまた、中公新書によって数多く発掘されるであろう。

中公新書は、現代を自らの眼で見つめようとする、逞しい知的な読者の活力となることを欲している。

中公新書

日本史

d1

2189 歴史の愉しみ方 磯田道史
2455 日本史の内幕 磯田道史
2295 天災から日本史を読みなおす 磯田道史
2729 日本史を暴く 磯田道史
2579 米の日本史 佐藤洋一郎
2389 通貨の日本史 高木久史
2321 道路の日本史 武部健一
2494 温泉の日本史 石川理夫
2671 親孝行の日本史 勝又基
2500 日本史の論点 中公新書編集部編
1617 歴代天皇総覧（増補版） 笠原英彦
2302 日本人にとって聖なるものとは何か 上野誠
2619 もののけの日本史 小山聡子
1928 物語 京都の歴史 脇田修・脇田晴子
2345 京都の神社と祭り 本多健一

2654 日本の先史時代 藤尾慎一郎
2709 縄文人と弥生人 坂野徹
482 倭国 岡田英弘
147 騎馬民族国家（改版） 江上波夫
2164 魏志倭人伝の謎を解く 渡邉義浩
1085 古代朝鮮と倭族 鳥越憲三郎
2533 古代日中関係史 河上麻由子
2470 倭の五王 河内春人
2095 『古事記』神話の謎を解く 西條勉
1502 日本書紀の謎を解く 森博達
2362 六国史《りっこくし》―日本書紀に始まる古代の「正史」 遠藤慶太
2673 国造―大和政権と地方豪族 篠川賢
804 蝦夷《えみし》 高橋崇
1041 蝦夷《えみし》の末裔 高橋崇
2699 大化改新（新版） 遠山美都男
1293 壬申の乱 遠山美都男
2636 古代日本の官僚 虎尾達哉

2371 カラー版 古代飛鳥を歩く 千田稔
2168 飛鳥の木簡―古代史の新たな解明 市大樹
2353 蘇我氏―古代豪族の興亡 倉本一宏
2464 藤原氏―権力中枢の一族 倉本一宏
2563 持統天皇 瀧浪貞子
2725 奈良時代 木本好信
2457 光明皇后 瀧浪貞子
2648 藤原仲麻呂 仁藤敦史
2452 斎宮―伊勢斎王たちの生きた古代史 榎村寛之
2783 謎の平安前期―桓武天皇から『源氏物語』誕生までの２００年 榎村寛之
2559 菅原道真 滝川幸司
2281 怨霊とは何か 山田雄司
2662 荘園 伊藤俊一

言語・文学・エッセイ

j1

2756 言語の本質 今井むつみ 秋田喜美
433 日本語の個性（改版） 外山滋比古
533 日本の方言地図 徳川宗賢編
2740 日本語の発音はどう変わってきたか 釘貫亨
2493 日本語を翻訳するということ 牧野成一
500 漢字百話 白川静
2213 漢字再入門 阿辻哲次
1755 部首のはなし 阿辻哲次
2534 漢字の字形 落合淳思
2430 謎の漢字 笹原宏之
2363 外国語を学ぶための言語学の考え方 黒田龍之助
2808 広東語の世界 飯田真紀
2812 サンスクリット入門 赤松明彦
1833 ラテン語の世界 小林標
1971 英語の歴史 寺澤盾

2407 英単語の世界 寺澤盾
1533 英語達人列伝 斎藤兆史
2738 英語達人列伝Ⅱ 斎藤兆史
1701 英語達人塾 斎藤兆史
2628 英文法再入門 澤井康佑
2684 中学英語「再」入門 澤井康佑
2637 英語の読み方 北村一真
2797 英語の読み方 リスニング篇 北村一真
2775 英語の発音と綴り 大名力
352 日本の名作 小田切進
2556 日本近代文学入門 堀啓子
2609 現代日本を読む―ノンフィクションの名作・問題作 武田徹
563 幼い子の文学 瀬田貞二
2156 源氏物語の結婚 工藤重矩
2585 徒然草 川平敏文
1798 ギリシア神話 西村賀子
2382 シェイクスピア 河合祥一郎

275 マザー・グースの唄 平野敬一
2716 カラー版 絵画で読む『失われた時を求めて』 吉川一義
2404 ラテンアメリカ文学入門 寺尾隆吉
1790 批評理論入門 廣野由美子
2641 小説読解入門 廣野由美子

芸術

k1

2072 日本的感性 佐々木健一
1296 美の構成学 三井秀樹
1741 美学への招待（増補版） 佐々木健一
2713 「美味しい」とは何か 源河亨
2764 教養としての建築入門 坂牛卓
1220 書とはどういう芸術か 石川九楊
118 フィレンツェ 高階秀爾
2771 カラー版 美術の愉しみ方 山梨俊夫
385
386 カラー版 近代絵画史（増補版）（上下） 高階秀爾
2718 カラー版 キリスト教美術史 瀧口美香
1781 マグダラのマリア 岡田温司
2188 アダムとイヴ 岡田温司
2369 天使とは何か 岡田温司
2708 最後の審判 岡田温司
2614 カラー版 ラファエロ—ルネサンスの天才芸術家 深田麻里亜

2776 バロック美術 宮下規久朗
2292 カラー版 ゴッホ〈自画像〉紀行 木下長宏
2513 カラー版 日本画の歴史 近代篇 草薙奈津子
2514 カラー版 日本画の歴史 現代篇 草薙奈津子
2478 カラー版 横山大観 古田亮
1827 カラー版 絵の教室 安野光雅
2562 現代美術史 山本浩貴
1103 モーツァルト H・C・ロビンズ・ランドン 石井宏訳
1585 オペラの運命 岡田暁生
1816 西洋音楽史 岡田暁生
2630 現代音楽史 沼野雄司
2009 音楽の聴き方 岡田暁生
2606 音楽の危機 岡田暁生
2745 バレエの世界史 海野敏
2702 ミュージカルの歴史 宮本直美
2395 ショパン・コンクール 青柳いづみこ
2569 古関裕而—流行作曲家と激動の昭和 刑部芳則

1854 映画館と観客の文化史 加藤幹郎
2694 日本アニメ史 津堅信之
2247
2248 日本写真史（上下） 鳥原学
2818 昭和歌謡史 刑部芳則

地域・文化・紀行

t2

- 560 文化人類学入門（増補改訂版） 祖父江孝男
- 2315 南方熊楠《みなかたくまぐす》 唐澤太輔
- 2367 食の人類史 佐藤洋一郎
- 92 肉食の思想 鯖田豊之
- 2129 カラー版 地図と愉しむ東京歴史散歩 竹内正浩
- 2170 カラー版 地図と愉しむ東京歴史散歩 都心の謎篇 竹内正浩
- 2227 カラー版 地図と愉しむ東京歴史散歩 地形篇 竹内正浩
- 2327 カラー版 イースター島を行く 野村哲也
- 1869 カラー版 将棋駒の世界 増山雅人
- 2117 物語 食の文化 北岡正三郎
- 596 茶の世界史（改版） 角山栄
- 1930 ジャガイモの世界史 伊藤章治
- 2088 チョコレートの世界史 武田尚子
- 2361 トウガラシの世界史 山本紀夫
- 2229 真珠の世界史 山田篤美
- 1095 コーヒーが廻り世界史が廻る 臼井隆一郎
- 1974 毒と薬の世界史 船山信次
- 2391 競馬の世界史 本村凌二
- 2755 モンスーンの世界 安成哲三
- 650 風景学入門 中村良夫